KB073418

eduwill

92개월 베스트셀러 1위!*
Why 월간 에듀윌 시사상식

업계 유일!
2년 연속 우수콘텐츠잡지 선정!*

Cover Story, 분야별 최신상식, 취업상식 실전TEST, 논술·찬반 등 취업에 필요한 모든 상식 콘텐츠 수록!

업계 최다!
월간 이슈&상식 부문 92개월 베스트셀러 1위!

수많은 취준생의 선택을 받은 취업상식 월간지 압도적 베스트셀러 1위!

업계 10년 이상의 역사!
『에듀윌 시사상식』 창간 10주년 돌파!

2011년 창간 이후 10년 넘게 발행되며 오랜 시간 취준생의 상식을 책임진 검증된 취업상식 월간지!

* 알라딘 수험서/자격증 월간 이슈&상식 베스트셀러 1위 기준 (2012년 5월~7월, 9월~11월, 2013년 1월, 4월~5월, 11월, 2014년 1월, 3월~11월, 2015년 1월, 3월~4월, 10월, 12월, 2016년 2월, 7월~12월, 2017년 8월~2022년 7월 월간 베스트)
* 한국잡지협회 주관 2020년, 2021년 우수콘텐츠잡지 선정

하루아침에 완성되지 않는 상식, 에듀윌 시사상식 정기구독이 답!

정기구독 신청 시 10% 할인

매월 자동 결제
~~정가 10,000원~~ 9,000원

6개월 한 번에 결제
~~정가 60,000원~~ 54,000원

12개월 한 번에 결제
~~정가 120,000원~~ 108,000원

· 정기구독 시 매달 배송비가 무료입니다.
· 구독 중 정가가 올라도 추가 부담 없이 이용하실 수 있습니다.
· '매월 자동 결제'는 매달 20일 카카오페이로 자동 결제되며, 6개월/12개월/무기한 기간 설정이 가능합니다.

정기구독 신청 방법

인터넷
에듀윌 도서몰(book.eduwill.net) 접속 ▶
시사상식 정기구독 신청 ▶
매월 자동 결제 or 6개월/12개월 한 번에 결제

전 화
02-397-0178
(평일 09:30~18:00 / 토·일·공휴일 휴무)

입금계좌
국민은행 873201-04-208883 (예금주 : 에듀윌)

정기구독 신청·혜택 바로가기

에듀윌 시사상식과 #소통해요

더 읽고 싶은 콘텐츠가 있으신가요?
더 풀고 싶은 문제가 있으신가요?
의견을 주시면 콘텐츠로 만들어 드립니다!

☑ 에듀윌 시사상식은 독자 여러분의 의견을 적극 반영하고자 합니다.

☑ 읽고 싶은 인터뷰, 칼럼 주제, 풀고 싶은 상식 문제 등 어떤 의견이든 남겨 주세요.

☑ 보내 주신 의견을 바탕으로 특집 콘텐츠 등이 기획될 예정입니다.

설문조사 참여 시
#스타벅스 아메리카노를 드립니다!

추첨 방법	매월 가장 적극적으로 의견을 주신 1분을 추첨하여 개별 연락
경품	스타벅스 아메리카노 Tall

취업에 강한

에듀윌 시사상식

AUG. 2022

08

CONTENTS

PART 01

Cover Story 01

Cover Story 02

2022. 08. 통권 제134호

발행일 | 2022년 7월 25일(매월 발행)
편저 | 에듀윌 상식연구소
내용문의 | 02) 2650-3912
구독문의 | 02) 397-0178
팩스 | 02) 855-0008
ISBN | 979-11-360-1472-6
ISSN | 2713-4121
※ 「학습자료」 및 「정오표」도 에듀윌 도서몰 (book.eduwill.net) 도서자료실에서 함께 확인하실 수 있습니다.

PART 02

분야별 최신상식

PART 03

취업상식 실전TEST

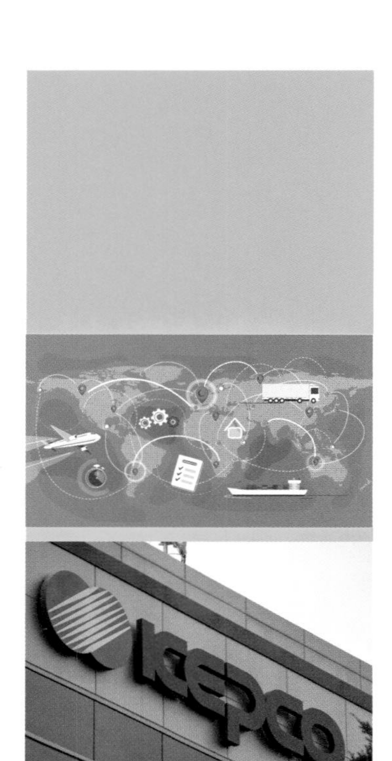

PART 04

상식을 넘은 상식

PART 01

Cover Story

이달의 가장 중요한 이슈

1.

아베 전 일본 총리 피살

자민당 참의원 선거 압승… 헌법 개정 속도

아베 신조 전 일본 총리가 참의원 선거를 이틀 앞둔 7월 8일
길거리 선거 유세 중에 총격을 맞고 쓰러져 사망했다.
아베 전 총리는 일본 우익의 구심점으로
2020년 9월 총리 퇴임 후에도 막강한 정치적 영향력을 행사해왔다.
아베 전 총리에게 총격을 가해 숨지게 한 용의자는 경찰 조사에서
"어머니가 종교 단체에 빠져 집안이 엉망이 됐고 이 종교 단체와
아베 전 총리가 연관된 것으로 생각해 살해했다"고 말했다.
7월 10일 열린 일본 참의원 선거는 집권 자민당이 압승을 거뒀다.
기시다 후미오 총리는 아베의 평생 숙원이었던 '전쟁할 수 있는
나라'를 만들기 위한 헌법 개정에 속도를 낼 뜻을 밝혔다.

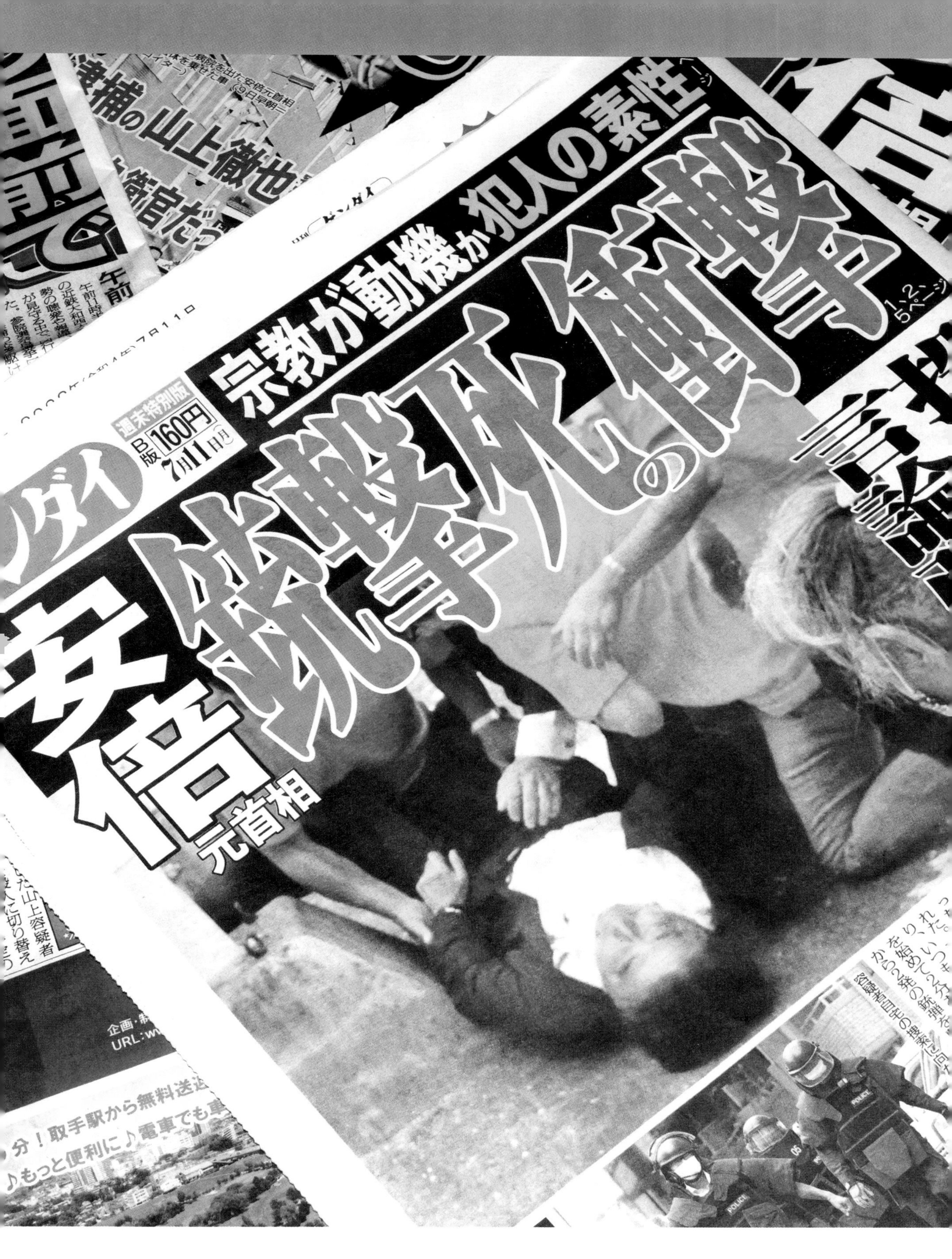
安倍元首相
銃撃死の衝撃
宗教が動機か 犯人の素性
週末特別版
B版 160円
7月11日(月)
1、2、5ページ
逮捕の山上徹也
分！取手駅から無料送迎
♪もっと便利に♪電車でも車

日 '우익의 심장' 아베, 선거 유세 도중 총격 피살

▲ 일본 도쿄에서 7월 8일 시민들이 아베 신조 전 총리 피격 사실을 전하는 요미우리신문 호외판을 읽고 있다.

아베 신조(安倍晋三, 1954~2022) 전 일본 총리가 참의원 선거를 이틀 앞둔 7월 8일 일본 서부 나라현 나라시에서 길거리 선거 유세 중에 총격을 맞고 쓰러져 사망했다. 향년 67세. **아베 전 총리는 일본 우익의 구심점이자 집권 자민당 내 최대 파벌인 아베파의 수장으로서 2020년 9월 총리 퇴임 후에도 막강한 정치적 영향력을 행사**해왔다.

NHK 방송 등 일본 언론에 따르면 아베 전 총리는 이날 오전 11시 30분쯤 야마토사이다이지 역 앞에서 연설하던 중 총성 같은 소리가 2번 울리자 가슴에서 피를 흘리며 쓰러졌다. 교도통신은 아베 전 총리가 오른쪽 목에 총상을 입었고 왼쪽 가슴에도 출혈이 있다고 전했다.

소방 당국에 따르면 아베 전 총리는 구급차에 실려 갈 때까지만 해도 의식이 있었다. 하지만 의식을 잃고 심폐정지 상태가 된 것으로 알려졌다. **심폐정지 상태는 심장과 호흡이 정지했지만 의료진으로부터 공식적으로 사망 판정을 받지 않은 상태**를 말한다.

나라 현립 의과대 부속병원으로 이송된 아베 전 총리는 오후 5시 3분 공식 사망했다. 아베 전 총리의 배우자인 아키에 여사는 가까스로 임종을 지켰으며 약 7분간 대면한 것으로 알려졌다.

아베 전 총리에게 총격을 가해 숨지게 한 용의자는 살인 혐의로 체포됐다. 그는 나라시에 거주하는 41세 남성 야마가미 데쓰야로 알려졌다. 후지TV는 용의자가 해상자위대 장교 출신이라고 정부 관계자를 인용해 보도했다. 2002년 임기부 자위관으로 입대해 2005년에 퇴직했다고 한다.

요미우리 신문은 용의자가 범행 당시 한 번에 산탄총처럼 탄환 6발을 발사하는 강력한 위력을 가진 사제총을 사용했다고 보도했다. 수사 관계자는 사건 현장에서 압수한 사제총이 길이 약 40cm에 높이 20cm로 두 개의 금속 재질 원통을 나무판에 테이프로 묶어 고정한 형태라고 전했다. 경찰은 야마가미의 집에서 사제 총 여러 개를 추가로 발견했다고 밝혔다.

야마가미는 아베 전 총리 저격 전날 자신이 원한을 품은 종교단체 건물을 향해 사제 총을 시험 발사했으며 범행에 사용된 총은 유튜브 동영상을 참고해 만든 것으로 드러났다. 한편, 국내에서도 온라인 검색만으로도 총기 모형을 만드는 ■**3D 프린터** 도면을 찾아볼 수 있는 등 **사제 총기 제작법에 수월하게 접근할 수 있어 한국도 불법 총기류의 안전지대가 아니라는 지적**이 나온다.

■ **3D 프린터**

3D 프린터는 3차원의 입체적인 물건을 쌓아올리는 방식으로 찍어내는 프린터를 말한다. 설계도만 있으면 앞뒤·좌우·상하 운동을 통해 실제 물건을 제작할 수 있는 것이다. 3D 프린터는 플라스틱, 파우더, 고무, 왁스, 금속, 나무, 종이 등 다양한

소재로 기존 절삭 가공 방식의 한계를 뛰어넘는 복잡한 모형의 형상을 원하는 형태로 정확하게 제작할 수 있다. 자동차나 비행기, 인체에 필요한 인공 관절이나 뼈를 만들어 낼 수도 있어 활용성이 무궁무진하다.

+ 아베 신조 전 총리 약력

- 1954년 9월 21일 : 출생(부친 아베 신타로 전 외무대신, 외조부 기시 노부스케 전 총리)
- 1993년 7월 18일 : 부친 선거구를 물려받아 중의원 당선
- 2005년 10월 31일 : 고이즈미 내각에서 내각 관방장관 임명
- 2006년 9월 20일 : 자민당 총재 선출
- 2006년 9월 26일 : 제90대 일본 총리 취임
- 2007년 9월 27일 : 건강 문제로 총리 퇴임
- 2012년 9월 26일 : 자민당(당시 야당) 총재로 재선출
- 2012년 12월 16일 : 자민당·공명당 중의원 선거에서 승리, 정권 교체
- 2012년 12월 26일 : 제96대 일본 총리 취임
- 2018년 9월 20일 : 자민당 총재 3선
- 2020년 9월 16일 : 건강 문제로 두 번째 총리 퇴임(약 7년 9개월 재임으로 전후 최장수 총리 기록)
- 2022년 7월 8일 : 선거유세 도중 총격 피습으로 사망

총격범 "어머니가 종교에 빠져 가정 파괴...아베와 연관됐다고 봐"

7월 9일 현지 언론에 따르면 아베 전 총리를 저격한 총격범 야마가미 데쓰야는 경찰 조사에서 어머니가 종교 단체에 빠져 많은 기부를 하다가 파산하고 형이 자살하는 등 집안이 엉망이 됐으며 이 종교 단체와 아베 전 총리가 연관된 것으로 생각해 살해했다고 말했다.

아사히 신문은 야마가미가 해당 종교 단체의 리더를 노리려 했지만 어려워 아베 전 총리를 노렸다고 진술했다고 보도했다. 총격범은 "아베 전 총리에게 불만이 있어서 죽이려고 했지만 정치 신조에 대한 원한은 아니다"라고도 말했다. 마이니치 신문 등에 따르면 야마가미는 어머니가 빠진 종교에 아베 전 총리가 영상 메시지를 보낸 것을 보고 범행을 결심했다고 진술했다.

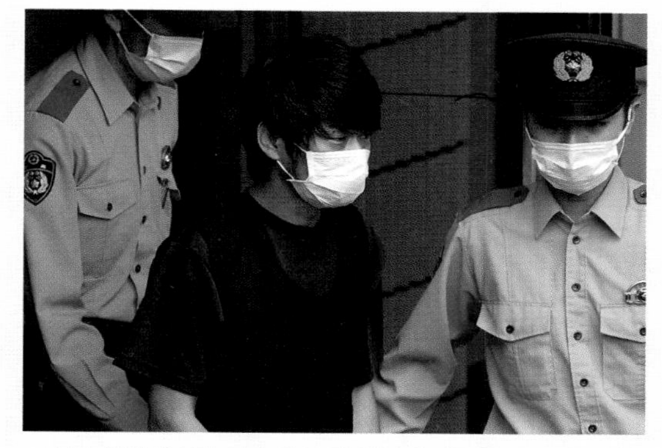

▲ 선거 유세 중이던 아베 신조 전 일본 총리를 총으로 쏴 살해한 야마가미 데쓰야가 7월 10일 일본 나라현 서부경찰서에서 검찰로 송치되고 있다.

아베 전 총리는 작년 9월 **통일교 관련 단체인 천주가정연합**(UPF)이 주최한 행사에 "세계 분쟁 해결, 한반도 평화 통일을 위해 노력하는 한학자 총재 등에게 경의를 표한다"는 비디오 메시지를 보낸 바 있다. 야마가미는 이 동영상을 보고 아베가 통일교와 관련이 있다고 생각한 것으로 전해졌다.

일본의 일부 매체는 통일교가 한국에서 유래한 단체라고 언급하면서 "야마가미의 모친이 2000년대 초반 신도로 등록했다가 10년 넘게 활동하지 않은 것으로 파악됐다"고 설명했다. 주후쿠오카 대한민국 총영사관은 '한국을 대상으로 한 ■**혐오범죄** 가능성이 제기된다'며 신변안전 주의 공지를 트위터에 올렸다. 이에 한일 네티즌들이 "범인은 한국인도 아니다"라고 일제히 반발하면서 해당 공지문은 삭제됐다.

■ **혐오범죄 (hate crime)**

혐오범죄는 특정 집단에 대한 편견이나 혐오, 비하, 적대감, 증오 등을 동기로 하는 범죄를 말한다. 증오범죄, 편견범죄라고도 한다. 보통 인종, 종교, 성적 지향, 장애, 계급, 출신국가, 민족, 젠더, 성별 정체성, 정치적 단체에의 가입 등에 대한 혐오 또는 편견이 범죄 동기로 작용한다.

자민당 참의원 선거 압승... 기시다 "아베 뜻 이어받아 개헌"

▲ 기시다 후미오 일본 총리

7월 10일 열린 일본 참의원 선거는 집권 자민당이 압승을 거뒀다. 아베 총리의 피살로 보수층이 결집했다는 분석이다. **지난해 10월 취임한 기시다 후미오 총리는 중간 평가 성격인 이번 선거에서 신임을 확인함에 따라 정치적 입지를 강화**하게 됐다.

특히 자민당 내 최대 파벌이자 극우 성향인 아베파(세이와카이)가 수장을 잃으면서 온건 성향 파벌인 고치카이를 이끄는 기시다 총리가 자신의 목소리를 더 분명히 드러낼 것이란 분석도 나온다. 앞으로 3년간 대규모 선거가 없다는 점도 기시다 체제가 안정을 찾고 장기 집권하기에 유리한 조건이다. 아베 체제의 극우 성향에 삐걱거렸던 한일 관계의 변화도 주목된다.

NHK에 따르면 이번에 새로 뽑은 125석 가운데 자민당(63석)과 공명당(13석)이 76석을 얻었다. 일본 참의원 의석수는 248석이며 의원 임기는 6년으로 3년마다 전체 의원의 절반을 새로 뽑는다.

따라서 이번 선거 결과 연립 여당(자민당·공명당) 의석수는 이번에 선출 대상이 아니었던 의석(자민당 56석·공명당 14석)을 합쳐 146석으로 과반(125석 이상)을 넉넉히 유지했다. 이전과 비교할 때 여당 의석수가 7석 늘었다. 연립 여당과 함께 일본유신회, 국민민주당 등 헌법(■**평화헌법**) 개정에 긍정적인 4개 정당의 의석수는 개헌 발의 요건인 참의원 전체의 3분의 2(166석)를 넘는 177석이 됐다. 일본 제1야당인 입헌민주당은 17석을 얻는 데 그쳐 전체 의석수기 39석으로 이전보다 6석 줄었다.

기시다 총리는 7월 11일 **아베의 평생 숙원이었던 '전쟁할 수 있는 보통 국가'를 만들기 위한 헌법 개정에 속도**를 낼 뜻을 밝혔다. 기시다 총리는 이날 자민당 본부에서 열린 기자회견에서 "아베 신조 전 총리의 뜻을 이어받아, 특히 (아베 전 총리가) 열정을 쏟아온 (북한에 의한 일본인) 납치 문제와 헌법 개정 등 (아베 전 총리가) 자신의 손으로 이루지 못한 난제를 풀어가겠다"고 밝혔다.

■ **평화헌법 (平和憲法)**

평화헌법은 일본이 1945년 전쟁에서 패망한 뒤 공포해 이어져온 현행 헌법을 말한다. 이 헌법을 평화헌법이라고 부르는 이유는 제9조 때문이다. 제9조는 "①국제 분쟁을 해결하는 수단으로써 무력의 행사를 영구히 포기한다. ②제1항의 목적을 달성하기 위하여 육해공군, 그 밖의 전력을 보유하지 아니한다. 국가 교전권은 인정하지 아니한다"고 규정하며 군대 보유와 전쟁을 포기했다. 따라서 일본이 전쟁할 수 있는 나라가 되려면 이 헌법을 개정해야 한다.

평화헌법에 따라 일본은 군대를 보유할 수 없지만 1954년부터 '자신을 지키기 위한 부대'라는 명목으로 사실상 군대와 다름없는 조직인 자위대(自衛隊)를 만들었다. 아베 전 총리 장기 집권 이후 일본 정치의 주류를 장악하고 있는 극우 세력은 '동맹국인 미국이 공격을 받을 경우 미국을 도와 다른 나라를 공격할 수 있도록 한다'는 명분으로 평화헌법을 개정하고 전쟁이 가능한 이른바 보통 국가를 지향하고 있다.

+ 양원제 (兩院制)

양원제는 의회를 상원과 하원 2개의 합의체로 구성하는 제도다. 우리나라처럼 의회를 1개로 구성하는 단원제에 비해 의안 심의에 신중을 기할 수 있고 하원의 파행적인 운영을 방지할 수 있지만 의회의 책임소재가 불분명하고 의사 결정이 지체되는 단점이 있다. 미국, 영국, 일본 등에서 양원제를 채택하고 있다. 일본에서 참의원은 상원, 중의원은 하원 격이다.

윤 대통령, 아베 분향소 조문 "한일 관계 새 출발점 되길"

▲ 7월 12일 윤석열 대통령이 아베 신조 전 일본 총리의 빈소를 찾아 조문했다. (자료 : 대통령실)

윤석열 대통령은 7월 12일 종로구 주한일본대사관 공보문화원에 마련된 아베 신조 전 일본 총리 빈소를 찾아 조문했다. 윤석열 정부가 일본과 화해 분위기를 조성하자는 제스처를 보내온 가운데 윤 대통령이 직접 조문에 나서면서 **한일 관계가 진전의 분기점을 맞이할 수 있을지 주목**된다.

윤 대통령은 방명록에 "아시아의 번영과 발전을 위해 헌신하신 고(故) 아베 신조 전 총리님의 명복을 기원합니다. 유족과 일본 국민께도 깊은 위로를 표합니다. 가장 가까운 이웃인 한국과 일본이 앞으로 긴밀히 협력해 나가길 바랍니다"라고 적었다.

이어 아이보시 고이치 주한일본대사에게 "아베 전 총리의 서거 소식에 많은 충격을 받았다. 유족과 국민들에게 깊은 애도를 표한다"고 위로의 말을 건넸다. 전날 김진표 국회의장과 박진 외교부 장관, 이날 권성동 국민의힘 당 대표 직무대행 겸 원내대표, 우상호 더불어민주당 비상대책위원장 등 행정부·입법부 고위 인사들이 빈소를 찾아 아베 전 총리의 죽음에 애도를 표했다.

+ 아베노믹스 (Abenomics)

아베노믹스는 1990년대 초 버블경제 붕괴로 20년간 디플레이션과 장기 경기침체에 빠진 일본 경기를 회복시키기 위해 아베 신조 일본 전 총리가 시행한 경제정책이다. 이른바 '3개의 화살'로 불리는 ▲대규모 양적완화 ▲적극적 재정 정책 ▲과감한 성장 정책 등 3개 축으로 구성된다. 아베노믹스가 일으킨 엔저(엔화 가치 하락)에 힘입어 수출 기업 경쟁력 개선으로 경제 활력이 되살아났다는 주장이 있으나 엔저가 수입 물가 상승으로 이어져 가계와 기업에 부담을 지웠다는 비판도 있다. 최근 공급망 차질 리스크 속에서 원자재 가격 상승이 겹치며 일본은 수입 물가가 급등하고 민간 소비가 위축됐다.

2022
July
Sun Mon Tues Wed Thur Fri Sat
01 02
03 04 05 06 07 08 09
10 11 12 13 14 15 16
17 18 19 20 21 22 23
24/31 25 26 27 28 29 30

2.

2022년 하반기에 달라지는 것들

유류세 인하 폭 37% 확대·모바일 주민증·상병수당 지원

정부가 서민·자영업자의 유류비 부담을 완화하기 위해 7월부터 연말까지 유류세 인하 폭을 기존 30%에서 법정 최대한도인 37%로 확대한다. 7월 12일부터 실물 주민등록증이 없어도 스마트폰 앱을 이용해 신분 확인을 할 수 있다. 7월 4일부터 근로자가 업무와 무관한 질병이나 부상으로 아플 때 생계 걱정 없이 쉴 수 있도록 소득을 지원하는 상병수당이 6개 시군구에서 시범 적용됐다. 특수고용직 대상 산재보험은 3개 분야에 추가로 적용된다.

조세·금융 : 유류세 인하 폭 37%로 확대·생애 최초 LTV 80%로 완화

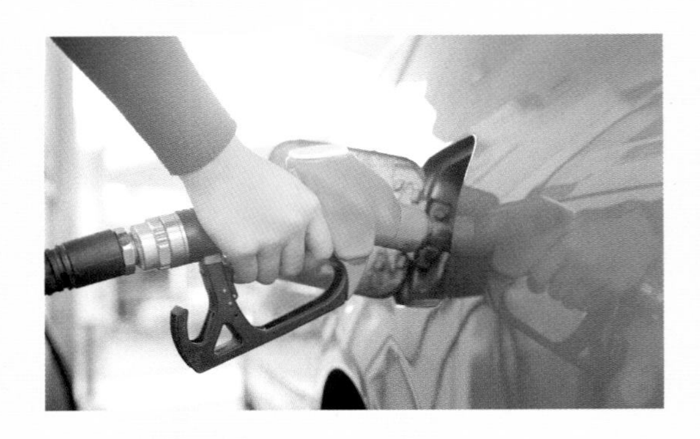

기획재정부는 6월 30일 '2022년 하반기부터 이렇게 달라집니다' 책자를 발간했다. 이에 따르면 최근 우크라이나 전쟁 장기화 등으로 고유가 상황이 지속되면서 정부가 서민·자영업자의 유류비 부담을 완화하기 위해 **7월부터 연말까지 유류세 인하 폭을 기존 30%에서 법정 최대한도인 37%로 확대**한다.

기존과 대비해 휘발유는 247원에서 304원으로 리터(L)당 57원, 경유는 174원에서 212원으로 L당 38원, LPG부탄은 61원에서 73원으로 L당 12원의 추가적인 인화 효과가 기대된다.

자동차 개별소비세 인하 기간은 6월 30일에서 12월 31일까지로 6개월간 연장된다. 소비자의 납세 부담을 줄여주고 자동차 판매 확대 등 내수 진작을 통해 경기 활성화를 유도하기 위한 것으로서, 올해 12월 31일까지 제조장에서 출고되거나 수입신고된 승용차에 대해서는 법정 개별소비세율에서 30% 인하된 탄력세율이 적용된다.

면세농산물 ▪의제매입세액공제 한도가 10%p 상향된다. 연 매출 2억원 이하의 음식점업을 운영하는 개인 사업자는 매입세액 계산 시 매출액의 75%까지 매입액을 인정받을 수 있다.

전자(세금) 계산서 의무 발급 대상이 되는 개인 사업자의 범위가 **'직전 연도 사업장별 재화·용역의 공급가액 합계액(총수입금액)이 2억원 이상인 자'**로 확대된다. 이전까지는 공급가액 합계액이 3억원 이상인 개인사업자가 의무발급 대상이었다.

생애 최초 주택구입자의 주택담보대출비율(LTV, Loan To Value ratio : 주택가격에 비해 주택담보대출 금액이 어느 정도를 차지하는지 나타내는 비율) **상한은 현행 60~70%에서 80%로 완화**된다. 4억원이었던 대출 한도는 6억원으로 늘어난다. 지역·주택가격·소득에 관계없이 난생처음 집을 사는 사람은 집값의 80%까지 6억원 한도에서 주택담보대출을 받을 수 있게 된다.

총부채원리금상환비율(DSR, Debt Service Ratio : 빚의 원금과 이자를 갚는 데 들어가는 돈이 소득에서 차지하는 비율) **규제는 확대**됐다. DSR 적용 대상은 총대출액 1억원 초과인 차주(借主 : 돈이나 물건을 빌려 쓴 사람)로 확대된다. **총대출액 1억원 초과인 차주는 DSR이 40%**(은행) **또는 50%**(비은행) **이내**인 범위 내에서 신규대출을 받을 수 있다. 예를 들어 연소득이 5000만원인 차주가 40% DSR을 적용받으면 연간 원리금이 2000만원일 경우 소득의 40%를 넘을 수 없으므로 대출이 제한된다.

▪ **의제매입세액공제 (擬制買入稅額控除)**

의제매입세액공제는 제조업을 영위하는 사업자가, 부가가치세를 면제받아 공급받은 농산물·수산물·축산물·임산물을 원재료로 제조·가공한 물품을 판매하는 경우에 그 면제되는 물품의 가액에 업종별·종류별로 정해진 일정률을 곱해서 계산한 금액을 매입세액(부가세)으로서 공제할 수 있도록 한 제도다.

행정·안전 : 모바일 주민등록증 확인 서비스

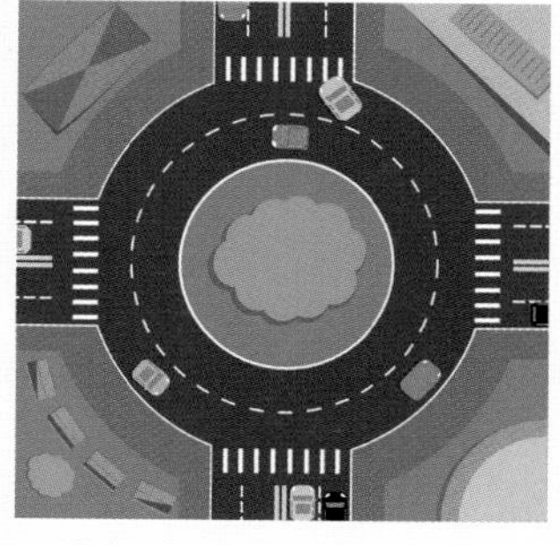
▲ 회전교차로

7월 12일부터 공항이나 여객터미널, 편의점 등지에서 **실물 주민등록증이 없어도 스마트폰 애플리케이션(앱)을 이용해 신분 확인**을 할 수 있다. 해당 서비스는 사전 등록하면 실물 주민등록증에 수록된 정보를 QR코드와 함께 스마트폰 화면에 띄워 신분 확인을 할 수 있도록 한다.

지금까지는 **서면으로만 제출하던 ■청원을 연말부터는 온라인으로도 편리하게 신청**할 수 있다. 법령 제·개정이나 공공시설의 제도·운영에 관한 사항에 대해 국민 의견을 수렴해 공개적으로 처리하는 공개청원도 연말부터 시행된다.

8월부터 앞으로 10년간 연 1조원 규모로 운영되는 지방소멸대응기금의 금년도 배분액이 확정되고 지자체에서는 기금을 활용한 사업을 본격 추진한다. **지방소멸대응기금은 인구 감소로 소멸위기에 처한 지자체를 지원하기 위해 정부가 올해부터 도입한 자금**이다. 정부는 앞으로 10년 동안 해마다 1조원의 지방소멸대응기금을 지원, 광역자치단체(25%)와 기초자치단체(75%)에 재원을 배분한다.

성추행 피해 공군 부사관 사망사건 같은 비극을 막기 위해 7월 1일부터 **국가인권위원회에 군 인권보호관이 신설**됐다. 군 인권보호관은 군부대를 방문해 군인을 면담하고 인권상황을 조사할 수 있다.

7월 12일부터 횡단보도 앞 일시정지 등 보행자 보호 의무를 강화한 도로교통법 개정안이 시행됐다. 개정된 도로교통법에 따르면 모든 운전자는 **횡단보도에 보행자가 '통행하는 때'뿐만 아니라 '통행하려고 하는 때'에도 일시정지**해야 한다. 이를 위반한 운전자에게는 범칙금 6만원과 벌점 10점이 부과된다. 경찰청 교통안전과가 설명한 우회전 주요사항을 보면 우회전할 때는 보행 신호와 관계없이 횡단보도를 건너는 중이거나 건너려는 보행자가 있는지만 확인하면 된다.

또한 **어린이 보호구역 내 신호 없는 횡단보도에서는 보행자의 통행 여부와 관계없이 무조건 일시정지**해야 한다. 이를 위반하면 범칙금 6만원·과태료 7만원이 부과된다. 보행자우선도로 제도 도입도 시행된다. 차도와 보도가 분리되지 않은 도로에서 보행자의 통행을 우선하도록 지정된 도로에서는 운전자가 시속 20km 이내로 서행해야 하고 보행자 발견 시 일시정지해야 한다. 이를 위반하는 경우 승용차 운전자를 기준으로 범칙금 6만원 및 면허 벌점 10점이 부과된다.

또한 **회전교차로에서는 반시계 방향으로 통행해야 하며, 이미 진행하는 차량에 진로를 양보해야 한다.** 회전교차로 통행방법을 위반하면 범칙금 6만원·과태료 9만원, 벌점 30점이 부과될 수 있다.

■ **청원 (請願)**

청원은 국민이 국가기관의 권한에 속하는 사항에 대하여 불만사항을 시정하거나 피해의 구제, 법령의 개정 등을 요청하기 위해 국가기관 등에 서면으로 희망을 진술하는 것이다. 모든 국민은 청원권을 가지며, 국가기관은 국민으로부터 청원이 있을 때 이를 접수하여 성실히 처리할 의무가 있다. 여기서 국가기관이란 행정기관·입법기관은 물론 법원까지 포함된다. 모든 국민이 청원권을 가진다고 하나 공무원에게는 공무원의 직무와 관련된 청원은 허용되지 않고 직무와 관련이 없는 사항에 대해서만 청원할 권리를 가진다.

보건·복지·교육 : 상병수당 지원·특고 산재보험 대상 확대

7월 4일부터 **근로자가 업무와 무관한 질병이나 부상으로 아플 때 생계 걱정 없이 쉴 수 있도록 소득을 지원하는 상병수당**이 서울 종로·경기 부천·충남 천안·경북 포항·경남 창원·전남 순천 등 6개 시군구에서 시범 적용됐다. 질병과 부상 때문에 일을 못하는 경우 하루에 4만3960원씩 상병수당을 받는다.

갑작스러운 위기 상황으로 생계가 곤란한 가구를 지원하는 긴급복지지원 생계지원금의 단가는 7월 1일부터 가구원수별로 16~19% 올랐다. 1인 가구는 기존 48만8000원에서 58만3400원으로, 4인 가구는 130만4900원에서 153만6300원으로 각각 올랐다.

9월부터 개인 및 가구의 소득·재산·인적 특성을 분석해 받을 수 있는 복지서비스를 찾아 선제적으로 안내하는 맞춤형 급여 안내(복지 멤버십)를 전 국민 대상으로 확대한다.

또한 7월부터 **특수고용직 대상 산재보험은 ▲마트나 편의점 등에서 상품을 운송하는 유통배송 기사 ▲택배 물류 터미널 간 물품을 운송하는 택배 지·간선 기사 ▲전용 차량으로 자동차나 곡물 등 특정 품목을 운송하는 화물차주 등 3개 분야에 추가로 적용**됐다.

교육 분야에서는 4차 산업혁명 디지털 전환 시대에 인공지능(AI)이 안전하게 사람의 성장을 지원할 수 있도록 하는 안전 가이드라인으로서 윤리원칙이 마련된다. 교육현장의 자발적인 실천과 준수를 독려하는 도덕적 규범 및 자율규제로 하반기에 확정된다.

7월부터 2012년 이전에 일반상환 학자금대출을 받은 대출자들에게 저금리 전환 대출을 해준다. 전환 금리는 2.9%를 적용해 대출자의 금리 부담이 평균 2%p 완화된다. 저소득층 9~18세 여성 청소년에게 지원됐던 여성 생리용품 ■**바우처**는 앞으로 24세까지로 지원 대상이 확대된다.

■ 바우처 (voucher)
바우처는 수요자가 직접 공급자를 선택해 제시하면 지원을 받을 수 있도록 정부가 지원하는 '쿠폰'을 말한다. 본래 바우처는 '증서'나 '상품권'이라는 뜻으로 마케팅 수단이었지만 요즘은 사회보장제도의 일환으로 폭넓게 사용되고 있다. 저소득층, 노인, 장애인, 산모, 아동 등 사회서비스가 필요한 사람들을 대상으로 한 사회서비스 바우처, 문화바우처, 주택바우처 등 다양한 종류가 있다.

+ 특고 산재보험 적용 직종 현황

▲보험설계사 ▲건설기계 자차기사 ▲학습지 교사 ▲골프장 캐디 ▲택배기사 ▲전속 퀵서비스 기사 ▲대출모집인 ▲신용카드회원 모집인 ▲전속 대리운전기사 ▲방문강사 ▲방문 판매원 ▲대여제품 방문점검원 ▲가전제품 설치원 ▲화물차주(수출입 컨테이너, 시멘트, 철강재, 위험물질을 운송하는 사람) ▲소프트웨어 기술자(프리랜서) ▲유통배송 기사 ▲택배 지·간선 기사 ▲특정 품목 운송 화물차주

PART 02

분야별 최신상식

9개 분야 최신이슈와 핵심 키워드

분야별 최신상식

정치 행정

서해 공무원 피살사건 논란 재점화

■ **대통령지정기록물 (大統領指定記錄物)**

대통령지정기록물은 대통령기록물의 안전한 보존을 위해 중앙 기록물 관리 기관으로 이관할 때 대통령이 지정한 기록물이다. 현행법은 비공개로 분류된 대통령기록물의 경우 원칙적으로 30년간 공개하지 않으며, 대통령지정기록물의 경우 사생활 관련 기록물은 30년, 그 외에는 15년의 범위 이내에서 열람이나 자료제출을 허용하지 않는 보호기간을 정할 수 있도록 하고 있다.

감사원, 뒤집힌 '서해 공무원 피격 사건' 감사 착수

해경이 '자진 월북 근거가 없다'고 입장을 뒤집은 '서해 공무원 피격사건'과 관련해 감사원이 특별조사국 감사를 착수한다. 감사원은 6월 17일 "서해 공무원 피격사건과 관련 최초 보고 과정과 절차, 업무 처리의 적법성과 적정성 등에 대해서 정밀 점검할 예정"이라고 밝혔다.

서해 공무원 피격 사건의 핵심 인물인 해양수산부 소속 공무원 이 모 씨는 지난 2020년 9월 21일 서해안 소연평도 해상에서 실종됐다가 다음 날 북한군에 의해 사살됐다. 당시 해경과 국방부 등은 구명조끼를 입고 부유물을 타고 이동한 점과 평소 채무로 고통을 호소했던 점을 들어 자진 월북 의사를 밝혔다고 판단했다.

그러나 유족은 이 씨에게 월북 의사가 없었다고 주장해왔고 1년 9개월 후인 **지난 6월 16일, 해경은 수사결과 자진 월북 의도를 인정할 만한 근거를 발견하지 못했다며 판단을 뒤집었다.** 정치권에서는 현재 공개되지 않고 있는 국방위 회의록이나 당시 첩보로 입수한 SI(특별취급정보), 나아가 ■**대통령지정기록물**로 묶인 청와대 회의록 공개 여부가 쟁점으로 떠올랐다.

與 “월북몰이” vs 野 “신색깔론”

국민의힘에서는 비공개 정보를 모두 열람하고 진상을 하루빨리 규명해야 한다고 목소리를 높였다. 국민의힘은 하태경 의원을 필두로 ‘해양수산부 공무원 피격사건 진상조사 태스크포스(TF)’를 구성해 **자료 공개를 통해 이전 정부의 ‘월북몰이’가 드러날 것**이라고 밝혔다.

특히 여당은 당국이 2020년 9월 22일 청와대 위기관리센터에 최초 보고했을 때는 ‘월북 가능성이 작다’고 평가했다가 9월 23일 두 차례의 청와대 관계장관대책회의를 거친 뒤인 24일부터 ‘월북으로 판단된다’고 입장을 바꾼 점을 주시하고 있다.

반면, **민주당은 국민의힘의 주장이 실체가 없는 ‘신색깔론’ 정치공세라며 반발**했다. 우상호 더불어민주당 비상대책위원장은 6월 26일 서해 공무원 사건 태스크포스(TF)를 구성했다. 피살 공무원이 월북하려는 의도가 있었다는 문재인 정부 당시의 수사 결론을 현 정부가 사실상 뒤집은 데 정국 운영 등을 위한 정치적 의도가 있다고 보고 적극적으로 대처하겠다는 것이다.

한편, 여야는 탈북어민 북송 논란과 관련해서도 갑론을박을 벌였다. **여권은 문재인 정부가 2019년 탈북 어민들을 강제로 북송해 사지로 내몬 것이 반인권적 행태**라고 공세를 펼쳤고 **야권은 이들이 16명을 살해하고 도주했다며 북송의 정당성을 주장**했다.

＋ 대통령기록관, 정보공개 요구 불응

해양수산부 공무원 이 모 씨가 북한군 총격에 숨진 사건과 관련해 유족이 대통령기록물 공개를 청구했으나 대통령기록관이 6월 23일 이에 불응했다. 유족의 법률대리인에 따르면 대통령기록관은 “우리 기관은 귀하의 정보공개 청구에 따를 수 없음”을 공공기관의 정보공개에 관한 법률과 같은 법 시행령에 따라 통지한다고 밝혔다.

기록관은 정보공개청구 기록물이 대통령지정기록물인 경우, 보호기간을 따로 정한 대통령지정기록물은 국회 재적의원 3분의 2 이상의 찬성이 있거나 관할 고등법원의 영장이 제시된 경우에만 열람·사본 제작 및 자료 제출 등이 가능하다면서 “존재 여부를 확인할 수 없음을 알려드린다”고 밝혔다.

POINT 세 줄 요약

❶ 6월 16일 해경은 서해 공무원 피격사건 수사결과 자진 월북 의도를 인정할 만한 근거를 발견하지 못했다며 판단을 뒤집었다.

❷ 현재 공개되지 않고 있는 국방위 회의록이나 대통령 지정기록물로 묶여있는 청와대 회의록을 열어보느냐가 여야의 쟁점으로 떠올랐다.

❸ 국민의힘에서는 자료 공개를 통해 이전 정부의 ‘월북몰이’가 드러날 것이라고 밝혔으며, 민주당은 정치공세라며 반발했다.

21대 후반기 국회의장에 5선 '김진표' 선출

▲ 김진표 국회의장

지난 7월 4일 **21대 후반기 ■국회의장에 5선의 김진표 더불어민주당 의원이 선출**됐다. 여야는 이날 오후 2시쯤 국회에서 본회의를 열고 총 투표수 275표 중 찬성 255표로 김 의원을 의장으로 선출했다. **김 의장은 국회의장 당선 다음 날부터 당적을 가질 수 없다**는 국회법에 따라 민주당을 탈당해 무소속이 됐다.

김 의장은 선출 직후 당선 인사에서 "국회의장으로서 의원 여러분과 함께 우리 국회에 주어진 역사적 소명을 다하겠다"고 밝혔다. 김 의장은 또 "정부에만 맡겨놓기에는 상황이 너무 절박하다. 원 구성 협상을 기다릴 여유가 없다"며 "당면한 민생경제 위기에 긴급히 대응할 수 있도록 '국회 민생경제 특별위원회'를 구성하자"고 제안했다.

김 의장은 이어 "인사청문 특별위원회도 시급히 구성해 남은 공직 후보자 검증에 착수하자"고 말했다. 여야를 향해서는 "원 구성부터 신속하게 끝내야 한다"며 "여야 지도부는 국민의 명령을 지체없이 받들어야 한다"고 주문했다. 나아가서는 "여야가 원 구성 협상으로 허송세월하는 오랜 불합리도 이젠 끝을 내야 한다"며 "국회법을 고쳐 어떤 경우에도 국회 공백이 없게 하자. 후반기 국회의장 선출 시한도 전반기처럼 못을 박자"고 제안했다.

그러면서 "갈등으로 절망을 키우는 정치가 아니라 협력으로 희망을 만드는 정치를 하자. 국회를 대화와 타협, 조정과 중재의 전당으로 만들자"고 강조했다.

한편, 김 의장은 1947년생으로 21대 국회의원 중 최고령으로, 17대 국회에 입성해 내리 5선에 성공했다. 1974년 행시 13회로 입직한 김 의장은 재무부 세제총괄심의관부터 재정경제부 세제실장까지 경제통의 길을 걸었다.

재경부 차관을 지낸 뒤 2002년에는 국무총리 국무조정실장을 역임했고, 이듬해 부총리 겸 재경부 장관에 임명되며 승승장구했다. 17대 국회에서는 열린우리당 정책위의장과 민주당 최고위원을, 18대에서는 민주당 원내대표 등 당내 요직도 두루 거쳤다. 노무현 정부에서 경제·교육부총리를 지냈다.

■ **국회의장 (國會議長)**

국회의장은 대외적으로 국회를 대표하는 입법부의 수장이며, 대내적으로 국회의 질서 유지·의사정리·사무를 감독하는 자를 말한다. 국회의장의 임기는 2년이다. 국회의장은 위원회에 출석하여 발언할 수는 있으나 표결에는 참가할 수 없다. 국회의장은 국회에서 무기명 투표로 선거하되 재적의원 과반수의 득표로 당선되며, 국회 관례상 원내 다수당 다선 의원이 국회의장을 맡는 경우가 대부분이다.

기출TIP 각종 상식시험에서 현재 국회의장이 누구인지, 국회의장의 임기는 몇 년인지 묻는 문제가 자주 출제된다.

'유명무실' 대통령 소속 위원회 대폭 폐지

▲ 윤석열 대통령이 국무회의를 주재하고 있다. (자료 : 대통령실)

윤석열 대통령이 대통령 소속 위원회를 최대 70%까지 없애기로 했다. 대통령실은 7월 5일 용산 청사 브리핑을 통해 대통령(20개)·국무총리(60개)·부처(549개) 소속 위원회 총 629개의 정비 계획을 밝혔다. **공공기관 혁신을 위해 정부 소속 위원회를 줄인다는 윤 대통령의 방침**에 따라 대통령 직속 위원회부터 과감하게 정리하겠다는 것이다.

문재인 정부에서 정부 위원회는 631개로 박근혜 정부(558개)보다 73개 늘어 역대 최고였다. 새 정부 들어 일자리위원회·정책기획위원회가 없어지면서 20개가 남았고 대통령실 설명대로라면 정비 후에 6개가량만 남는다.

대통령실은 어떤 위원회를 통폐합할지 분류 작업을 진행 중이다. **국가균형발전위원회와 자치분권위원회와 같이 기능이 유사한 위원회는 통합될 전망**이다. 저출산고령사회위원회는 성과가 없다는 비판에 따라 정리될 것으로 보이며 도서관정보정책위원회는 대통령 소속 위원회 지위가 필요 없다는 게 대통령실의 판단이다. ■ **경제사회노동위원회**(경사노위)에 대해선 존치해야 할 기구로 평가하면서도 역할 재조정이 필요하다고 덧붙였다.

대통령실은 대통령 소속위의 대대적인 감축 배경에 대해 예산의 고비용 저효율 상태가 심각하다는 평가에 따른 것이라고 밝혔다. 대통령 소속위 연평균 예산은 33억원으로 추산됐다. 대통령실 측은 "지난 3년간 대통령이 직접 주재한 위원회는 거의 없었고 상당수 위원회가 거의 형식적으로 존재·운영됐다"고 지적했다.

■ **경제사회노동위원회 (經濟社會勞動委員會)**

경제사회노동위원회(경사노위)는 신뢰와 협조를 바탕으로 노동자·사용자·정부가 노동·경제·사회 정책을 협의하기 위한 목적으로 설립된 사회적 대화기구이자 대통령 소속 자문기구이다. 1998년 1월 15일 외환위기 극복과 노사관계 개혁을 위해 노사정위원회라는 이름으로 출범했다. 위원회는 노동자의 고용안정과 근로조건 등에 관한 노동정책 및 이에 중대한 영향을 미치는 산업·경제·사회정책, 공공부문 구조조정의 원칙과 방향 등에 대해 협의하는 역할을 담당한다.
2018년 5월 노사정위원회법 개정안이 국회를 통과하면서 위원회에 근로자, 사용자, 공익위원 등 10명 이내의 위원으로 참여 범위를 확대해 청년, 비정규직, 여성 등 다양한 사회 주체의 이해를 대변하는 내용 등이 포함됐다. 초대 경제사회노동위원회 위원장은 문재인 대선 캠프 활동을 했던 문성현이다. 문 위원장은 2021년 9월 연임해 2023년 9월까지 임기를 보장받은 상태였지만 정책·이념 방향이 다른 윤석열 정부에서 일하기 어렵다는 판단에 따라 2022년 6월 사퇴를 표명했다.

+ 작은 정부 (small government)

작은 정부는 정부의 규모를 축소시켜 정부의 일을 줄이고 감세를 실시해 민간의 활력을 높이는 정책을 지향하는 정부이다. 애덤 스미스, 리카도 등 19C 고전파 경제학에서 처음으로 주장한 작은 정부론은 국가의 공권력을 개인의 안녕과 질서를 지키는 데 국한시켜 국가 전체의 부를 자연적인 조화에 맡기자는 취지에서 등장했다.

그러나 20C 초반 경제 대공황, 국민복지 문제 등 민간의 자주적 노력으로 해결할 수 없는 문제들이 발생하고 이에 대처하기 위한 정부의 역할이 현저히 커지면서 큰 정부(big government) 개념이 등장했다. 이후 비대해진 정부에서 경제 활력이 저하되는 문제가 발생하면서 20C 후반 들어 레이거노믹스, 대처리즘과 같은 작은 정부론이 다시 힘을 얻었다.

尹, 인사 검증 실패 지적에 "다른 정권과 비교해 봐라" 논란

▲ 7월 5일 윤석열 대통령이 박순애 사회부총리 겸 교육부 장관에게 임명장을 수여했다. (자료 : 대통령실)

윤석열 대통령이 잇따른 장관급 인사 실패를 지적하자 발끈하며 "전 정권과 비교해 봐라"고 말해 논란이 일었다. 윤 대통령은 7월 5일 용산 대통령실 청사 출근길에서 한 기자가 김승희 사회부총리 겸 보건복지부 장관 후보자, 송옥렬 공정거래위원장 후보자, 박순애 교육부 장관 등을 언급하며 "인사 실패라는 지적이 있다"고 묻자 "전 정권에 지명된 장관 중에 이렇게 훌륭한 사람 보았느냐"고 되물었다.

윤 대통령은 "반복되는 문제들이 사전에 충분히 검증 가능한 것들이 많았다"는 질문이 이어지자 "다른 정권 때하고 한번 비교를 해보라. 사람들의 자질이나 이런 것을"이라고 말하고는 서둘러 자리를 떠났다.

김승희 후보자는 정치자금법 위반 의혹으로 자진 사퇴했고 송옥렬 후보자는 과거 서울대 법학전문대학원 교수 시절 학생들에게 성희롱성 발언을 했다는 지적을 받다가 역시 사퇴했다.

박순애 장관은 과거 만취 운전 전력이 있고 조교들에게 갑질을 했다는 의혹이 있다. 교육청에서는 '원스트라이크 아웃'을 적용해 교원들이 한 번이라도 음주운전을 하면 강력한 징계를 한다. 41년 동안 교원 생활을 한 교장이 1994년 음주운전 이력 때문에 포상이 취소된 사례도 있다.

이에 박 장관이 교육 수장 자격이 없다는 여론이 우세했지만 윤 대통령은 임명을 강행했다. 윤 대통령은 이날 박 장관에게 임명장을 수여하면서 "언론과 야당의 공격을 받느라 고생 많이 했다"고 말해 논란을 증폭시켰다.

윤석열 정부 국무위원 현황 (2022년 7월 기준)

직위	명단	직위	명단
대통령	윤석열	문화체육관광부 장관	박보균
국무총리	한덕수	농림축산식품부 장관	정황근
경제부총리 겸 기획재정부 장관	추경호	산업통상자원부 장관	이창양
사회부총리 겸 교육부 장관	박순애	보건복지부 장관	–
과학기술 정보통신부 장관	이종호	환경부 장관	한화진
외교부 장관	박진	고용노동부 장관	이정식
통일부 장관	권영세	여성가족부 장관	김현숙

법무부 장관	한동훈	국토교통부 장관	원희룡
국방부 장관	이종섭	해양수산부 장관	조승환
행정안전부 장관	이상민	중소벤처기업부 장관	이영

행안부 내 '경찰국' 구성 공식화

▲ 이상민 행안부 장관

행정안전부가 6월 27일 경찰 제도개선 자문위원회가 권고한 경찰통제 조직, 가칭 경찰국 구성을 공식화했다. 김창룡 경찰청장은 이날 사의를 표명했다. 야당에선 행안부 장관 탄핵 사유가 될 수 있다는 말까지 나오면서 여야 갈등이 더욱 격화했다.

이상민 행안부 장관은 이날 정부서울청사에서 기자회견을 열고 "행안부 내 경찰 관련 지원조직 신설과 '소속청장에 대한 지휘규칙' 제정 및 인사절차의 투명화는 조속히 추진할 것"이라면서 "7월 15일까지 최종안을 마련해 발표하고 관련 규정 제·개정에 착수할 계획"이라고 발표했다. **행안부 전신인 내무부에서 치안본부가 떨어져 나온 지 31년 만에 다시 통합**하는 셈이다.

이 장관은 기자회견 시간 대부분을 "경찰 지휘통제는 법률이 규정한 행안부 권한"이라고 말하는 데 할애하면서 "비정상의 정상화를 하겠다는 데 그것을 (야당 등에서) 탄핵 사유라고 주장하는 건 나로서는 상당히 납득하기 힘들다"고 밝혔다. "일선 경찰관들이 오늘 발표 내용을 미리 알았다면 반발은 거의 없지 않았을까 생각이 든다"고도 했다.

경찰국 구성에 반대해 온 김 청장은 이날 "경찰제도개선자문위 논의와 관련해 국민의 입장에서 최적의 방안을 도출하지 못해 송구하다"며 "고민한 결과 현시점에서 사임하는 것이 최선이라는 판단을 내렸다"면서 임기를 26일 남기고 자리를 내놨다. 치안감 인사 번복을 둘러싼 윤석열 대통령의 '국기문란' 질책 등도 결정에 영향을 미친 것으로 보인다.

앞서 6월 21일 행정안전부 장관 자문기구인 '경찰 제도개선 자문위원회'는 서울 종로구 세종대로 정부서울청사에서 '경찰의 민주적 관리·운영과 효율적 업무수행을 위한 권고안'을 발표했다. 권고안은 ▲소속 청장 지휘 및 인사제청 등 관련 조직 신설을 비롯해 ▲경찰청장에 대한 지휘 규칙 제정 ▲고위직 검찰공무원 인사 절차 투명화 ▲대통령 소속 위원회 설치 등을 골자로 한다.

경찰국은 1991년 경찰법 시행으로 행안부에서 경찰청이 독립하면서 사라진 조직인데 다시 행안부 지휘 체계로 편입되는 것이다. 이에 일선 경찰은 행안부가 인사권과 감찰권, 수사 지휘로 경찰 독립성을 침해하는 것이라고 보고 반발했다.

+ 경찰, 31년 만에 행안부 편입까지

한국 경찰의 최초 모습은 1945년 10월 군정법령에 따라 신설된 경무국이다. 경무국은 다음 해 경무부로 승격됐다. 경찰은 1948년 정부가 수립되면서 내무부

산하 치안국으로 격하됐다. 치안국은 1974년 치안본부로 승격되지만 여전히 내무부 통제를 받았다.
1991년에는 민주화 열기 속에 경찰법이 제정됐다. 치안본부를 내무부 외청인 경찰청으로 개편하고, 경찰청장은 차관급으로 격상하며, 16개 도청 산하 경찰국을 내무부 직할 지방경찰청으로 분리하는 내용이었다. 이 같은 경찰 조직의 골격이 지금까지 거의 유지돼 왔다.
하지만 또 외풍이 불었다. 문재인 정부에서 국회와 함께 검찰청법과 형사소송법을 개정하자 지난해 1월 1차 검경 수사권 조정이 이뤄졌고, 올해 5월 이른바 '검수완박'(검찰 수사권 완전 박탈)법이 국회를 통과하면서 2차 검경 수사권 조정이 마무리됐다.
그러나 파격적인 수사권 조정으로 경찰 권력이 비대해졌다는 지적이 커졌고, 윤석열 정부는 명목상 상위기관이었던 행안부를 활용해 경찰 통제 방안을 강구한 끝에 행안부의 경찰 통제를 공식화했다.

이명박 1년 7개월 만에 석방... 3개월 형집행정지

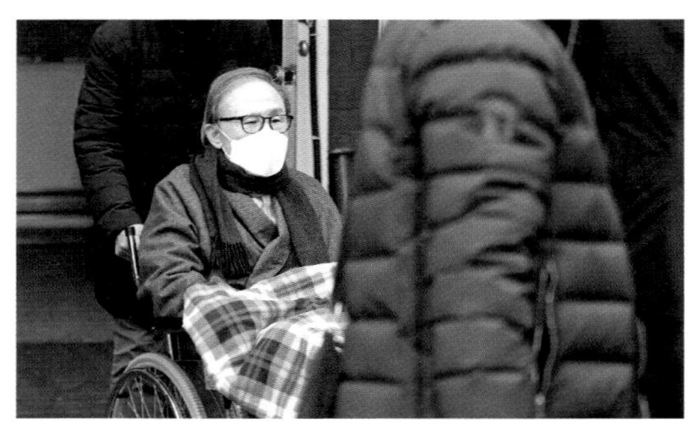

▲ 2021년 2월 10일 서울동부구치소 수감 도중 기저질환 치료를 위해 50여 일간 서울 종로구 서울대학교병원에서 치료를 받은 이명박 전 대통령이 퇴원하는 모습

검찰이 6월 28일 경기 안양교도소에 복역 중인 이명박 전 대통령에 대한 3개월 형집행정지를 결정했다. 형집행정지 결정에 따라 **이 전 대통령은 횡령과 뇌물 등 혐의로 징역 17년을 확정 판결받고 수감된 지 1년 7개월 만에 일시 석방**된다. 수원지검은 이날 오후 형집행정지 심의위원회를 열어 이 전 대통령이 낸 형집행정지 신청을 받아들였다.

형집행정지는 이날부터 적용되며, 이 전 대통령이 3개월 후 형집행정지 재연장 결정을 받으려면 심의위원회 심의를 재차 받아야 한다. 심의위원회는 차장검사가 위원장을 맡고, 학계·법조계·의료계·시민단체 인사 등 10명 이내 인원으로 구성된다. 검찰은 이번 심의에 참여한 인원수를 비공개했다.

당뇨 등 지병으로 수감 중에도 병원 입원과 퇴원을 반복해온 **이 전 대통령은 건강 악화를 이유**로 6월 초 수원지검 안양지청에 형집행정지 신청서를 제출했다. 심의위원회는 '이 전 대통령의 건강 상태 등을 고려할 때 형 집행으로 인해 현저히 건강을 해칠 염려가 있다'고 심의한 것으로 확인됐다.

이 전 대통령은 횡령과 뇌물 등 혐의로 대법원에서 징역형 확정판결을 받고 2020년 11월 서울동부구치소에 수감된 뒤 같은 해 12월 코로나19 감염 우려를 이유로 형집행정지를 신청했으나 불허당한 바 있다.

이번 형집행정지 결정으로 이 전 대통령에 대한 특별사면론이 다시 부상할 것으로 전망된다. 윤석열 대통령은 최근 취재진에 "이십몇 년을 수감생활하게 하는 건 안 맞지 않나"라는 입장을 밝혀 8·15 광복절 특별사면 대상에 이 전 대통령을 포함하는 것이 아니냐는 예측이 나온다.

+ 징역형 집행 정지 요건

▲형의 집행으로 인해 현저히 건강을 해치거나 생명을 보전하지 못할 염려가 있을 때 ▲연령 70세 이상인 때 ▲임신 6개월 이상인 때 ▲출산 후 60일을 경과하지 아니할 때 ▲직계존속이 연령 70세 이상 또는 중병이나 장애인으로 보호할 다른 친족이 없을 때 ▲직계비속이 유년으로 보호할 다른 친족이 없을 때 ▲기타 중대한 사유가 있을 때

법무부, 검수완박 법안 권한쟁의심판 청구

'검수완박(검찰 수사권 완전 박탈)'을 골자로 한 검찰청법·형사소송법 개정안 입법의 절차적 문제를 두고 헌법쟁송을 예고했던 법무부가 본격 행동에 나섰다. 법무부는 지난 4월 30일과 5월 3일 더불어민주당이 주도해 국회를 통과시킨 검찰청법·형사소송법 개정안에 대해 ■**권한쟁의심판**을 청구하면서 효력정지 가처분도 신청했다고 6월 28일 밝혔다.

청구인에는 한동훈 법무부 장관과 김선화 대검찰청 공판송무부장이 이름을 올렸다. 한 장관은 검찰 사무를, 김 공판송무부장은 헌법 재판 관련 업무를 담당한다. 그 외 검사 5명도 이름을 올렸다. 피청구인은 국회의장이다.

법무부는 법률 개정 절차가 헌법상 절차적 민주주의·법치주의 원리를 위반했고, 하자가 중대하고 명백하다는 점을 지적했다. 입법 과정에서 합리적 토론의 기회가 봉쇄되고 실질적 다수결의 원칙이 무시됐다는 이유에서다.

또 법무부는 민형배 의원의 위장 탈당이 법치주의를 위반한다고 주장했다. 법무부는 "제1교섭단체 소속 의원이 위장 탈당을 통해 안건조정위원회에 참여해 상임위원회 제도 취지가 왜곡됐다"고 강조했다. 이 과정에서 논의 자체가 봉쇄됐다는 점도 덧붙였다.

소관 상임위원회를 중심으로 심의 과정까지도 형해화됐다는 게 법무부의 설명이다. 당초 상임위에서 논의될 당시에는 '고발인의 이의신청권 배제' 관련 내용을 추진하지 않기로 했다. 하지만 본회의에서는 이 내용이 포함된 안이 수정동의안으로 제출·표결됐다. 법무부는 "상임위 중심주의로 운영되는 국회 심의 과정의 근간을 저해한다"고 설명했다.

법무부는 검찰의 수사·공소기능이 심대하게 제한되는 점을 지적했다. 검찰의 직접수사 범위가 축소되면서 여러 범죄에 공백이 발생할 것이고, 그 부담은 국민들에게 돌아간다는 것이 법무부의 입장이다. 법무부는 "직접수사 금지 유형은 공직자·선거·방위사업·대형참사 관련 범죄인데, 이에 대한 검찰 수사 공백이 생길 것"이라고 주장했다.

한편, 올해 4월 30일과 5월 3일 더불어민주당 주도로 국회를 통과한 개정 검찰청법과 형사소송법은 **검찰이 직접 수사를 개시할 수 있는 범죄의 종류를 기존 6대 범죄**(공직자범죄·선거범죄·방위사업범죄·대형참사·부패·경제범죄)**에서 2대 범죄**(부패·경제범죄)**로 축소**하고, 경찰이 수사한 사건에 대해 동일 범죄사실 내에서만 보완수사가 가능하도록 규정했다.

헌재는 지난 4월 말 국민의힘이 '검수완박' 법안 입법 과정에서 국회의장과 법제사법위원장을 상대로 청구한 권한쟁의심판 사건을 심리 중이다. 법무부의 권한쟁의심판 역시 같은 법을 겨냥한 것인 만큼 사건이 병합될 가능성도 있다. 국민의힘이 청구한 사건의 공개변론은 7월 12일 오후 2시 열렸다.

■ **권한쟁의심판 (權限爭議審判)**

권한쟁의심판이란 국가기관 상호 간이나 지방자치단체 상호 간 또는 국가기관과 지방자치단체 사이에 권한이 누구에게 있는지 또는 권한이 어디까지 미치는지에 관한 다툼을 해결하기 위하여 어떤 권한이 누구에게 있고 어디까지 미치는지를 명백히 밝힘으로써 국가의 기능이 원활하게 수행되도록 하는 재판이다. 지방자치단체는 헌법 또는 법률에 의하여 부여 받은 권한이 침해되거나 침해될 우려가 있는 때에 한하여 권한쟁의심판 청구가 가능하며 부여되지 않은 권한의 경우 청구는 적법하지 않다.

양향자, 與 반도체특위 위원장직 수락

▲ 양향자 의원

국민의힘 **반도체산업 경쟁력 강화 특별위원회**가 6월 28일 출범했다. 위원장은 삼성전자 임원을 지낸 더불어민주당 출신 무소속 ■**양향자** 의원이 맡았다.

권성동 국민의힘 원내대표는 민주당 출신인 양 의원이 특위 위원장을 맡은 데 대해서 "광주여상을 나와서 삼성전자에 입사해 상무까지 오른 신화적 존재"라며 "자신만의 원칙과 소신을 갖고 올곧은 정치를 하고 계신 분"이라고 했다. 민주당이 '검수완박(검찰 수사권 완전 박탈)법' 처리를 강행할 때 법사위에서 반대했던 일을 언급한 것이다.

양 의원은 "여당의 특위 위원장을 야당 출신 국회의원이 맡는다는 것이 참 어색하기도 하고 그랬다"면서 "이 또한 헌정 사상 처음 있는 일이라 '퍼스트 무버'로서 또 한번의 국회 역사가 되는 자리가 아닌가 생각한다"고 했다. 국민의힘은 향후 특위에 민주당까지 포함시켜 '초당적 기구'로 만들겠다는 구상이다.

반도체 특위에 대해서는 "키워드를 '초월'이라 말씀드리고 싶다. 이 자리는 정당을 초월하고, 기업을 초월하고, 세대를 초월하고 모든 것을 초월한 자리"라며 "정파와 이념을 초월한 여야 협치의 새로운 모델이 되겠다"고 밝혔다.

이어 "특위가 첨예하게 대립하는 국제적 경쟁 속에서, 또 여야 간 경쟁 속에서 정파와 이념을 뛰어넘어 여야 협치의 새로운 모델을 만들 수 있도록 최선을 다하겠다"며 "반도체를 통해서 국가가 화합하고 국민이 함께하는 특위를 만들겠다. '제2의 반도체 기적'을 만드는 데 함께해주셔서 감사하다"고 했다.

정책 방향도 제시했다. 양 의원은 "특위가 만들 정책 방향은 크게 3가지다. **첫째는 규제개혁, 둘째는 세액공제, 셋째는 인재양성**"이라며 "국회가 개원하고 국회 차원의 특위가 구성되는 대로 시급한 입법부터 처리하겠다"고 강조했다.

그는 "이 시대의 반도체는 경제이자 외교이며 안보"라며 "미중의 패권 경쟁을 관리하는 가장 효율적 외교 수단이 반도체 산업이며, 한미 안보 동맹의 핵심 또한 일명 '반도체 방패'로 바뀌고 있다. 부민강국, 백성이 잘 살아야 나라가 강해진다는 그 원천이 바로 반도체"라고 했다.

■ 양향자(梁香子, 1967~)

양향자는 대한민국의 기업인 출신 정치인으로 21대 국회의원이다. 전남 화순 출신인 양 의원은 광주여상을 졸업했으며 삼성전자 반도체 메모리설계실 연구보조원으로 입사한 뒤 설계팀 책임연구원, 수석연구원, 부장 등을 거쳐 지난 2014년 고졸 최초로 임원인 상무로 승진했다. 민주당의 영입으로 21대 국회의원이 됐으나 지역사무소 직원의 성폭력 사건으로 징계 논의 중 탈당했다.

경찰 고위직 인사 2시간 만에 번복, '경찰 길들이기' 논란

시·도 경찰청장급인 경찰 고위직 인사가 2시간여 만에 번복되는 초유의 사태가 발생했다. 6월 21일 행정안전부 '경찰 제도 개선 자문위원회'(자문위)가 경찰 통제안을 발표하고, 경찰청이 "법치 훼손 우려가 있다"는 입장을 낸 뒤 저녁께 발표된 치안감 인사 28명 중 7명이 바뀐 것이다.

정부는 이날 저녁 7시 14분께 치안감 28명에 대한 보직 인사를 단행했다가, 2시간여 뒤인 9시 30분께 7명이 바뀐 인사 명단을 수정 발표했다. 보직이 번복된 인사 대상자는 김준철 광주경찰청장(서울경찰청 공공안전차장→경찰청 생활안전국장), 정용근 충북경찰청장(중앙경찰학교장→경찰청 교통국장) 등 7명이다.

경찰청은 "행안부로부터 최종본이라고 통보받아 내부망에 게시했는데, 행안부가 최종본이 아니라며 다시 인사안을 보내왔다"고 해명했다. 경찰 고위직 인사 결과가 언론을 통해 이미 보도됐는데, 2시간이 지난 뒤에야 잘못됐다는 것을 알고 수정했다는 것은 설득력이 떨어진다. **치안감 인사는 행정안전부 장관의 제청을 받아 대통령이 임명**한다.

치안감 보직 인사가 2시간여 만에 정정되는 초유의 사태가 벌어지자 경찰 내부에서는 정권 초기 '경찰 길들이기'라는 분석이 나왔다. 윤석열 대통령은 치안감 인사 번복이라는 초유의 사태에 대해 "경찰에서 행정안전부로 자체적으로 추천한 인사를 그냥 보직을 해버린 것"이라며 **"아주 중대한 국기문란, 아니면 어이없는, 공무원으로서 할 수 없는 과오"**라고 경찰 쪽을 강하게 비판했다.

윤 대통령은 6월 23일 언론 인터뷰에서 "아직 대통령 재가도 나지 않고 행정안전부에서 또 검토해서 대통령에게 의견도 내지 않은 상태에서 그런 인사가 밖으로 유출되고, 이것이 또 언론에 마치 인사가 번복된 것처럼 나간 것"이라며 이렇게 말했다.

그는 "인사권자는 대통령"이라며 "마치 언론에서는 치안감 인사가 번복됐다고 하는데 번복된 적도 없고 저는 행안부에서 나름대로 검토를 해서 올라온 대로 재가를 했다"고 덧붙였다. 대통령실의 '인사 개입설'이 불거지자, 윤 대통령은 이를 부인하며 책임을 오롯이 경찰 쪽으로 돌린 것이다.

+ 엽관주의 (獵官主義, spoils system)

엽관주의는 인사권자와의 정치적 관계나 개인적 관계를 기준으로 공직자를 임용하는 인사행정제도이다. 즉 정당에 대한 충성도, 혈연, 지연, 학연 따위가 임용 기준이 된다. 엽관주의는 미국에서 1829~1837년 재임한 앤드루 잭슨 대통령 당시 인사행정에 도입됐으며 선거에서 승리한 정당이 모든 관직을 전리품(spoils)처럼 임의대로 처분할 수 있는 제도를 의미했다.

엽관주의는 정실주의(情實主義, patronage system)와 같은 뜻으로 통용되고 있다. 하지만 엽관주의에서는 정당에 대한 공헌도와 충성심이 중요한 임명 기준이 되는 데 비해 정실주의는 혈연, 학연 등 다양한 기준이 적용된다는 점에서 더 넓은 개념이다.

엽관주의는 정당정치의 발달에 기여하고 정치지도자의 국정지도력을 강화할 수 있다는 장점이 있지만 소수 간부에 의한 과두적 지배로 부패를 초래하고 행정의 중립성과 공정성을 보장할 수 없다는 문제점이 있다.

대통령실, 청와대 '국민청원' 폐지하고 '국민제안' 신설

대통령실이 문재인 정부의 대국민 온라인 소통창구인 청와대 '국민청원'을 폐지하기로 했다. 청원법상 비공개가 원칙인 청원 내용을 전면 공개하면서 국민 갈등을 조장하고 있다는 판단에서다. 이에 앞으로는 100% 실명제인 '국민제안' 코너를 통해 국민들과 소통에 나선다는 방침이다.

강승규 시민사회수석은 6월 23일 오후 용산 대통령실 청사에서 브리핑을 갖고 "대통령실 홈페이지 내에 새로운 국민소통 창구인 국민제안 코너가 공개됐다"며 이같이 밝혔다.

▲ 대통령실 국민제안 (홈페이지 캡처)

강 수석은 "지난 정부의 청와대 국민청원은 민원 및 청원법을 근거로 하지 않아 처리기한에 법적 근거가 없었다"며 "답변도 **20만 건 이상의 동의 건에 대해서만 선별적으로 답변하면서 대다수 민원은 답변받지 못한 채 사장된다는 지적**이 있었다"고 지적했다. 이에 따라 더 이상 구 청와대 국민청원 제도는 유지하지 않고 폐지하기로 했다는 게 강 수석의 설명이다.

윤석열 정부가 새롭게 공개한 국민 소통 코너는 대통령실 홈페이지를 통해 접속 가능하다. 행정처분에 대한 민원을 내는 민원·제안 코너, 공무원의 공무 집행에 시정을 요구하거나 법률·조례·명령·규칙 등에 대한 의견을 내는 청원 코너, 디지털 소외 계층을 위한 동영상 제안 코너, **문의사항을 접수하는 102 전화 안내 등이다. 102 전화에서 10은 '윤석열'의 '열'을, 2는 한자 '귀 이'(耳)를 각각 따서 조합한 숫자**다.

'국민제안'은 민원 처리에 관한 법률, 청원법 등 법률에 따른 비공개 원칙을 준수한다. 매크로를 이용한 여론 왜곡을 방지하기 위해 100% 실명제로 운영할 예정이다. 특정 단체나 집단의 이익을 대변하는 댓글을 제한하고, 법정 처리 기한 내 답변을 보장하는 '민원 책임 처리제'를 실시할 계획이다.

또 대통령실은 10명 내외의 민관협동 심사위원들로 구성된 '국민우수제안협의체'를 신설, 매달 3건 정도의 우수 제안을 선정하고 이를 온라인 국민투표에 부치는 방안을 구상 중이다.

강 수석은 "비공개 실명제라고 해서 참여에 제한이 있다고 보지 않는다"며 "처음부터 낱낱이 공개할 경우 정치적으로 악용될 소지가 있고, 편향된 층에 의해 잘못 이용될 수 있다"고 말했다.

또 "지난 정부에서 20만 명 이상의 동의를 받게 한 것은 청원법에도 맞지 않고, 1인당 아이디를 7~8개까지 만들어 특정 지지층에 편향되게 흐를 수 있어 국민청원제도를 폐지하기로 했다"고 덧붙였다.

국민제안, 국민청원과 다른 점은?

국민제안은 국민청원보다 답변 요건을 완화했다. 국민청원의 경우 20만 건 이상 동의를 얻은 사안에만 청와대가 대응했지만, 국민제안에서는 동참 인원에 관계없이 모두 답한다.
또한 청원뿐 아니라 민원과 제안도 접수한다. 처리기한은 관련법에 의거해 일반민원 14일, 고충민원 7일, 국민제안 1개월, 청원 90일 등이다. 소관부처는 행정안전부와 국민권익위원회다.
모든 의제는 제출 시 본인만 열람 가능하다. 청원법상 비공개가 원칙이라는 이유에서다. 단, 우수한 제안에 한해 누리집에 공개한다. 우수제안은 민관 협의체가 후보를 10건으로 압축한 뒤 국민투표로 선정한다. 우수제안의 경우 대통령실 수석과 비서관실이 국정 운영에 반영할 예정이다.
이 밖에 여론 왜곡과 매크로를 방지하기 위해 100% 실명제로 운영한다. 더불어 특정 단체와 집단의 이익을 대변하는 댓글도 제한한다. 디지털 소외 계층을 위한 전화와 오프라인 창구도 마련했다.

이준석, 사상 초유 집권여당 대표 중징계

▲ 이준석 국민의힘 대표

지난해 한국 정치사에서 최초로 30대 원내교섭단체 정당의 당 대표로 선출돼 파란을 일으킨 이준석 국민의힘 대표가 '성 상납 증거인멸 교사' 의혹과 관련해 중징계를 받고 사실상 당에서 퇴출됐다. 국민의힘 중앙윤리위원회는 7월 8일 새벽 이 대표에게 '6개월 당원권 정지'란 중징계를 내렸다.

이양희 윤리위원장은 "이준석 당원의 소명을 믿기 어렵다고 판단했고 이에 따라 이 당원은 윤리규칙 제4조 품위유지 의무를 위반한 것으로 결정했다"고 설명했다. 이 대표는 "자진 사퇴는 없다"

며 징계처분 권한을 활용해 자신에 대한 징계를 '셀프 보류'하겠다고 맞섰으나 권성동 국민의힘 원내대표는 징계처분 권한이 원내대표에게 있다고 일축했다.

7월 11일 열린 국민의힘은 의원총회를 열고 **권성동 원내대표가 당 대표 직무대행**을 맡기로 한 결의문을 채택했다. 국민의힘은 이 대표가 당원권 정지 6개월 징계를 받은 것이 당 대표 '사고' 상태에 해당한다는 결론을 내렸다.

국민의힘은 당분간 당권 투쟁에 휘말리며 혼돈이 불가피할 전망이다. 이른바 윤핵관(윤석열 대통령 핵심 관계자)과 각을 세우며 20·30대 남성 지지층을 중심으로 독자 세력화를 꾀했던 이 대표가 윤핵관에게 낙마당한 상황에서 차기 당권을 두고 윤핵관 내부의 분열 조짐이 나타났다. **윤핵관 투톱인 권성동 원내대표·장제원 의원 사이에 갈등설**도 제기됐다.

박지현 "민주 전대 출마 강행"

한편, 박지현 전 더불어민주당 비상대책위원장의 8월 **전당대회**(전국에서 당원을 대표하는 대의원들이 모여 중요 사항을 결정하는 회의) 출마는 암초를 만났다.

지난 7월 4일 우상호 민주당 비상대책위원장은 비대위 회의에서 당원 가입 기간(6개월)과 당원비 납부 횟수(6회 이상)가 피선거권 요건에 미치지 않는다는 이유로 박 전 위원장의 당 대표 불가를 주장했다.

우 위원장은 "당무위에 박 전 위원장의 출마를 위한 예외 조항을 안건으로 상정해 토론하도록 부의하지 않기로 했다"며 "비대위원들은 박 전 위원장이 소중한 민주당의 인재이지만, 예외를 인정할 불가피한 사유를 발견하지 못했다고 판단했다"고 설명했다.

박 전 위원장은 자신의 전당대회 출마가 요건 불충족으로 불발되자 "민주당 지도부와 이재명 의원은 무엇이 두려운가"라며 반발했다. 박 전 위원장은 지도부의 결정에 불복하며 출마를 강행하기로 했다.

그는 "정식 안건으로 논의되지 않은 상황에서 결정된 게 없다고 생각해서 당 대표 후보로 등록하려고 생각하고 있다"며 출마 의지를 굽히지 않았다. 일각에서는 대선 정국에서 정당 혁신과 젊은 세대의 지지를 모으기 위해 중용됐던 이준석 대표와 박지현 전 위원장이 나란히 ■**토사구팽** 당했다고 분석했다.

■ **토사구팽 (兎死狗烹)**
토사구팽은 '사냥에서 토끼를 잡고나면 사냥개도 쓸모가 없게 되어 삶아 먹는다'는 의미로, 필요할 때는 쓰고 필요 없을 때는 야박하게 버린다는 뜻이다. 이는 한 고조 유방을 도와 나라를 세웠다가 버림받은 한신의 이야기로 잘 알려져 있지만 중국 춘추시대 월(越)나라 재상 범려의 말에서 유래된 것이다.

윤 대통령 '친척 동생' 부속실 근무 논란

윤석열 대통령의 친인척이 대통령실에서 근무하는 것으로 확인돼 논란이 일고 있다. 대통령실은 7월 6일 "친인척 관계는 맞다"면서도 "인척 관계

▲ 용산 대통령실 청사

가 대통령실 임용과는 관련이 없다"는 해명을 내놨다.

대통령실은 "A 선임행정관은 대선 경선 캠프 구성 때부터 여러 업무를 수행해 업무 연속성 측면에서 대통령실에 임용된 것"이라며 "또 장기간 대기업 근무 경력 등을 감안할 때 임용에 아무런 하자가 없다"고 주장했다. 이어 "특히 외가 6촌은 ▪**이해충돌방지법**상 채용 제한 대상도 아니다"라고 밝혔다.

대통령실 설명대로 법적으로 문제가 없더라도 공정과 상식을 강조한 윤 정부가 대통령실 채용과 관련해 문 정부 때보다 투명하지 않은 것에 대한 국민의 비판을 피하기는 힘들어 보인다.

더구나 최근 윤 대통령 부부의 북대서양조약기구(NATO·나토) 순방에 공무원 신분도 아닌 인사비서관 부인이 동행했고, 김건희 여사의 고(故) 노무현 전 대통령 생가 방문 때도 별다른 직책이 없는 '지인'이 지근거리에서 함께 하는 등 '비선' 논란까지 불거지고 있다.

尹, 용산청사 2층 주 집무실 입주

한편, 윤석열 대통령이 7월 4일부터 용산 대통령실 청사 2층에 마련된 주 집무실에 입주했다. 대통령실 관계자는 7월 3일 언론과의 인터뷰에서 "윤 대통령이 해외 순방을 다녀오는 동안 주 집무실 공사가 마무리됐다"며 "언제든 입주해 정상 업무를 할 수 있는 여건이 갖춰졌다"고 말했다.

용산 청사에는 2층 주 집무실 외에도 크기가 거의 같은 5층 보조 집무실이 있으며, 윤 대통령은 평상시 두 공간을 오가며 근무할 예정이다. 국방부 청사를 대통령실 청사로 바꾸는 리모델링은 6월 말 거의 완료됐다. 한남동 관저는 7월 중순 이후 완공될 것으로 보인다.

▪ **이해충돌방지법 (利害衝突防止法)**

이해충돌방지법은 공직자가 직무상 권한을 남용해 자신이나 가족이 인허가, 계약, 채용 등의 과정에서 이익을 보지 못하도록 한 법이다. 2022년 5월 19일부터 시행됐다. 법안에 따르면 고위공직자나 채용업무를 담당하는 공직자의 가족은 해당 공공기관과 산하기관, 자회사 등에 채용될 수 없고, 공직자와 생계를 같이하는 직계 존·비속(배우자의 직계 존·비속 포함)은 공공기관 및 그 산하기관과 수의계약을 체결할 수 없다. 이해충돌방지법 적용대상은 ▲공무원 ▲공직유관단체 및 공공기관의 임직원 ▲국·공립학교 교직원 ▲공무수행사인 등이 있다.

분야별
최신상식

경제
산업

한은, 사상 첫 빅스텝 단행...
기준금리 한 번에 0.5% 인상

기준금리 조정 폭을 지칭하는 용어

구분	인상(인하) 폭
베이비스텝 (baby step)	0.25%p
빅스텝 (big step)	0.50%p
자이언트스텝 (giant step)	0.75%p
울트라스텝 (ultra step)	1.00%p

기준금리 8년 만에 2.25%...인플레와의 전쟁

각국이 인플레이션과 사투를 벌이고 있는 가운데 한국은행이 사상 처음으로 **한 번에 기준금리를 0.5%p 올리는 빅스텝**을 단행했다. 한은 금융통화위원회(이하 금통위)는 7월 13일 기준금리를 0.5%p 올렸다. **기준금리는 8년 만에 연 2.25%**가 됐다. 지난 4월과 5월에 이어 7월까지 **세 차례 연속으로 금리를 올린 것도 처음**이다.

이날 금통위원들은 만장일치로 기준금리 0.5%p 인상을 결정했다. 이창용 한은 총재는 기자간담회에서 "0.5%p를 내린 적은 있어도 0.5%p를 올린 적은 처음이라 무거운 책임감을 느낀다"라고 말했다.

한은이 빅스텝을 단행한 까닭은 무엇보다 **인플레이션 압력이 심각한 수준**이기 때문이다. 인플레이션을 억제하고자 기준금리를 올려 시중 유동성을 줄이는 긴축을 단행한 것이다. 한은은 2020년 5월부터 1년 3개월간 코로나19 사태에 대비하기 위해 0.5%로 사상 최저 수준 기준금리를 유지했었다.

하지만 최근 우크라이나 전쟁과 글로벌 공급망 붕괴로 원자잿값과 곡물 가

격이 폭등하면서 6월 소비자물가지수는 지난해 같은 달보다 6.0% 뛰었다. 이는 1998년 11월 외환위기 이후 23년 7개월 만에 가장 높은 상승률이다. 국내 물가 상승률은 지난 3월 4%대에 진입한 뒤 5월 5%대를 넘어서 한 달 만에 6%대까지 치솟았다.

한은은 하반기에 7~8% 선까지 물가가 더 오를 수 있다고 우려했다. 전기·가스요금 인상이 본격적으로 반영되면 물가 오름세가 더 두드러질 수 있다.

美 빅스텝 행보 대응

한은이 역사적인 빅스텝 행보에 나선 다른 까닭은 미국 중앙은행인 연방준비제도(Fed·연준)의 선제적 기준금리 인하에 대응하기 위한 차원이기도 하다. **연준은 41년 만에 나타난 8%대 물가 폭등을 낮추기 위해 지난 6월 28년 만에 빅스텝을 뛰어넘어 한 번에 기준금리를 0.75% 인상하는 자이언트스텝을 밟았다.** 연준은 7월 말에도 거듭 자이언트스텝을 단행할 가능성이 크다고 전망된다.

한은으로서는 한국의 기준금리가 미국보다 높아지는 금리 역전 현상을 막을 필요가 있다. **금리 역전 현상이 나타나면 국내에 들어와 있는 외국인 투자금이 미국을 비롯한 해외로 빠져나갈 가능성**이 커질 수 있다.

7월 13일 기준으로 미국 기준금리는 1.5~1.75%으로 한국보다 낮다. 하지만 7월에 연준이 자이언트스텝을 밟으면 우리나라와 금리가 역전된다. 이창용 한은 총재는 "(금리 역전이 됐다고 해서) 당장 자본 유출이 벌어질 확률은 낮으며 그때그때 유연하게 대응하는 게 중요하다"고 봤다.

올해 한은 금통위는 8·10·11월 3차례 남았다. 금융 전문가들은 한은이 남은 금통위가 열릴 때마다 0.25%p씩 금리를 올려 연말에 금리를 연 3%로 끌어올릴 가능성이 높다고 예측했다.

+ 통화정책과 재정정책

각국은 경기 변동 폭을 완화함으로써 경제안정을 달성하기 위해 다양한 정책수단을 동원하고 있는데 이를 경제안정화정책(총수요관리정책)이라고 한다. 경제안정화정책에는 통화정책과 재정정책이 있다. 통화정책은 중앙은행이 통화량, 이자율 등을 변화시킴으로써 경제안정화를 꾀하는 정책이다. 재정정책은 정부가 재정지출이나 조세의 크기를 변경해 경제안정화를 꾀하는 정책이다.

POINT 세 줄 요약

1. 한은이 사상 처음으로 기준금리를 한 번에 0.5%p 올리는 빅스텝을 단행했다.
2. 한은이 빅스텝을 단행한 까닭은 무엇보다 인플레이션을 억제하기 위해서다.
3. 미국과의 금리 역전 현상에 대응하기 위한 차원이기도 하다.

6월 소비자물가 6% 치솟아… IMF 외환위기 이후 최고치

7월 5일 통계청에 따르면 6월 소비자물가지수가 108.22(2020년 100 기준)로 작년 같은 달보다 6.0% 올랐다. 이는 IMF(국제통화기금) 외환위기 당시인 1998년 11월(6.8%) 이후 23년 7개월 만에 가장 높은 상승률이다.

IMF 외환위기 때 원화 가치 폭락으로 환율이 급등하면서 수입 비용이 폭증하는 바람에 물가가 올랐는데 현재 당시에 버금가는 수준으로 물가 상승 폭이 커진 것이다. 원·달러 환율은 지난 6월 23일 13년 만에 처음으로 장중 1300원을 돌파했다.

소비자물가 상승률은 작년 4~9월 6개월간 2%대를 보이다가 작년 10월(3.2%) 3%대로 올라섰다. 올해 들어 상승 폭은 3월(4.1%)과 4월(4.8%)에 4%대, 5월(5.4%) 5%대를 기록하더니 지난 6월에 6%대로 확대됐다.

통계청은 국제 원자재·곡물 가격이 상승하면서 재료비·연료비가 증가했고 공업제품과 개인 서비스 물가를 끌어 올리고 있다고 분석했다. 공업제품과 개인 서비스 품목의 물가 상승 기여도는 각각 3.23%p, 1.78%p로 6%대 물가 상승률 중 큰 부분을 차지했다.

공업제품은 1년 전보다 9.3% 올랐다. 공업제품에서 경유(50.7%), 휘발유(31.4%), 등유(72.1%) 등 석유류 가격이 39.6% 급등하며 전월(34.8%)보다 오름폭을 키웠다. 최근 러시아산 원유 수출 가격 상한제 도입이 거론되며 국제 유가 상승 압력이 이어진 탓이다.

개인서비스는 외식(8.0%)과 외식 외(4.2%)가 모두 올라 5.8% 상승했다. 외식 물가 상승률은 1992년 10월(8.8%) 이후 29년 8개월 만에 가장 높았다. 공공서비스는 0.7%, 집세는 1.9% 각각 올랐다.

자주 구매하는 품목 위주로 구성돼 체감물가에 더 가까운 생활물가지수는 7.4% 올라 1998년 11월(10.4%) 이후 가장 상승률이 높았다. **물가의 기조적 흐름을 보여주는 근원물가**(농산물 및 석유류 제외 지수) 상승률은 4.4%로 2009년 3월(4.5%) 이후 최고다. 식료품 및 에너지 제외 지수도 3.9% 올랐다.

물가 인상과 관련한 ○○플레이션 신조어

용어	의미
런치플레이션	런치(lunch·점심)+인플레이션. 물가가 급격히 오르며 직장인들의 점심값 지출 부담이 커짐
베케플레이션	베케이션(vacation·휴가)+인플레이션. 물가 상승으로 항공권이나 숙박비 등 휴가 비용이 오름
푸틴플레이션	푸틴 러시아 대통령+인플레이션. 러시아의 우크라이나 침공으로 원유·곡물·비료까지 전 세계 물가 전반이 상승

스킴플레이션	스킴프(skimp·지나치게 아낌)+인플레이션. 물가는 오르는데 상품이나 서비스는 양이 줄거나 오히려 품질이 떨어짐
누들플레이션	누들(noodle·국수)+인플레이션. 밀가루 등 원재료 가격 인상으로 대표적 서민 음식인 국수류 값이 크게 오름
콘플레이션	콘(corn·옥수수)+인플레이션. 우크라이나 전쟁으로 옥수수 가격이 오르면서 옥수수 가공식품과 축산물·유제품·과자 가격까지 치솟음
카플레이션	카(car·자동차)+인플레이션. 차량용 반도체 수급난으로 자동차 판매 가격이 오름
칩플레이션	칩(chip·반도체)+인플레이션. 반도체 품귀 현상으로 관련 품목 가격이 오름

'은행 이자장사' 경고에 '화들짝'... 대출금리 줄줄이 인하

금융 당국과 당정(여당과 정부)이 작심한 듯 은행들의 '이자장사'를 질타하는 발언을 쏟아내자 시중은행이 잇따라 대출금리를 내렸다. 금리 상승기에 ■**예대금리차**(예대마진)가 7년 7개월 만에 최대 폭으로 벌어지자 경고를 내린 것이다.

이복현 금융감독위원장은 지난 6월 은행장과의 간담회에서 **"금리 상승기에는 예대금리차가 확대되는 경향이 있어 은행의 지나친 이익 추구에 대한 비판이 커지고 있다"**고 말했다. 성일종 국민의힘 정책위의장도 "금융기관들이 예대마진에 대한 쏠림 현상이 없도록 자율적으로 참여해줄 것을 부탁한다"고 말했다.

그러자 주요 시중은행들이 약속이나 한 듯 대출금리는 낮추고 예·적금 상품 금리는 올리기 시작했다. 7월 3일 금융권에 따르면 신한은행은 7월 초 신규 취급 주택담보대출과 전세자금대출 금리를 각각 0.35%p, 0.30%p 내리기로 했다.

신한은행은 '연소득 4000만원·전세보증금 3억원 이하'의 조건을 갖춘 전세자금 대출자를 대상으로 금융채 2년물 금리를 기준으로 삼는 전세자금대출 상품도 출시한다. 전세대출은 보통 6개월이나 1년 단위 변동금리를 적용하는데 사실상 2년 단위 고정금리 상품을 통해 금리 상승에 따른 부담을 줄여준다는 취지다. 신한은행은 **서민 지원 상품인 '새희망홀씨' 대출의 신규 금리도 연 0.5%p 인하**할 방침이다.

우리은행도 지난 6월 24일부터 은행채 5년물 기준 고정금리 대출에 적용하던 1.3%p의 우대금리(은행 자체 ■**개인 신용등급** 7등급 이내)를 모든 등급(8~10등급 추가)에 일괄 적용키로 했다. NH농협은행은 7월부터 담보, 전세자금 등 주택 관련 대출 금리를 0.1~0.2%p 낮췄으며 인터넷은행인 케이뱅크도 지난 6월 22일 대출금리를 최대 연 0.41%p 인하했다.

■ **예대금리차 (預貸金利差)**
예대금리차(예대마진)는 은행이 자금을 빌리는 사람으로부터 받는 대출금리와, 예금자에게 지급하는 예금금리 간의 격차로서 은행 수익의 원천이 된다. 예대금리차는 대출금리(수입이자/대출금)에서 예금금리(지급이자/예수금)를 차감한 것으로, 분석 목적에 따라 신규취급액 또는 잔액을 기준으로 측정할 수 있다. 즉, 대출금리가 높고 예금금리가 낮을수록 예대마진이 커지고 금융기관의 수입은 그만큼 늘어나게 된다.

■ **개인 신용등급 (個人信用等級)**

개인 신용등급이란 개인 신용평가회사가 개인의 여러 신용정보를 수집해 1등급에서부터 10등급까지 분류한 것이다. 이를 바탕으로 금융회사들은 개인의 대출과 금리를 결정하고 신용카드 개설 등의 자료로 활용한다. 그만큼 은행으로선 자산과 직결되는 중요한 지표라고 할 수 있다.

3분기 전기요금 1kWh 5원 인상… 4인 가구 월평균 1535원

한국전력이 오는 3분기부터 전기요금을 1kWh당 5원 인상한다고 6월 27일 밝혔다. 이에 따라 7월부터 전기요금이 4인 가구를 기준으로 월평균 1535원 오를 전망이다. 당초 한전은 3분기 연료비 상승을 이유로 연료비 조정단가를 1kWh당 33.6원 인상해야 했지만, 분기 조정폭 규정을 적용해 kWh당 3원으로 정부에 제출했고, 동시에 연동제 조정폭 확대 등 제도개선도 요구했다.

이에 정부는 연간 조정한도(±5원/kWh) 범위 내에서 조정하는 방안을 검토해 줄 것을 회신했고, 한전은 분기 조정폭을 연간 한도 내에서 조정할 수 있도록 약관 개정안을 마련해 3분기 연료비 조정단가 재산정 내역을 정부에 인가 신청했다. 정부는 이날 전기위원회를 열고 약관 개정안 인가와 3분기 연료비 조정단가 '5원 적용'을 확정했다.

한전은 이번 요금인상과 관련해 **"높은 물가 상승 등으로 엄중한 상황임에도 불구하고 국제연료가격 급등으로 큰 폭의 전기요금 인상요인이 발생하고, 한전 재무여건이 악화되는 여건을 고려한 불가피한 결정이었다"**고 설명했다.

한전은 전기요금 인상에 따른 취약계층의 요금부담 완화를 위해 7~9월까지 한시적으로 복지할인 대상 약 350만 가구에 대해 할인 한도를 40% 확대할 예정이다. 특히 장애인, 유공자, 기초수급, 차상위계층 등 사회적 배려계층은 3분기 전기요금 인상에 따른 요금 증가폭만큼 할인 한도를 1600원 추가적으로 상향해 월 최대 9600원을 할인할 예정이다.

이 때문에 한전 측은 3분기 전기요금 인상에도 불구하고 취약계층 대부분의 전기요금 부담은 오히려 감소할 것으로 예상된다고 밝혔다.

7월 1일부터 전기·가스 요금 인상

7월 1일부터 전기요금과 함께 가스요금도 올랐다. 민수용(주택용·일반용) 도시가스 요금이 메가줄(MJ : 가스 사용 열량 단위)당 1.11원 인상됐다. 서울시 소매요금 기준으로 부가세는 별도다. 작년에 확정된 정산단가 인상분과 이번에 결정된 기준원료비 인상분 등이 반영된 결과다.

도시가스 요금은 발전 원료인 **액화천연가스**(LNG)**의 수입단가인 '원료비'**(기준원료비+정산단가)**와 도소매 공급업자의 공급 비용 및 투자보수를 합한 '도소매 공급비'**로 구성된다.

세부적으로 보면 MJ당 1.11원 올라 주택용 요금은 16.99원으로, 일반용(영업용1) 요금은 16.60원으로 각각 조정됐다. 인상률은 주택용이 7.0%이고, 음식점·구내식당·이미용실·숙박시설·수영장 등에 적용되는 일반용(영업용1)은 7.2%, 목욕탕·쓰레기소각장 등에 적용되는 일반용(영업용2)은 7.7%다. 서울시 기준으로 가구당 평균 가스요금이 월 3만1760원에서 3만3980원으로 2220원 올랐다.

+ 尹 정부, 전기요금 원가주의 명시

윤석열 정부가 새로운 에너지정책 방향에 '전기요금 원가주의'를 명시했다. 정부나 정치권이 그동안 여러 정치·환경적 상황을 이유로 억눌러 온 전기요금을 앞으로는 철저히 '원가'를 반영해 결정하겠다는 것이다. 이에 윤석열 정부는 국내 전력판매 독점권을 쥔 한전의 경쟁력 강화를 위한 전력시장 개방도 추진하기로 했다. 전력시장에서 한전의 독점적 기능을 3자에게도 수행하도록 시장을 자유화하는 방식이다. 한전은 그대로 사업자로 존재하면서 민영사업자가 주로 판매부문에만 참여하는 형태로, 소매시장을 개방해 다양한 사업자의 진입을 허용하는 식이다. 새 정부 경제정책 기조인 시장경제체제 형태로, 민간 경쟁체제 방식을 통해 경쟁력 확보를 꾀하겠다는 취지다.

전기요금 및 가스요금 인상 내용 (자료 : 산업통상자원부·한국전력)

구분	인상 내용	월평균 인상폭(예상)
전기요금	7~9월분 전기요금에 적용될 연동제 단가를 kWh(킬로와트시)당 5원으로 확정	약 1535원 증가(4인 가구 월평균 사용량 307kWh기준)
가스요금	주택·일반용 도시가스 요금을 MJ당 1.11원 인상	약 2220원 증가(가구당)

추경호 "임금 인상 자제" 후폭풍

▲ 추경호 기획재정부 장관

추경호 경제부총리 겸 기획재정부 장관의 '임금 인상 자제' 발언의 후폭풍이 이어졌다. 지난 6월 물가상승률이 6%대에 달할 것으로 예상되는 등 '역대급 물가'로 서민 경제가 휘청대는 상황에서 불난 집에 기름을 부운 격이란 지적이 나온다.

추 부총리의 발언이 일부 IT기업과 대기업의 과도한 임금 인상에 따른 물가 상승 압력을 우려하는 것이라는 평가에도 불구하고, 정부가 '노동의 가격'에 관여하려는 것 자체가 문제라는 주장도 있다.

추 부총리는 6월 28일 서울 마포구 한국경영자총협회(경총) 회의실에서 회장단과 조찬 간담회를 열어 "최근 일부 정보기술(IT) 기업과 대기업 중심으로 높은 임금 인상 경향이 나타나면서 여타

산업·기업으로 확산할 조짐을 보이는 매우 우려스러운 상황"이라고 말했다.

이어 "과도한 임금 인상은 고물가 상황을 심화시킬 뿐만 아니라 대기업과 중소기업의 임금 격차를 더욱 확대해 중소기업, 근로취약계층의 상대적 박탈감도 키운다"고 지적했다.

추 부총리의 이날 발언은 일부 대기업과 IT기업을 대상으로 한 것이다. 특히 IT업계 양대 산맥인 네이버와 카카오는 올해 임금을 각각 15%와 10% 올리기로 한 바 있다. 대한항공(10%), 삼성전자(9%) 등 일부 대기업 역시 임금 상향을 예고했다.

부총리가 과도한 임금인상 자제를 촉구한 것은 인플레이션 악순환을 우려했기 때문으로 풀이된다. **임금 인상으로 높아진 인건비를 기업들이 소비자가격을 올리는 것으로 전가해, 다시 물가가 상승하는 악순환이 이어질 수 있다는 것**이다.

추 부총리는 "물가 상승 분위기에 편승해 경쟁적으로 가격·임금을 올리기 시작하면 물가·임금의 연쇄 상승이라는 악순환을 초래해 경제·사회 전체의 어려움으로 돌아오고 누구에게도 도움이 되지 않는다"고 강조했다.

하지만 이 같은 접근은 물가 상승으로 인한 ■**실질임금** 하락을 고려할 때, 노동자에게 물가 상승의 책임을 떠넘기는 것 아니냐는 지적이 나올 수 있다. 실제 대기업이 임금인상 폭을 낮추면 중소기업까지 이어질 수밖에 없고, 이때 실질임금이 마이너스가 되는 노동자가 속출할 수 있다.

정부가 기업의 임금에 개입하는 것 자체도 문제다. 현 정부가 자유 시장논리를 앞세우며 가격 정책에 관여하지 않는다고 하면서 유독 '노동의 가격'인 임금에는 다른 잣대를 들이댄다는 비판이 나온다. 특히 최근 법인세 인하를 약속한 상황에서 정부가 기업의 이익에만 초점을 맞추고 있다는 목소리도 크다.

■ **실질임금 (實質賃金)**

실질임금이란 구매력을 측정하기 위해 명목임금을 소비자물가지수로 나눈 것이다. 근로자가 노동의 대가로 받는 임금을 현재의 화폐단위로 표시한 것을 명목임금이라고 한다. 물가상승률이 명목상승률보다 더 높으면 실질임금은 오히려 줄어들어 실제 구매력은 감소하게 된다.

KG컨소시엄, 쌍용차 새 주인으로 확정

KG그룹이 쌍용차의 새 주인으로 사실상 확정됐다. 쌍용차는 2020년 인도 마힌드라그룹의 경영 포기 선언 이후 2년 만에 기사회생할 수 있는 발판을 마련했다. 쌍용차를 품는 KG그룹은 노조와 채권단의 협조, 나아가 전기차 등 신차 개발을 위한 추가 자금 확보 등의 과제를 안았다.

서울회생법원은 6월 28일 쌍용차의 매각 전 인

수예정자였던 KG컨소시엄을 최종 인수예정자로 선정했다. 쌍방울그룹 계열사로 구성된 광림 컨소시엄이 공개입찰에 참여했으나 **법원은 인수 대금의 규모와 인수 대금 조달의 확실성, 운영 자금 확보 계획, 인수자의 재무 건전성 등을 종합 평가한 결과 KG컨소시엄의 인수 조건이 더 나은 것으로 판단**했다.

쌍용차는 "광림 컨소시엄은 인수 후 운영자금으로 7500억원을 제시했으나 자금조달 증빙으로 제시된 1500억원을 제외하면 계열사의 공모 방식 유상증자 및 해외 투자자 유치를 통한 전환사채(CB) 발행 등 단순 계획에 불과했으며, 재무적 투자자도 확보하지 못했다"고 설명했다.

앞서 에디슨모터스와의 최종 계약 체결에 실패했던 쌍용차는 조건부 투자 계약으로 인수예정자를 먼저 정해놓고 공개입찰을 부치는 방식(■**스토킹호스**)을 택하면서 안정적으로 매각 절차를 밟을 수 있었다.

쌍용차는 7월 KG컨소시엄과 본계약을 체결하기로 했다. 이후 관계인 집회를 열어 회생계획안에 대한 채권단 동의를 받을 예정이다. KG컨소시엄은 인수대금 3500억원과 운영자금 6000억원을 포함해 9500억원가량을 내고 쌍용차를 인수한다는 계획이다. KG컨소시엄은 채권단의 반대로 발목이 잡힌 에디슨모터스보다 1000억원가량 인수금액을 키운 터라 협상에는 큰 무리가 없을 것으로 전망된다.

중견기업인 KG그룹은 그동안 공격적 인수·합병(M&A)을 통해 화학과 제철, 정보기술(IT), 미디어 등으로 사업 영역을 넓혀왔다. 자동차 사업 경험이 없다는 점은 KG그룹의 불안 요소로 꼽힌다.

쌍용차는 토레스가 사전계약 첫날에만 역대 최고 기록인 1만2000대를 돌파하는 등 흥행을 예고한 데다 토레스 전기차 모델까지 가세하면 이른 시일 안에 경영 정상화를 이룰 수 있을 것으로 기대하고 있다.

■ **스토킹호스** (stalking horse)

스토킹호스란 회생을 희망하는 법인이 인수 희망자를 내정하고 인수계약을 체결하는 방식을 의미한다. 스토킹호스는 원래 사냥꾼이 몸을 숨기고 사냥감에 접근하기 위해 위장한 말을 의미한다. 경쟁입찰 방식으로 인수합병(M&A)이 진행되며, 만약 내정자보다 더 좋은 조건을 제시한 입찰 희망자가 나오면 계약 대상을 바꿀 수 있다. 불확실성을 줄이는 수의계약의 장점과 매각과정에서 공정성을 담보할 수 있는 경쟁입찰의 장점을 갖췄다. 이 제도 도입 이전에는 이 같은 과정 없이 공개입찰을 했다.

예를 들어 이스타항공은 2020년 코로나19 영향으로 경영상 어려움을 겪다 2021년 1월 법원에 회생신청을 했다. 이스타항공은 회생을 위해 스토킹호스 방식으로 매각이 진행됐고, 우선 매수권자는 종합건설 업체 '㈜성정'이 결정됐다. 경쟁입찰 과정에서는 쌍방울그룹의 광림컨소시엄만 단독으로 1100억원을 제출했지만, ㈜성정이 광림컨소시엄과 같은 가격을 제안하면서 인수는 성정이 하게 됐다.

美 의회조사국 "40년 만에 더블딥 우려"

미국 경제가 최악의 물가 상승으로 몸살을 앓는 가운데 미 중앙은행인 연방준비제도(Fed·연준)가 물가 상승을 억제하기 위해 긴축의 고삐를 바짝 조이면서 경기가 냉각할 수 있다는 암울한 전

▲ '닥터 둠' 누리엘 루비니 뉴욕대 교수

망이 나왔다. 7월 2일(현지시간) 미 의회조사국(CRS, Congressional Research Service)은 보고서를 통해 미국 경제가 40년 만에 ■**더블딥**(경기 일시 회복 후 재침체)에 빠질 수 있다고 전망했다.

보고서에 따르면 미국 경제는 올해 1분기에 6분기 연속 플러스 성장을 끝내고 −1.6%(연율 환산 기준) 역성장으로 돌아섰다. 여기에 지난 5월 **소비자물가지수**(CPI)**가 1981년 말 이후 최대 규모인 8.6% 급등**했다. 연준은 지난 6월 28년 만에 기준금리를 한 번에 0.75%p 인상하는 자이언트스텝을 단행했다.

CRS는 자이언트스텝의 충격파로 미국 경제의 **경착륙**(hard landing·하드 랜딩 : 급격한 침체) 가능성에 무게를 실었다. 지난 5월까지만 해도 연준은 금리를 올려도 경제가 크게 흔들리지 않을 것이라며 경제의 **연착륙**(soft landing·소프트 랜딩 : 자연스럽고 부드러운 경기 하강)을 예상했다. 하지만 40년 만에 최고 수준으로 인플레이션이 덮치면서 과격한 통화 정책 긴축에 나설 수밖에 없게 됐고 그 결과 급격한 경기 위축이 불가피해졌다고 CRS는 보았다.

CRS는 "1950년대 이후 모든 경기 후퇴는 장기간 금리 인상 후에 나타났다"며 경착륙을 예상했다. 미 연준이 경기 침체를 감수하더라도 인플레이션이라는 불을 끄는 데 치중하기로 하고 하반기에도 강도 높은 통화 긴축을 예고한 만큼 경기 침체 가능성은 상당히 커질 전망이다.

문제는 이러한 경착륙이 더블딥으로 이어질 수 있다는 점이다. 최근의 미국 경기 악화가 코로나19 확산 초기인 2020년에 발생한 만큼 이번에 경착륙을 겪는다면 경기가 회복세를 보이다가 다시 고꾸라지는 모양새가 된다. 더블딥이 현실화되면 1980년대 초 2차 오일 쇼크 이후 40년 만의 일이 된다. CRS는 연준이 더블딥 우려로 빠른 금리 인상을 주저한다면 스태그플레이션이라는 더 나쁜 상황에 직면할 수 있다고 경고했다.

월가의 대표적 비관론자인 '닥터 둠' ■**누리엘 루비니** 미국 뉴욕대 교수 역시 "연준이 경착륙을 피하기 위해 통화긴축을 중단할 경우 인플레이션이 장기화하면서 스태그플레이션이 발생할 수 있다"고 주장했다.

■ **더블딥 (double deep)**

더블딥은 경기침체 후 잠시 불황에서 벗어나 짧은 기간 성장을 기록하다가 다시 불황에 빠지는 이중침체 현상으로 W자형 불황(W-shaped recession)이라고도 한다. 2분기 연속 마이너스 성장을 기록하는 것을 경기침체로 규정하는데 더블딥은 이러한 경기침체가 두 번 연속으로 계속된다.

■ **누리엘 루비니 (Nouriel Roubini, 1959~)**

누리엘 루비니는 뉴욕대학교 교수이자 국제통화기금(IMF)의 자문위원을 역임한 튀르키예 출신 미국 경제학자로, 2008년 미국발(發) 금융위기를 정확히 예견해 세계적인 명성을 얻었다. 부정적이고 어두운 경제전망을 자주 내놓아 '닥터 둠(Dr. Doom)'이라는 별명이 붙었다. '둠(Doom)'은 파멸, 불길한 운명이라는 뜻으로, '닥터 둠'은 국제금융계에서 비관적인 전망을 하는 경제학자를 의미하는 말이다.

날개 잃은 코스피...종가 2300 붕괴

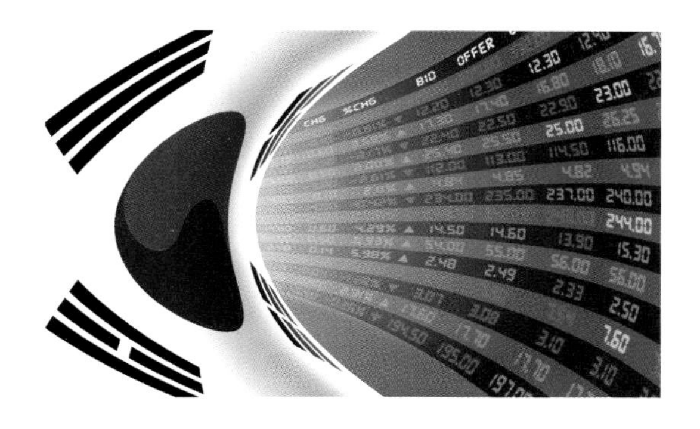

미국의 경기침체로 글로벌 원유 수요가 위축될 수 있다는 우려가 커지면서 고공행진하던 국제 유가가 폭락했다. 이에 **경기침체에 대한 공포가 확산하며 ▣코스피는 7월 5일 2300선이 무너졌다.** 코스피가 2300선 아래로 내려간 것은 2020년 10월 30일(2267.15)이후 1년 8개월여 만이다. 경기침체 우려가 안전자산인 달러 선호로 연결되며 원·달러 환율은 전날보다 6원 오른 1306.3원에 마감됐다. 이는 2009년 7월 13일 이후 약 13년 만에 가장 높은 수준이다.

외국인 투자자의 이탈이 가속화하는 모양새다. 외국인의 올해 국내 주식시장 순매도 금액은 최근 20조원을 돌파한 바 있다. 이 중 지난 6월 이후 순매도한 금액만 6조3000억원이 넘는다. 외국인이 보유한 주식 비중은 7월 5일 금액 기준으로 27.42%를 기록했다. 지난해 말 이후로 2.10%p 떨어진 것이다.

투자자들의 불안 심리는 한층 깊어진 분위기다. 외환 당국의 적극적인 방어에도 환율이 치솟고 있는 탓이다. 전날 발표된 외환보유액도 공포 심리를 자극한 것으로 보인다. 한국은행 자료를 보면, 6월 말 외환보유액은 4382억8000만달러로 전달보다 94억3000만달러 감소했다. 글로벌 금융위기 때인 2008년 11월(117억5000만달러) 이후 최대 감소폭이다.

반대매매 완화...근본대책 맞나

금융 당국이 7월 4일부터 반대매매(미수나 신용거래 등으로 산 주식이 과도하게 하락했을 때 증권사가 고객의 동의 없이 팔아서 처분하는 것) 완화조치를 실시하겠다고 밝혔지만 개미들의 불안감은 여전하다. 금융위원회는 앞으로 3개월간 증시 급락에 따른 신용융자 반대매매 급증 우려를 완화하기 위해 **증권사의 신용융자담보비율 유지의무를 면제**하기로 했다.

유지의무 면제는 증권사의 신용융자 담보주식에 대한 과도한 반대매매를 억제하기 위한 조치다. 증권사는 시장 상황 등을 고려해 담보 유지 비율을 탄력적으로 결정할 수 있다. 신용융자는 주가 상승기에는 추가적인 수요로 이어져 주가의 상승폭을 높이지만, 주가 하락기에는 반대매매로 인한 매물 압력으로 작용할 수 있기에, 신용융자비율과 반대매매는 증시의 반등을 제한하는 주요한 요인으로 여겨진다.

그러나 **전문가들은 증권사가 반대매매를 유예해 주거나 담보비율을 낮춰도 결국 주가 추가 하락으로 인한 손실만 커질 뿐 근본적인 효과는 크지 않다는 지적**이다. 향후 시장의 추가 하락이 예상되는 만큼 궁극적으로는 투자자들의 피해가 더 커질 수 있다는 이야기도 나온다. 개미들 역시 개인투자자들의 자금으로 증시 하단을 받칠 생각보다 증시안정기금 마련과 공매도 금지 조치가 필요하다고 목소리를 모은다.

■ 코스피 (KOSPI, Korea Composite Stock Price Index)
코스피(KOSPI)는 한국거래소에 상장된 기업의 주식 가격에 주식 수를 가중평균해 시가총액으로 산출한 지수이다. 우리나라를 대표하는 대기업이 상장된 유가증권시장 그 자체를 지칭하기도 한다. 코스피는 대한민국 주식시장의 종합적인 시황을 파악할 수 있는 지표이다. 이전에는 다우존스식 산출 방식을 사용했으나, 경제 성장과 더불어 2007년부터 시가총액방식의 지수로 전환됐다. 기준은 1980년 1월 4일 당일의 주가지수를 100으로 하며, 한국거래소에 상장된 보통주 전 종목을 대상으로 산출한다.

+ 동학개미운동

동학개미운동이란 코로나19 사태로 외국인 투자자가 한국 주식을 팔며 급락세가 이어지자 이에 맞서 개인 투자자들(개미)이 대규모 매수세를 이어간 상황을 1894년에 일어난 동학농민운동에 빗대어 표현한 신조어다. 실제 거래 동향을 보면 외국인은 2020년 3월 22거래일 중 단 하루(3월 4일)를 제외한 21거래일 동안 유가증권시장에서 12조5550억원을 순매도했지만, 같은 기간 개인은 11조1869억원을 순매수해 사실상 외국인의 매도 물량을 그대로 받았다. 동학개미운동은 외국인의 대규모 매도세를 막아내 주식시장을 안정시켰다는 부분에서 의미 있는 사건이었다.

원·달러 환율 13년 만에 1300원 돌파

미국발(發) 경기 침체 우려가 고조되면서 원·달러 ■**환율**이 1300원을 넘어선 뒤 연고점을 경신했다. 6월 30일 원·달러 환율은 전 거래일보다 1.5원 오른 1300.5원에 출발했다. 환율은 장 초반부터 상승 폭을 확대해 일시적으로 1303.7원까지 고점을 높였다. 이는 장중 기준으로 지난 2009년 7월 14일(1303원) 이후 13년 만에 최고치다. 이후 상승분을 되돌리면서 오전 11시 전후로 다시 1300원 아래로 떨어졌다.

이날 환율은 미국의 경기 침체 우려에 투자자금이 안전자산인 달러화로 몰리면서 상승했다. 미 상무부는 6월 29일(현지시각) 올해 1분기 미국의 국내총생산(GDP) 성장률이 연율 −1.6%로 확정됐다고 밝혔다. **미 상무부는 자국 경제 성장률을 속보치, 잠정치, 확정치로 나눠 세 차례 발표하는데, 이날 공개된 확정치가 잠정치**(−1.5%)**보다 낮아지면서 경기 둔화 경고음이 커졌다.**

제롬 파월 미 연방준비제도(Fed·연준) 의장이 최악의 인플레이션(지속적인 물가 상승)에 맞서기 위해 경기후퇴 위험을 감수해야 한다고 발언한 점도 달러화 강세를 부추겼다. 파월 의장은 포르투갈에서 열린 유럽중앙은행(ECB) 포럼에 참석해 "(경기후퇴) 위험이 있지만 더 큰 실수는 물가안정 회복에 실패하는 것"이라고 말했다.

연준이 물가 억제를 위해 공격적인 금리인상 행보를 이어갈 것이란 관측에 힘이 실리면서 안전자산 선호 심리가 더 높아진 것으로 분석된다. 이날 **주요 6개국 통화 대비 달러 가치를 보여주는 달러인덱스**는 전 거래일보다 0.02%오른 104.865를 기록했다.

전문가들은 미국의 1분기 GDP 역성장과 파월 의장의 경기 침체 발언 등에 따른 강달러 흐름을 기반으로 환율이 1300원 안팎에서 움직일 것이라고 분석했다. 국내 증시는 외국인들의 자금 이탈이 연출될 가능성이 있다.

■ 환율(換率)

환율은 외국 돈에 대한 특정 국가 화폐의 교환 비율을 말한다. 특별한 설명이 없다면 원·달러(미국) 환율을 의미할 때가 많다.

예를 들어 1달러에 1000원이었던 것이 1달러에 1200원으로 상승하면 말 그대로 환율이 상승한 것이다. 이때 같은 원화 금액으로 살 수 있는 달러 표시 제품이 줄어들게 되니 원화 가치는 하락한 것이고 이를 원화 약세라고 한다. 환율이 상승하면 해외에서 원화 제품이 싸지므로 한국의 해외 수출은 보통 증가한다.

반대로 1달러에 1000원이었던 것이 1달러에 900원으로 하락하면 환율은 말 그대로 하락한 것이다. 이때는 같은 원화 금액으로 더 많은 달러 표시 제품을 살 수 있게 됐으니 원화 가치가 상승(원화 강세)했다고 한다. 환율이 하락하면 대개 수입이 증가하고 수출은 감소한다.

'재무위험기관' 14곳 중 12곳은 에너지공기업

정부가 한국전력공사(한전)와 발전자회사 등 다수의 에너지 공기업과 한국토지주택공사(LH), 한국철도공사를 포함해 14개의 공공기관을 '재무위험기관'으로 선정했다. 이들 14개 기관은 전체 공공기관 350곳의 부채 절반 이상(64%)을 차지하는 것으로 드러났다.

6월 30일 기획재정부는 제2차관 주재로 열린 8차 공공기관운영위원회에서 재무위험기관을 이같이 선정했다고 밝혔다. 선정 결과, **▲한전 ▲한국수력원자력 ▲발전5사**(남동·동서·남부·서부·중부) **▲한국지역난방공사 ▲LH 등 9개 기관이 사업 수익성 악화**(징후) **기관 명단에 올랐다. 재무구조 전반이 취약한 기관으로는 ▲석유공사 ▲광해광업공단 ▲가스공사 ▲석탄공사 등 자원 공기업과 ▲한국철도공사** 등 5곳이 꼽혔다.

전체 14곳 가운데 12곳을 에너지 공기업이 차지하면서 최근 에너지 물가 급등과 그간의 해외 투자 손실이 반영됐다는 평가가 나온다. 발전자회사들은 신규 발전소 건설과 신재생 에너지 투자 영향으로 부채비율이 지속 상승세로 나타났다.

자원 공기업의 경우, 해외투자에 따른 자산 손상과 저수익성 사업 구조로 누적된 당기순손실이 문제점으로 지목됐다. 이들은 완전자본잠식 혹은 부채비율 300% 이상으로, 사실상 재무구조가 무너진 상태로 지적됐다.

LH는 부동산 경기 호황에 편승해 ■**당기순이익**이 나고는 있지만 대규모 사업 추진에 따른 부채 증가로 인해 금리 인상 등 대외 여건에 취약하다는 진단을 받았다. 철도공사는 코로나19 기간 매출이 감소한 데다가 고속철도 외 나머지 사업의 지속된 손실로 인해 부채비율이 꾸준히 오르고 있다.

기재부는 수익성 악화 기관 9곳과 재무 취약 기관 5곳 등 2분류로 나눠서 재무위험기관 맞춤 관리를 추진한다. 수익성 악화 기관은 부채 증가세 완화를 위해 수익성 제고, 비용구조 분석을 통한 지출 효율화에 집중하며, 재무 취약 기관은 보다 적극적인 부채 감축을 위해 수익성 제고와 지출 효율화, 사업구조 조정을 병행한다.

■ 당기순이익 (當期純利益)

당기순이익이란 기업이 일정 기간 동안 얻은 모든 수익에서 지출한 모든 비용을 공제하고 순수하게 이익으로 남은 몫을 말한다. 당기순이익은 영업이익과 영업외이익을 더한 값에서 영업외비용을 뺀 값이다. 즉, 기업이 일정 기간 동안 영업활동뿐 아니라 영업외 활동을 통해 벌어들인 이익이다. 매출액과 함께 회사의 경영 상태를 나타내는 대표적인 지표이며 주식 투자의 판단자료로도 널리 사용된다.

9월부터 건보 지역가입자 65%, 보험료 월 3만6000원↓

9월 1일부터 건강보험 지역가입자의 재산과 자동차에 부과되는 보험료가 축소돼 약 561만 세대(992만 명)의 건보료가 월 3만6000원씩 줄어들 전망이다. 국회 여야 합의로 2017년 3월 개정된 국민건강보험법에 따른 '소득중심 건강보험 부과체계 2단계 개편'이 9월분 건보료부터 적용되기 때문이다.

보건복지부는 이 같은 내용을 담은 국민건강보험법 시행령 및 시행규칙 개정안을 6월 30일 입법 예고한다고 6월 29일 밝혔다. **이번 건강보험 개편의 핵심은 재산이 아닌 소득 위주로 건보료를 부과**하는 것이다. 이 때문에 자영업자 등 지역가입자의 부담이 줄어든다. 그동안 지역가입자는 소득 외에도 주택과 자동차 등 재산에 건보료가 책정돼 직장가입자와 비교할 때 부담이 더 크다는 지적이 제기됐다.

정부는 9월부터 지역가입자가 시가 1억2000만원(공시가격 8333만원) 이하의 집이나 땅 등 부동산을 가진 경우엔 재산보험료를 징수하지 않기로 했다.

기본 공제 역시 기존 재산 규모에 따라 500만~1350만원을 해 주던 것을 일괄적으로 5000만원으로 올렸다. 자동차에 부과하는 건보료 역시 4000만원 이상 고가 차량을 가진 경우에만 보험료를 내도록 했다.

반면 건보료를 낼 여력이 있음에도 직장가입자의 피부양자로 등록하는 사람은 줄인다. 기존에는 연소득 3400만원을 초과할 경우 피부양자 자격을 상실했다. 하지만 9월부터 그 기준이 연소득 2000만원으로 바뀌어 대상자가 줄어든다. 이와 함께 직장가입자 중에서도 이자, 배당 등으로 버는 소득이 연 2000만원을 넘으면 건보료를 추가 징수하기로 했다. 전체 직장인의 2% 정도가 해당될 것으로 보인다.

+ 4대 보험

4대 보험은 ▲국민연금 ▲건강보험 ▲고용보험 ▲산재(산업재해)보험 4가지를 말한다. 국민의 복지를 위한 사회보험으로서 근로자와 사업주가 의무적으로 가입해야 한다. 국민연금은 노후 보장을 위해 60세 이후 월마다 나눠서 받는 연금이다. 건강보험은 소득이 있든 없든 대한민국 국민이라면 모두 의무 가입 대상으로, 병원에서 진찰이나 치료를 보다 저렴하게 받도록 하는 보험이다. 고용보험은 근로자가 실직했을 경우 일정 기간 급여를 받을 수 있는 보험이며 산재보험은 근로자가 일을 하다가 재해를 당했을 때 보장을 받을 수 있는 보험이다.

7호선 논현역 역명, 대형안과에 9억원 낙찰…역대 최고가

서울교통공사가 진행한 지하철 '▪**역명병기** 판매사업' 입찰에서 7호선 논현역이 대형 안과에 역대 최고가인 9억원에 낙찰됐다.

6월 29일 서울교통공사와 공매 포털사이트 온비드에 따르면 6월 27일부터 이날까지 진행된 3차례의 역명병기 유상판매 사업 입찰 결과 전체 대상 역사 50개 중 2호선 을지로입구역과 선릉역, 4호선 명동역, 7호선 논현역 등 4곳이 낙찰됐다.

역별 낙찰자는 **을지로입구역–하나은행, 선릉역–애큐온저축은행, 명동역–우리금융그룹**(우리금융타운), **논현역–강남브랜드안과**다. 역별 낙찰가는 을지로입구역 8억원, 명동역 6억5466만 8075원, 선릉역 7억5100만원, 논현역 9억원이다. 이 가운데 논현역의 낙찰가는 역대 낙찰가 중 최고액에 해당한다.

낙찰된 4개 역 중 을지로입구역과 명동역은 기존 계약이 만료됨에 따라 새로운 사업자를 모집한 경우이고, 선릉역과 논현역은 이번에 처음 역명병기를 하게 됐다. 이 밖에 2호선 강남역, 1·2호선 시청역, 3·7호선 고속터미널역 등 주요 역을 포함한 나머지 46개 역은 유찰됐다.

경쟁입찰 방식에서 낙찰자를 정하려면 최소 2곳 이상이 응찰해야 한다. 유찰된 46개 역 중 입찰자가 1곳인 곳은 5호선 여의도역, 2호선 강남역, 2호선 홍대입구역, 3호선 압구정역 등 15개 역이며 나머지 31개 역은 입찰에 참여한 곳이 없었다.

▪ **역명병기 (驛名併記)**

역명병기란 기존 지하철역 이름에 인근 기업이나 기관 이름을 유상으로 함께 병기하는 것을 말한다. 서울교통공사는 재정난을 타개하기 위해 지난 2016년부터 이 사업을 시행 중이다. 역명으로 병기할 수 있는 명칭은 인지도가 높고 승객의 이용편의에 기여해야 하는 기본 요건을 만족하며, 대상역에서 500m 이내 위치한 기관명이나 지명이어야 한다. 사업자는 최고가 입찰 기관으로 선정한다.

홍장표, KDI 원장 사의 표명

문재인 정부의 초대 경제수석으로 '▪**소득주도성장**' 설계자로 불리는 홍장표 한국개발연구원

▲ 사퇴한 홍장표 KDI 원장

(KDI) 원장이 7월 6일 사퇴 입장을 밝혔다. 한덕수 국무총리가 6월 28일 기자단 만찬에서 홍 원장을 지목하며 "바뀌어야 한다. 우리하고 너무 안 맞다"라고 말한 지 8일 만이다.

홍 원장은 이날 '총리 말씀에 대한 입장문'을 냈다. 홍 원장은 "지난주 총리께서 '같이 갈 수 없다'고 하신 것은 연구의 자율성과 중립성을 보장하기 위해 국책연구기관 원장의 임기를 법률로 정해 둔 취지를 훼손시키는 부적절한 말씀이었다"고 말했다.

그러면서 "국책연구기관이 정권의 입맛에 맞는 연구에만 몰두하고 정권의 나팔수가 돼야 한다고 생각하신다면 법을 바꾸는 것이 순리라고 생각한다"고 했다.

그는 또 "총리께서 저의 거취에 관해 언급하실 무렵 감사원이 KDI에 통보한 이례적인 조치도 우려된다"고 밝혔다.

KDI는 올해 국무조정실에서 정기감사를 받을 예정인데 5월 27일 돌연 감사원에서 KDI에 일반현황 및 회계·인사 관련 자료를 제출하라고 요구하는 공문을 보낸 사정을 공개한 것이다. 국조실 감사가 있는 해에는 중복 감사를 피하려고 감사원 감사는 실시하지 않는 게 상례였다.

홍 원장은 입장문의 초반 3분의 1 정도를 전·현 정부의 성장정책을 비교하며 새 정부 정책을 비판하는 데 할애했다.

그는 **"대기업엔 감세 혜택을 주고 임금은 억제해서 이윤을 늘려 줘야 경제가 성장한다는 민간주도 성장은 이명박 정부 집권 초기 '비즈니스 프렌들리'와 다르지 않다"**면서 "이명박 정부도 (정권 후반부엔) 동반성장과 공생발전으로 전환했고, 미국의 조 바이든 대통령도 '감세를 통한 낙수경제학은 작동한 적이 없다'고 단언했다"고 주장했다.

홍 원장은 "생각이 다른 저의 의견에 총리께서 귀를 닫으시겠다면 제가 KDI 원장으로 더이상 남아 있을 이유는 없다"고 밝혔다. 그는 이어 "제가 떠나더라도 KDI 연구진은 소신에 따라 흔들림 없이 연구를 수행할 것으로 믿고 있다"고 덧붙였다.

■ **소득주도성장 (所得主導成長)**

소득주도성장은 문재인 정부의 핵심경제 정책으로, 가계의 임금과 소득을 늘리면 소비도 늘어나 경제성장이 이루어진다는 이론이다. 포스트케인즈주의(Post-Keynesian) 경제학자들이 주장한 임금주도성장론(賃金主導成長)을 바탕으로 하고 있다. 즉 대기업의 성장으로 인한 임금 인상 등 '낙수효과'를 기대하기보다 근로자의 소득을 인위적으로 높이는 전략이다.

한국 조선 4년 만에 세계 1위 탈환

한국조선해양과 대우조선해양, 삼성중공업 등 우리 조선업계가 액화천연가스(LNG) 운반선을 중심으로 '수주 랠리'를 이어가면서 4년 만에 상반기 누계 수주량 1위 자리를 되찾았다.

7월 6일 산업통상자원부와 영국의 조선해운시황 전문기관 클락슨리서치에 따르면 올해 상반기 전 세계 발주량 2153만CGT(총 화물톤수) 가운데 한국이 45.5%(979만CGT)를 수주하면서 중국(926만 CGT·43%)을 앞섰다. 한국이 상반기 누계 수주량 1위를 기록한 것은 2018년 상반기 이후 4년 만이다.

액화천연가스(LNG)운반선이 한국 조선업 강세를 이끌었다. 상반기 발주 LNG운반선(14만m^3 이상) 89척 가운데 한국이 63척(71%)을 수주했다. 하반기에도 ▪**카타르 프로젝트** 등을 중심으로 수주 강세가 지속할 것이라는 전망이 나온다.

수주잔량을 기준으로 한 세계 조선소 순위에서도 우리 조선소가 1~4위를 차지했다. **삼성중공업이 1위를 기록했고 이어 현대중공업, 대우조선해양, 현대삼호중공업**, 중국 후동중화조선 순이었다.

새로 만드는 선박의 가격도 오름세가 이어졌다. 지난 6월 클락슨 신조선가지수(Newbuilding Price Index)는 161.53포인트로, 2020년 12월 이후 19개월 연속 상승했다. **신조선가지수는 1998년 전 세계 선박 건조 가격 평균을 100으로 기준 잡아 지수화한 것으로 높을수록 선가가 많이 올랐다는 의미**다.

지난 5월 대비 선종별 선가 추이를 살펴보면 ▲LNG선(17만4000m^3) 2억2700만달러→2억3100만달러 ▲컨테이너선(1만3000~1만4000TEU) 1억5400만달러→1억5500만달러 ▲초대형 유조선(VLCC) 1억1700만달러→1억1750만달러 ▲수에즈막스(S-max) 유조선은 7900만달러→7950만달러 등 모든 선종에 걸쳐 올랐다.

▪ **카타르 프로젝트 (project Qatar)**

카타르 프로젝트는 카타르가 액화천연가스(LNG) 연간 생산량을 기존 7700만톤에서 1억2600만톤으로 늘리고자 추진 중인 프로젝트다. 카타르는 전 세계적으로 LNG 수요가 늘어날 것으로 보고 2019년부터 이 프로젝트를 진행해왔다. 특히 중국·유럽이 석탄 발전을 LNG 발전으로 전환하겠다고 나서면서 카타르 프로젝트에 속도가 붙었다. LNG 발전은 석탄 발전과 비교하면 온실가스 배출량이 절반 수준으로 떨어진다. 이런 이유로 LNG는 탄소중립 달성을 위한 '중간 연료'로 주목받고 있다.

카타르 국영 에너지업체 카타르에너지는 이 프로젝트의 일환으로 2020년 국내 조선 3사(현대중공업·삼성중공업·대우조선해양) 및 중국 후둥조선과 선박 슬롯계약을 체결했다. 슬롯계약은 조선소에서 선박이 건조되는 장소인 독(dock)을 미리 확보해두는 사전 계약을 말한다. 당시 슬롯계약 척수는 116척으로 알려졌다. 국내 조선 3사 100척, 중국 후둥조선 16척이다. 국내 3사의 슬롯계약 금액만 총 23조원에 달한다.

분야별
최신상식

사회
환경

탈원전 공식 폐기화...
2030년까지 원전 비중 30% 이상 확대

■ **에너지 믹스 (energy mix)**
에너지 믹스는 에너지원을 다양화한다는 의미로서, 석유나 석탄처럼 탄소를 많이 배출하는 기존 화석 에너지 사용량을 효율화하면서 원자력, 태양열, 바이오 에너지 같은 신재생에너지의 사용량을 늘려 폭발적으로 증가하는 에너지 수요에 적절하게 대응한다는 것이다.

신한울 3·4호기 2024년 착공 예상

윤석열 정부가 문재인 정부의 탈원전 정책을 공식 폐기하고 2030년까지 원자력발전 비중을 30% 이상으로 늘리기로 했다. 정부는 7월 5일 국무회의에서 의결한 '새 정부 에너지 정책 방향'에 따라 이같이 결정했다.

산업통상자원부는 신재생에너지로의 급격한 전환 대신 실현 가능하고 국민이 수용할 수 있는 에너지 정책을 수립하기로 했다. 이에 따라 **2030년까지 ■에너지 믹스에서 원전 비중을 23.9%에서 30% 이상으로 늘릴 방침**이다. 원전을 통해 추가 에너지가 확보되는 만큼 문재인 정부에서 제시한 신재생에너지 비중(30.2%)은 낮추기로 했다. 신재생에너지 비중은 낮추지만 문재인 정부가 제시한 '2030년 ■**국가온실가스감축목표(NDC)** 40%' 달성은 유지한다.

신한울 3·4호기 건설도 재개된다. 신한울 3·4호기는 2016년 환경영향평가를 받았지만 문재인 정부의 탈원전 정책으로 건설이 중단되면서 평가 시효가 작년 8월 중단됐다. 새로 환경영향평가를 실시하려면 30개월이 소요되는 만큼 정부는 재평가를 받기보다 평가기간을 단축하기로 했다. 이를 감안할 때 신한울 3·4호기 착공은 2024년 하반기로 예상된다.

신한울 1호기는 올 하반기, 2호기는 내년 하반기, 신고리 5·6호기는 각각 2024년과 2025년 상반기에 준공될 예정이다. 이에 따라 2030년에 가동되는 원전 수는 문재인 정부가 추진한 18기에서 28기로 늘어난다.

독자 SMR 개발·수소에너지 육성

정부는 원전 단계적 감축과 재생에너지 확대에 치중했던 문재인 정부와 달리 에너지 믹스를 활용해 화석연료 수입 의존도를 2021년 81.8%에서 2030년 60%로 낮추고 같은 기간 수입량도 4000만 **석유환산톤**(TOE, Ton of Oil Equivalent : 석유에너지 발열량) 줄일 방침이다. 이를 위해 원전, 재생에너지, 수소에너지를 조화롭게 활용하기 위해 신산업 창출과 수출산업화로 2500개 수준인 에너지 혁신벤처기업을 2030년 5000개로 늘려 일자리 10만 개를 창출한다는 계획이다.

정부는 원전산업 생태계 복원 계획도 밝혔다. 일감 조기 창출 등을 통해 원전생태계 활력 복원, 2030년까지 원전 10기 수출, 독자 한국형 **소형 모듈원전**(SMR, Small Modular Reactor : 대형 원전 10~20분의 1 이하 크기인 전기출력 100~300MWe급 이하의 원전) 노형 개발을 추진한다. 또 세계 1등 수소산업 육성을 위해 핵심기술 자립을 추진하고 생산·유통·활용 전주기 생태계를 조기에 구축한다는 방침이다. **▲수전해 ▲연료전지 ▲수소선박 ▲수소차 ▲수소터빈 등 5대 핵심분야** 육성에 주력한다.

재생에너지 정책 방향도 새로 설정했다. 마구잡이로 늘리던 재생에너지 보급 목표를 합리적으로 재정립하고 태양광이나 풍력 등 에너지원별 적정 비중도 도출할 계획이다. 석탄은 합리적 감축을 유도한다.

■ **국가온실가스감축목표 (NDC, Nationally Determined Contributions)**

국가온실가스감축목표(NDC)는 2015년 파리기후변화협약(파리협약)의 결과물로서 국가들이 자체적으로 정한 2030년까지의 온실가스 감축 목표를 의미한다. 지구 온도 상승을 섭씨 1.5~2도로 제한하자고 합의한 파리협약에 따라 모든 국가가 NDC 목표를 제출했다. 자발적 온실가스 감축 목표치이므로 이행에 강제성은 없다. 한국은 파리협정 당시 NDC를 '온실가스 감축을 위해 아무런 노력도 안 했을 때 예상되는 2030년 온실가스 배출량(BAU, Business As Usual)'의 37%로 잡았으나 유엔과 선진국들의 권고에 따라 40%로 상향했다.

POINT 세 줄 요약

❶ 윤석열 정부가 문재인 정부의 탈원전 정책을 공식 폐기했다.
❷ 정부는 2030년까지 원전 비중을 30% 이상으로 늘리기로 했다.
❸ 정부는 SMR 개발, 수소산업 육성 등으로 화석연료 수입 의존도를 낮출 방침이다.

코로나 재확산 조짐… 신규 확진자 42일 만에 최대

코로나19 일일 신규 확진자가 급격하게 증가하면서 재유행 우려가 커졌다. 중앙방역대책본부는 7월 5일 0시 기준 코로나19 확진자가 1만9371명 늘어 누적 1843만3359명이 됐다고 밝혔다. 이는 5월 25일(2만3945명) 이후 42일(6주) 만에 가장 많은 수치다. 일주일 전인 6월 29일(1만455명)보다 1.85배 늘었다.

6월 30일부터 일주일간 일일 신규 확진자 수는 9591명부터 1만9371명까지 매일 불어나면서 하루 평균 1만 명(1만1950명)을 훌쩍 넘었다. 해외유입 사례 역시 224명으로 지난 1월 31일 (230명) 이후 5달여 만에 가장 많았다. 6월 26일부터 7월 2일 사이에 ■**감염재생산지수(Rt)**는 1.05로 집계됐다. 1을 넘어선 것은 지난 3월 넷째 주 이후 처음이다.

방역 당국은 **스텔스오미크론**(BA.2)**보다 전파력이 세고 면역 회피 능력까지 갖춘 오미크론의 하위 변이 BA.5가 조만간 국내 우세종**이 되면서 확산세를 이끌 것이라고 전망했다. 방역 당국은 최근 여름철 활동량이 급격히 증가하고 있고 백신 접종 후 시간이 경과하면서 면역력이 떨어지는 점 또한 재유행 가능성을 간과할 수 없는 이유라고 밝혔다.

정부는 코로나19 격리병상이 꽉 찼을 때 응급실 일반병상에 확진자를 수용하는 방향으로 응급실 운영지침을 개정하기로 했다. 이상민 중앙재난안전대책본부(중대본) 2차장(행정안전부 장관)은 7월 6일 중대본 회의에서 "응급실 기능이 24시간 정상적으로 작동하고 격리병상 포화시 일반병상에 확진자를 수용할 수 있도록 응급실 운영지침을 개정한다"고 밝혔다.

■ **감염재생산지수 (Rt, effective reproduction number)**
감염재생산지수(Rt)는 확진자 1명의 감염 전파력을 나타낸다. 일부 면역이 있는 집단이나 방제가 이뤄지는 상황에서 시간별로 발생한 감염자로 인해 평균적으로 감염되는 환자 수를 나타낸다. Rt는 감염병 확산 여부를 판단하는 실질적 지표로서. Rt를 1 이하로 만드는 것이 방역 당국의 대책 수립 목표가 된다.
한편, 기초감염재생산수(R0)는 감염이 없는 집단에서 발생한 첫 감염자가 평균적으로 감염시킬 수 있는 환자 수를 나타낸다. R0이 1보다 크면 환자 수가 증가하여 감염병이 유행(epidemic)할 가능성이 있다. 반대로, R0이 1보다 작으면 이 질병은 집단에서 서서히 소멸된다. 코로나19처럼 팬데믹이 장기화되는 상황에서는 R0보다는 Rt를 고려해야 한다.

국내 원숭이두창 첫 확진자 발생

세계적으로 확산하며 글로벌 보건 위기 우려를 낳고 있는 감염병 ■**원숭이두창**의 확진자가 국내에서 처음 발생했다. 방역 당국은 확진자 발생에 따라 감염병 위기 수준을 '주의'로 격상하고 방역을 강화하기로 했다. 질병관리청은 6월 22일 브

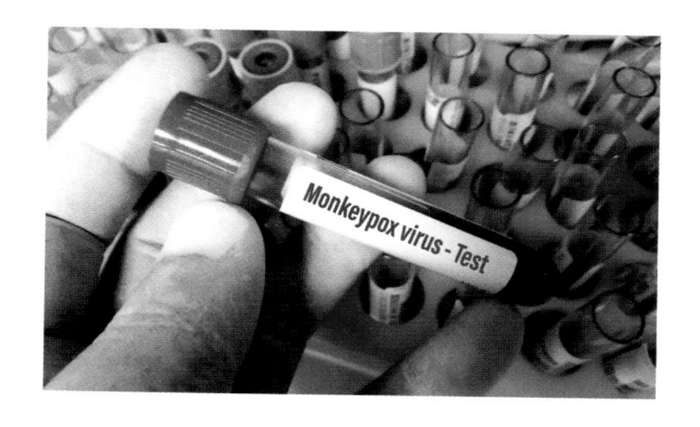

리핑에서 "21일 인천공항으로 귀국해 의심 증상을 보인 내국인 A 씨에 대해 유전자증폭(PCR) 검사와 유전자염기서열 분석을 실시한 결과 확진자로 판정했다"고 밝혔다.

A 씨는 입국 전인 지난 6월 18일 두통 증상이 있었고, 입국 당시에는 37.0도의 미열과 인후통, 무력증(허약감), 피로 등 전신증상과 피부병변(병적 작용에 의해 피부 세포나 조직에 일어나는 변화)을 보였다. 역학조사 결과 A 씨에 대한 고위험 접촉자는 없는 것으로 나타났다. 질병청은 접촉자를 고위험-중위험-저위험 3단계로 분류하는데, 이 중 고위험군은 확진자에게 증상이 나타난 지 21일 이내에 접촉한 동거인, 성접촉자 등을 말한다.

세계보건기구(WHO)에 따르면 최근 원숭이두창의 치명률은 3~6% 수준으로 무시할 수준은 아니다. 신생아, 어린이, 면역저하자 등에서는 심각한 증상으로 진행될 수 있어 주의가 필요하다.

원숭이두창은 원래 아프리카 지역의 풍토병이 된 바이러스지만, 지난 5월 7일 영국에서 첫 발병 보고가 있고 난 뒤 세계적으로 확산 중이다. WHO가 발표한 올해 1월~6월 15일(현지시간) 세계 각국 원숭이두창 확진 사례는 42개국 2103건이며, 사망 사례는 나이지리아에서 1건 보고됐다.

WHO는 6월 23일(현지시간) 긴급회의를 열고 **원숭이두창의 국제적 공중보건 비상사태**(PHEIC, Public Health Emergency of International Concern) **선포**를 검토하기로 했다. PHEIC는 WHO가 세계적으로 유행하는 질병과 관련해 발령하는 최고 수준의 경보 단계다.

■ **원숭이두창 (monkeypox)**

원숭이두창은 바이러스 감염에 의한 급성 발열 발진성 질환을 말한다. 인수공통감염병으로 동물→사람, 사람→사람, 감염된 환경→사람 간 접촉을 통해 감염이 가능한데, 주로 유증상 감염환자와의 밀접접촉을 통해 감염된다. 감염되면 발열, 두통, 근육통, 근무력증, 오한, 허약감, 림프절 병증 등을 시작으로 1~3일 후에 발진 증상을 보인다. 증상은 감염 후 5~21일(평균 6~13일)을 거쳐 나타나며 2~4주간 지속된다. 호흡기 전파도 가능하나 바이러스가 포함된 미세 에어로졸을 통한 공기전파는 흔하지 않기 때문에 코로나19처럼 전파력이 높지는 않다.

내년 최저임금 9620원으로 결정... 월 환산액 200만원 돌파

2023년 최저임금이 시간당 9620원으로 결정됐다. 올해 9160원보다 460원 오른 금액으로, 인상률은 5%다. 최저임금을 심의·의결하는 최저임금위원회는 6월 29일 정부세종청사에서 제8차 전원회의를 열어 내년도 최저임금을 9620원으로 의결했다. 윤석열 정부에서 처음 결정된 최저임금이다.

앞서 최저임금을 심의·의결하는 사회적 대화 기구인 최저임금위원회는 6월 28일 오후 3시 정부세종청사에서 제7차 전원회의를 열어 내년도 최저임금 심의를 이어갔다. 이날 회의에서 근로자위원들은 내년도 최저임금 최초 요구안(시간당 1만890원)의 수정안으로 1만340원을 제출했다. 이는 올해 최저임금(9160원)보다 12.9% 높다. 반면, 사용자위원들은 최초 요구안(9160원)의 수정안으로 9260원을 내놨다. 올해 최저임금보다 1.1% 인상을 요구한 것이다.

노사 양측이 각각 수정안을 제출한 것은 지난 제6차 전원회의에서 박준식 위원장이 요청한 데 따른 것이다. 박 위원장은 노사 양측이 낸 최초 요구안을 놓고 접점을 찾지 못하자 심의를 진전시키기 위해 수정안을 낼 것을 요청했다.

최저임금위는 근로자위원, 사용자위원, 공익위원 9명씩 모두 27명으로 구성된다. 노사 간 입장 차이가 워낙 커 공익위원들이 사실상 ■**캐스팅보트**를 쥐고 있다. 수정안을 놓고도 입장 차이가 좁혀지지 않으면 공익위원들이 제출한 안건(금액)을 표결에 부쳐 최저임금 수준을 결정하게 된다.

노사 입장이 평행선을 달리자 공익위원들은 9410~9860원(2.7~7.6%인상)으로 심의 촉진구간을 제시했다. 특정 범위 안에서 다시 수정안을 내도록 한 것이다. 노사가 이를 거부하자 공익위원 측은 9620원 단일안을 상정하며 표결을 진행했다. 근로자위원 중 민주노총 소속 위원들(4명)이 집단 퇴장하고, 사용자위원(9명)들도 표결 선포 직후 퇴장해 표결에는 공익위원 9명과 근로자위원 중 한국노총 위원 5명만 참여했다.

내년도 최저임금을 월급(209시간)으로 환산하면 201만580원에 해당한다. 올해 191만4440원보다 9만6140원 오르는 것이다. 최근 5년간 최저임금 인상률은 적용 연도 기준으로 2018년 16.4%, 2019년 10.9%로 치솟았다가 2020년 2.87%, 2021년 1.5%에 머물렀다. 올해 인상률은 5.1%였다.

최저임금위는 지난 4월 초 제1차 전원회의를 시작으로 5월에 2차, 6월에 3~8차 전원회의를 열어 최저임금을 심의했다. 이날은 법적으로 정해진 최저임금 심의 기한의 마지막 날이었다. 최저임금위가 법정 심의 기한을 지켜 최저임금을 결정한 건 2014년 이후 8년 만이다.

■ **캐스팅보트 (casting vote)**

캐스팅보트란 두 세력이 균형을 이룬 상태에서 대세를 좌우할 열쇠를 가진 제3세력의 표를 말한다. 정치용어로 자주 쓰이며, 양대 정당의 세력이 비슷해 소수의 제3당의 의결에 의해 사안이 결정되는 것을 의미하기도 한다. 우리나라 국회에서는 가부동수일 때 의장의 캐스팅보트를 인정하지 않고 부결 처리한다.

'완도 실종' 송곡항 해상서 조유나 양 가족 추정 시신 3구 발견

'제주도 한달살이' 체험학습을 신청한 뒤 실종된 조유나 양 일가족으로 추정되는 시신이 발견됐다. 광주경찰청과 완도해양경찰서 등은 6월 29일 낮 12시 20분께 전남 완도군 신지면 송곡항 앞바다에서 조 양 아버지 소유의 아우디 A6 승용차를 인양했다.

▲ 조유나 양이 어머니 등에 업혀 5월 30일 밤 11시 펜션에서 나오는 모습. 오른쪽은 조 양의 아버지 (YTN 보도 화면 캡처)

지문 대조 등 절차가 남아 있기는 하지만, 바다에서 인양된 차량 속 시신 3구의 옷차림과 폐쇄회로(CC)TV에 찍힌 조 양 가족의 마지막 모습이 같은 것으로 확인되면서 경찰은 동일인으로 보고 있다.

승용차는 전날 오후 송곡항 방파제에서 80여m 떨어진 물속에서 뒤집힌 상태로 발견됐다. 인양 당시 차량 지붕과 앞유리가 파손됐으나 다른 차와의 사고로 추정할만한 충격 흔적은 발견되지 않았다.

조 양 부모는 어려운 경제적 형편에 놓였던 것으로 보인다. 2013년부터 차상위 본인 부담 경감 대상자로 복지 혜택을 받아왔으나 2016년 동산 자산을 보유하면서 혜택이 중단됐다. 지난해 상반기에는 운영하던 컴퓨터 관련 매장의 문을 닫았고 이후 월세, 신용카드 대금 등을 밀리기도 한 것으로 알려졌다.

경찰이 조 양 부모의 포털사이트 활동 이력을 분석한 결과 암호화폐인 '루나 코인'을 여러 차례 검색한 것으로 확인됐다. 검색 이력에는 '수면제'도 포함됐다. 이에 따라 경제적 어려움, 투자 실패로 부모가 극단적인 선택을 했을 가능성에 무게가 실리고 있다. 그러나 조유나 양은 극단적 아동살인의 피해자로서 **일가족 동반자살은 살해 후 자살이나 자살교사와 같은 범죄 행위로 인식되어야 한다는 지적**이다.

+ 차상위계층 (次上位階層)

차상위계층이란 가계소득이 최저생계비 대비 100~120% 이하에 해당하는 계층을 말한다. 생활 지원을 받는 기초생활수급자 바로 위의 계층으로, 잠재적 빈곤층에 해당된다. 정부에서는 차상위계층에게 생계, 의료, 금융, 교육, 주거 등 분야마다 기초생활수급자와 거의 비슷한 복지 혜택을 제공해 이들이 스스로 자립할 수 있도록 돕고 있다.

30년 뒤엔 전체 가구 중 40%가 1인 가구…4인 가구 6%로 줄어

결혼과 출산 감소로 30년 뒤에는 1인 가구와 부부 둘만 사는 2인 가구가 늘어나는 반면, 부부와 자녀로 구성된 3~4인 가구는 줄어들 것으로 전망된다. 2050년에는 1인 가구 절반이 65세 이상

고령층이 된다. 통계청은 6월 28일 이런 내용의 '2020~2050년 장래가구추계'를 발표했다.

장래가구추계는 최근의 가구 변화 추세를 반영해 향후 가구 규모와 가구 유형, 가구원 수별 가구 구조를 전망한 자료다. 자료에 따르면 2020년에는 1인 가구가 전체 가구의 31.2%(648만 가구)로 가장 많고 2인 가구(28.0%·580만 가구), 3인 가구(20.3%·421만 가구), 4인 가구(15.8%·328만 가구)가 뒤를 이었다.

30년 뒤에는 1~2인 가구 비중이 더 커지고 3인 이상 가구 비중은 줄어들 전망이다. 이에 따라 2050년 1인 가구가 차지하는 비중은 39.6%까지 늘고, 가구 수도 905만 가구로 증가한다. 2인 가구는 36.2%(827만 가구)로 늘어난다. 반면 3인 가구는 16.6%(380만 가구)로 감소한다. 4인 가구는 6.2%(143만 가구)까지 쪼그라든다. 5인 이상 가구는 1.3%(30만 가구)에 그치게 된다.

1~2인 가구가 증가하지만 3인 이상 가구가 감소하는 것은, 혼자 살거나 자녀 없이 부부만 사는 가구가 많아지는 반면 부부와 자녀가 함께 사는 가구는 적어지기 때문이다.

2050년엔 1인 가구 절반이 65세 이상 고령층

2050년에는 10가구 중 4가구가 1인 가구가 된다. 그러나 고령화에 따라 1인 가구의 주된 특성이 지금과는 다소 달라질 전망이다. 65세 이상 고령의 1인 가구는 2020년 25.0%(162만 가구)에서 2050년 51.6%(467만 가구)로 늘어난다. 전체 1인 가구 중 절반은 고령층이 되는 것이다.

외국과 비교하면 2040년 기준으로 한국의 1인 가구 비중은 독일·일본보다 낮고 영국·호주·캐나다보다는 높을 것으로 예상된다. 2040년 한국의 1인 가구 비중은 37.9%인데 독일은 45.3%, 일본은 39.3%로 한국을 상회한다. 반면 영국은 32.8%, 호주는 26.6%, 캐나다는 30.2%(2036년), 뉴질랜드는 20.5%(2043년)로 한국보다 낮다.

+ 일코노미

일(1)코노미란 1인 가구의 숫자 '1'과 '경제(economy)'의 합성어로, 혼자만의 생활을 즐기며 소비 활동을 하는 것을 뜻한다. 혼밥(혼자 밥 먹기), 혼술(혼자 술 마시기) 등 혼자서 즐기는 문화가 확산되면서 등장한 용어로 미코노미(meconomy : me+economy)라고도 한다. 일코노미의 증가에 따라 이들을 대상으로 한 마케팅의 중요성이 커져 1인용 식당, 1인용 팝콘 등 한 사람을 위한 상품이 늘어나고 있다.

도시 점령한 '러브버그'에 주민들 불편 호소

▲ 러브버그

경기 고양시와 은평구, 마포구 등 서울 일부 지역에 이른바 ***러브버그**로 불리는 벌레떼가 출몰해 주민들이 불편을 겪었다. 은평구청은 지난 7월

2일 최근 개체 수가 급격하게 증가해 주민들에게 혐오감을 초래하는 등 불편을 주는 러브버그에 대한 긴급 방역을 시행 중이라고 밝혔다.

정식 명칭이 '플리시아 니악티카'인 러브버그는 짝짓기하는 동안에는 물론 날아다닐 때도 암수가 붙어 다녀 러브버그(사랑벌레)라고 불린다. 러브버그는 알–애벌레–번데기–성충 과정을 거치는데, 성충은 3~4일간 짝짓기한 후 수컷은 바로 떨어져 죽고 암컷은 산속 등 습한 지역에 알을 낳고 죽는다.

러브버그는 독성이 없어 사람을 물지도 않으며 질병 또한 옮기지 않지만, 특유의 생김새가 혐오감을 주는 데다가 사람에게 날아드는 습성이 있어 시민들이 불편을 호소하고 있다.

러브버그가 갑자기 늘어난 이유로는 기후 변화가 꼽힌다. 본래 러브버그는 5~6월부터 순차적으로 나타난다. 곤충도 생체시계가 있는데, 보통 러브버그는 땅속에 모여 있다가 바깥 날씨의 상황을 보고 눈앞에 나타난다. 특히 고온다습한 환경을 좋아한다. 이강운 홀로세생태보존연구소 소장은 "올해 같은 경우 가뭄이 오랜 기간 지속되다 보니 한꺼번에 출몰한 것이다"고 말했다.

전문가들은 러브버그가 생존 기간이 짧기 때문에 1~2주 내로 사라질 것으로 예측하고 있다. 한편, 혐오스러운 생김새와는 다르게 러브버그는 되레 진드기 박멸과 환경 정화에 도움을 주는 익충인 것으로 알려졌다. 암컷 러브버그가 낳은 애벌레는 떨어진 낙엽이나 동물의 배설물을 분해하는 생태계 청소부 역할을 하는 것으로 알려졌다.

■ **러브버그 (Plecia Nearctica)**

러브버그는 1cm 크기가 조금 안 되는 파리과 곤충이다. 러브버그는 각 더듬이에 7~12개의 마디가 있고, 몸 대부분은 검은색을 띠고 있다. 흉부 상단은 주황색 또는 빨간색을 하고 있으며, 성충이 된 러브버그는 번식을 위해 교미를 준비하는데, 수컷이 먼저 나타나 암컷이 나타날 때까지 주위를 맴도는 특징이 있다. 러브버그의 수컷과 암컷은 180도 각도로 붙어 교미를 하며, 이는 약 3~4일간 이어진다. 수컷은 교미한 뒤 암컷이 완전히 수정될 때까지 짝을 이룬 상태를 유지하며, 이 짝짓기가 끝나면 수컷은 보통 바로 죽고 암컷은 산속 등 습한 지역에 100~350개의 알을 낳은 뒤 죽는다.

서울 희망두배 청년통장에 지원자 4만 명 몰려

▲ 서울시

지난 7월 6일 서울시는 저축액의 두 배를 돌려주는 '희망두배 청년통장' 접수 마감 결과 4만여 명의 지원자가 몰려 약 6대 1의 경쟁률을 나타냈다고 밝혔다. 서울시는 지난 5월 청년통장 접수를 실시한 결과 모두 7000명 모집에 4만107명이 지원해 5.7대 1로 마감했다고 말했다.

희망두배 청년통장은 일하는 청년이 매월 10·15만원을 2~3년간 적립하면 서울시가 저축액의

100%를 동일 기간 적립했다가 만기 시 두 배로 돌려주는 자산형성 지원 사업이다. 가령 월 15만원씩 3년간 저축하면 본인 저축액 540만원에 서울시 지원액 540만원을 더한 1080만원과 이자가 지급된다. 이는 오세훈 시장이 지난 2009년에 전국 최초로 실시한 '서울 희망플러스 통장'이 모태가 된 청년 지원 정책이다.

한편, 희망두배 청년통장은 지난 7년간 평균 경쟁률 3.8대 1을 보였는데, 올해는 두 배가량 지원자가 증가했다. 올해 경쟁률이 높아진 것은 부양 의무자 기준을 기준중위소득 80%에서 소득 연 1억원 미만, 재산 9억원 미만으로 대폭 완화시킨 결과라는 설명이다. 자치구별 배정인원 대비 경쟁률은 강서구가 7.2대 1로 가장 높았고, 서초, 강남구는 3.5대 1로 경쟁률이 가장 낮았다.

서울시는 신청자를 대상으로 소득·재산조회 및 서류심사 등을 거쳐 오는 10월 14일 신규 지원자를 최종 발표한다. 청년통장 가입자들은 11월부터 저축을 시작할 수 있다. 통장 가입자들에게는 자산형성 지원 외에도 금융교육, 1대1 재무컨설팅, 서울시 청년활동지원센터와 연계한 각종 프로그램 등의 서비스가 주어진다.

구종원 서울시 복지기획관은 "앞으로도 통장사업이 미래설계가 어려운 청년들과 계속 동행하는 든든한 정책으로 거듭날 수 있도록 노력할 것"이라고 말했다.

서울시 '희망두배 청년통장' 신청 자격 (자료 : 서울시)

구분	내용
주거지 및 연령	서울 거주 만 18세 이상~만 34세 이하 청년
본인근로소득	세전 월 255만원 이하
부모(배우자)소득	연 1억원 미만, 재산 9억원 미만
근로상태	공고일 현재 근로 중인 자
저축 기간 및 금액	2·3년/10·15만원 중 선택

헌재 vs 대법 '한정위헌' 충돌

헌법재판소가 '■**한정위헌결정**에 따르지 않은 법원 판결은 취소가 가능하다'는 결정을 내리며 법조계에 파장을 낳고 있다. 법원으로서도 존립근거인 법률 해석권을 양보할 수 없다는 입장이 확고한 만큼 '한정위헌'을 둘러싼 갈등이 쉽사리 끝나지 않을 것으로 보인다.

헌재는 6월 30일 제주특별자치도 통합영향평가 심의위원이었던 A 씨 등의 청구를 받아들여 재판관 전원일치의 의견으로 **"한정위헌결정은 위헌결정이 아니다"**는 이유로 재심청구를 기각한 대법원과 광주고법 결정을 취소했다. 사상 두 번째 대법원 재판 취소 결정이었다.

문제는 사실상 법령의 해석권을 전제로 한 헌재의 이 같은 한정위헌결정이 헌재의 관장업무에 포함되는지 여부다. 헌법은 헌재의 관장 업무에 대해 **▲법원 제청에 의한 법률 위헌 여부 심판 ▲탄핵의 심판 ▲정당의 해산 심판 ▲국가기관 상호 간 등의 권한쟁의 심판 ▲법률이 정하는 헌법소원 심판**으로 규정하고 있다.

대법, 한정위헌결정 "인정 못해"

헌재는 1989년 9월 결정을 통해 "위헌과 합헌 사이 개재하는 중간영역에서의 여러 가지 변형재판이 필수적으로 요청된다"며 한정위헌과 헌법불합치 등 다양한 변형결정 방식을 만들어냈다. 하지만 헌법이나 법률에 명시돼 있지 않은 결정방식은 지속적으로 논란이 돼 왔다.

특히 한정위헌결정의 경우 '법률의 해석권'을 전제한다는 점에서, 유일하게 법률 해석권을 갖고 있다는 입장인 법원(대법원)과의 충돌은 불가피하다. 이에 **대법원은 헌재의 한정위헌결정 등 '법률의 해석'을 전제로 한 헌재 결정의 기속력을 인정하지 않고 있다.**

한정위헌결정을 둘러싼 갈등이 절정에 달했던 것은 1997년 이길범 전 신민당 의원의 세금소송에서였다. 한정위헌결정 기속력을 대법원이 인정하지 않자 헌재는 그해 12월 사상 처음으로 대법원 판결을 취소하는 결정을 내렸다. 이번 결정은 25년 만에 헌재가 대법원 재판 취소를 결정했다는 점에서 갈등을 폭발시키는 계기가 될 수 있을 것으로 보인다.

■ **한정위헌결정 (限定違憲決定)**

한정위헌결정은 위헌 여부에 대한 헌법재판소의 5가지 변형결정 가운데 하나로서, 법규의 해석이나 적용 가능성을 대상으로 하여 위헌을 선언하는 결정을 말한다. 법률 조항 자체에 대한 '위헌결정'과 달리 법률 조항 자체는 그대로 둔 채 특정 내용의 해석·적용이 될 경우에 한해 위헌성을 판단한다. 위헌결정이 그 자체로 해당 법률 조항의 효력을 정지하는 것과 달리 변형결정의 일종인 한정위헌은 법령에 대한 특정 방향의 해석을 금지하는 성격이다.

대법, '육아휴직 불이익' 제동… "직무·권한 달라지면 부당전직"

육아휴직을 다녀오기 전에 맡았던 업무와 비교했을 때 권한이 줄어들고 직무 내용이 달라졌다면 부당전직에 해당할 수 있다는 대법원 판단이 나왔다. 대법원 2부는 롯데쇼핑이 중앙노동위원회를 상대로 낸 부당전직구제 재심판정 취소소송 상고심에서 원고 승소 판결한 원심을 깨고 **■파기환송**했다고 7월 4일 밝혔다.

조사된 바에 따르면 A 씨는 1999년 롯데쇼핑에 입사한 뒤 2013년부터 롯데마트 안산점에서 생활문화매니저로 일했다. 당시 A 씨는 회사의 승인을 받아 2015년 6월부터 1년간 육아휴직을 하게 됐는데, 2016년 1월 육아활동을 계속하기 어렵다며 점장에게 복직신청을 했다.

그런데 점장은 A 씨에게 '대체근무자가 이미 매

니저로 근무하고 있기 때문에 복직신청을 승인할 수 없다'고 답한 것으로 조사됐다. 이에 A 씨는 자신이 자녀와 동거하고 있지 않아 육아휴직 종료사유가 발생했다는 내용증명을 보냈고, 결국 A 씨는 복직하게 됐다.

그러나 롯데쇼핑은 대체근무자가 A 씨의 기존 보직을 맡고 있다는 이유로 그를 생활문화매니저가 아닌 냉장냉동 영업담당으로 발령했다. 이에 A 씨는 자신이 부당전직을 당했다며 구제신청을 했고, 중노위 등이 받아들이자 롯데쇼핑이 취소해 달라고 소송을 낸 것이다.

1심은 A 씨가 육아휴직 전 맡고 있던 매니저 직책은 규정상 임시직이었으며, 회사로선 생활문화매니저를 공석으로 방치할 수 없었다며 롯데쇼핑의 손을 들어줬다. 2심도 1심 판단을 유지했다. 하지만 대법원은 육아휴직을 전후로 임금과 업무가 구체적으로 어떻게 달라졌는지 따져봐야 한다고 판단했다.

남녀고용평등법 19조 4항은 육아휴직이 끝난 근로자가 이전과 같은 업무 및 임금의 직무로 복귀할 수 있어야 한다고 규정한다. A 씨의 경우 육아휴직 전후로 맡은 생활문화매니저와 냉장냉동 영업담당 업무의 성격·범위·권한 등이 같다고 보기 힘들다고 했다. 생활문화매니저는 소속 직원에 대한 인사평가까지 할 수 있는 반면, 영업담당은 그러한 권한이 없다는 점도 언급됐다.

재판부는 "롯데쇼핑이 A 씨에게 부여한 냉장냉동 영업담당의 직무가 육아휴직 전에 담당한 생활문화매니저 업무와 비교할 때 임금을 포함한 근로조건, 업무의 성격·내용·권한 등에서 불이익 유무 및 정도 등을 고려해 인사발령이 불리한 직무를 부여한 건지 판단했어야 한다"며 사건을 파기환송했다.

■ **파기환송 (破棄還送)**

파기환송은 대법원이 원심판결을 파기하고 이를 다시 심판시키기 위해 원심법원(하급법원)에 되돌려 보내는 것을 말한다. 환송을 받은 법원은 해당 사건에 대해 대법원이 내린 파기의 이유와 법률상·사실상의 판단에 구속된다. 따라서 대법원의 파기 사유와 다른 이유를 들어 하급심 법원이 재판을 할 수 없다. 이를 '파기 판결의 기속력'이라고 한다. 다만, 환송받은 재판을 진행하는 과정에서 종전에 발견되지 않은 새로운 증거가 있으면 이를 근거로 새로운 사실을 인정할 수 있다.

또 의대생 불법촬영 입건...
'의사 국시' 제한 논란 재점화

연세대학교 의과대학 재학생들이 ■**불법촬영** 혐의로 잇따라 경찰에 입건된 것으로 확인됐다. 연세대 의대생 A 씨는 7월 4일 오후 6시 50분께 연세대 의대도서관 인근 여자화장실에 들어가 휴대전화로 옆 칸에 있던 여학생을 몰래 촬영한 혐의로 현장에서 체포됐다.

이에 앞서 또 다른 연세대 의대생 B씨는 지난

5월 같은 동아리 회원이 버스에서 잠이 든 틈을 타 부적절한 신체 접촉을 하고, 신체 부위 등을 몰래 촬영한 혐의로 경찰에 체포됐다. B 씨 휴대 전화에는 다른 여성들을 불법 촬영한 것으로 보이는 사진 100장가량이 더 있었던 것으로 조사됐다. 최근 석 달 사이 불법 촬영으로 재학생 두 명이 잇달아 입건되는 일이 벌어지자 학교 측은 대응에 나섰다.

학생 커뮤니티와 소셜미디어 등에는 불법 촬영 등 성범죄로 유죄 판결을 받은 의대생들에게 퇴학 등 중징계를 내려야 한다는 여론이 높아지고 있다. **현행 의료법상으로는 성범죄 전과가 있어도 의대 졸업자라면 의사국가고시를 치를 수 있다.** 이 때문에 성범죄자가 의사가 되는 것을 막으려면 학교 차원에서 퇴학 조치가 필요하다는 의견이다.

하지만 기존 학교에서 퇴학당하거나 자퇴를 한다고 해도 또 다른 의대에 들어가 졸업한 뒤 국시를 치를 수 있다는 한계가 있다. 일례로 2011년 고려대 의대 재학 당시 술에 취한 여학생을 성추행하고 불법 촬영해 징역형을 받은 A 씨는 2014년 수능을 다시 치르고 성균관대 의대에 진학한 뒤 국가고시를 치러 논란이 됐다.

이에 성범죄 전과가 있는 사람은 애초부터 의사 면허를 딸 수 없도록 제도화해야 한다는 목소리가 꾸준히 나온다. 여성단체 프로젝트리셋 최서희 대표는 "퇴학은 학교 내에서 학생에게 내리는 징계일 뿐"이라며 "법 개정을 통해 성범죄 이력이 있는 의대생이 국시를 치를 수 없게 하고 의사 역시 성범죄를 저지른 경우 면허를 박탈해야 한다"고 주장했다.

■ **불법촬영 (不法撮影)**

불법촬영은 촬영대상자의 의사에 반하여 성적 수치심을 유발할 수 있는 촬영에 관한 범죄를 말한다. 촬영대상자가 자발적으로 촬영에 동의한 사진이나 동영상은 수위나 내용과 관계없이 불법촬영 혐의를 적용할 수 없고, 배포 여부 및 수위에 따라 초상권 내지 음란물 유포 혐의만 적용된다.

불법촬영은 '리벤지 포르노(revenge porno)'를 대체하는 용어로도 쓰인다. 리벤지 포르노란 사귀던 연인과 헤어지고 나서 이에 앙심을 품고 복수를 목적으로 두 사람이 촬영한 영상이나 사진을 인터넷이나 SNS에 동의 없이 공개하는 행위를 말한다.

전문가들은 '리벤지 포르노'라는 용어가 가해자 중심의 언어라고 지적한다. '리벤지'는 잘못에 대한 복수라는 뜻이어서 피해자가 잘못을 저질러 보복을 당하고 있다고 해석할 수 있다. 또한 불법영상임에도 포르노그래피의 일종으로 왜곡됐다. 이에 해당 용어 대신 '불법촬영' 용어를 써야 한다는 목소리가 높아졌다.

연대생 3000명 청소노동자 지지… "학습권 침해는 학교 책임"

▲ 연세대학교 청소·경비노동자들이 7월 12일 서울 서대문구 연세대학교 백양관 앞에서 임금인상과 샤워실 설치 등을 주장하며 집회를 하고 있다.

일부 연세대 학생들이 캠퍼스 내 청소·경비노동자의 집회로 자신들의 수업권을 침해받았다며 소송을 제기한 가운데 3007명의 학생들이 청소·경비노동자 집회를 지지한다는 뜻을 밝혔다.

연세대 비정규직 노동문제 해결을 위한 공동대책위원회(공대위) 등 약 30명의 연세대 학생들은 7월 6일 연세대학교 백양관 앞에서 기자회견을 열고 학교 본부가 나서 문제를 해결하라고 촉구했다.

앞서 민주노총 공공운수노조 서울지역공공서비스지부 연세대분회는 지난 3월 말부터 학교 측에 **▲시급 440원 인상 ▲샤워실 설치 ▲정년퇴직에 따른 인력 충원** 등을 요구하며 학내 투쟁에 나섰다.

공대위는 이들은 노동자들이 요구하고 있는 안에 대해서 "아주 상식적인 요구"라며 "최저임금 인상분인 440원과 위생·건강권을 위한 샤워실 요구는 과도한 요구가 아니다"라고 주장했다. 이어 "학생의 학습권을 침해하는 것은 노동자가 아닌 학교"라며 "문제를 수수방관하면서 노동자들을 투쟁으로 내모는 학교의 태도가 학습권 침해"라고 꼬집었다.

이번 사태는 앞선 5월 **연세대 재학생 3명이 '집회 소음으로 학습권을 침해당했다'며 김현옥 연세대 분회장 등을 업무방해 혐의 등으로 형사 고소**하면서 불거졌다. 6월엔 김 분회장 등을 상대로 수업료와 정신적 손해배상, 정신과 진료비 등 명목으로 약 640만원을 배상하라는 민사 소송도 함께 제기한 바 있다.

연세대 사회학과 출신인 류하경 민주사회를 위한 변호사모임(민변) 노동위원회 소속 변호사는 "노동자들을 고소한 학생은 3명이지만 노동자들과의 연대를 표명한 지지서명은 3000명을 넘었다"며 "연세대 구성원 주류의 목소리는 노동자들을 지지한다는 의미"라고 목소리를 높였다.

약 100일째 집회를 이어가고 있는 노동자들은 학생들에게 자신들이 입는 빨간 투쟁 조끼를 입혀주며 감사의 뜻을 전했다.

약 3달째 집회를 이어오고 있는 김 분회장은 "우리를 고소·고발한 3명의 학생들도 미워하지 않는다"며 "학생들이 있기에 우리들이 있는 것 아니겠나"라며 감사의 뜻을 전했다.

한편 졸업생들 역시 청소·경비노동자들을 지지하는 뜻을 전하기도 했다. 연세대 졸업생 11명은 7월 4일 입장문을 통해 "졸업생으로서 참담하고 부끄러운 마음을 감출 수 없다"며 "청소·경비노동자들의 정당한 요구와 투쟁을 지지한다"고 밝혔다.

+ 반복되는 대학 내 노동자 시위, 정답은 직접고용

대학 내 청소·경비노동자 시위가 매년 끊이지 않는 가운데, 학교와 노동자가 직접 계약을 맺는 직접고용이 대안으로 부상하고 있다. 대표적인 사례가 동국대와 경희대다. 동국대는 2018년 1월부터 청소노동자들이 인원 충원을 요구하며 시위를 벌여왔는데, 직집고용 이후 매년 반복되던 학내 노동자 시위가 자취를 감췄다. 경희대는 동국대보다 앞서 2017년 10월 원하는 청소·경비노동자들을 모두 직고용으로 전환했다. 노동전문가들도 대학들이 청소·경비노동자에 대한 직고용을 검토할 필요가 있다고 지적했다. 김성희 고려대 노동대학원 교수는 "많은 사립대학이 사용자 책임을 회피하고 형식적 책임이 없다는 얘기만 반복하고 있다"며 "직고용을 하거나 공공 부문에 준하는 처우를 제시해야 한다"고 말했다.

레미콘 운송비 협상 극적 타결… '2년 24.5%' 인상 합의

난항을 겪었던 ■**레미콘** 운송노동조합과 레미콘 제조사 간의 휴일 협상이 7월 3일 극적으로 타결됐다. 이에 따라 지난 7월 1일부터 시작된 레미콘 차량의 운송 거부가 파업 이틀 만에 종료되고 4일부터 정상 운영됐다.

양측은 이날 협상에서 레미콘 운송료를 2년간 24.5%(1만3700원) 인상하기로 잠정 합의했으나 운송 차주 측이 요구한 노조 인정 문제와 간부 대상의 타임오프 수당 지급 요구를 제조사에서 받아들일 수 없다는 입장을 고수해 애초 협상이 결렬된 것으로 전해졌다.

레미콘 제조사들은 레미콘 운송 차주가 개인사업자여서 절대 노조로 인정할 수 없다는 입장이다. 그러나 레미콘운송노조가 추가 논의 끝에 명칭에서 '노조'를 뺀 '수도권운송연대'로 변경하기로 긴급 제안했고, 제조사가 이를 받아들임에 따라 협상이 극적으로 타결됐다. 또 회수수(레미콘 차량에서 나오는 폐수) 처리를 위해 레미콘 운송료의 50%를 레미콘 제조사가 부담하는 것으로 합의했다.

앞서 7월 1일 레미콘 차량의 파업으로 유진기업(17개), 삼표산업(15개), 아주산업(7개) 등을 비롯해 수도권 14개 권역의 158개 레미콘 제조사 공장은 일제히 가동을 멈췄다. 이날 하루 매출 피해액만 300억원으로 추산됐다.

건설 현장도 파업이 장기화할 경우 공사 중단 등 피해가 발생할 수 있어 비상이었다. 최근 원자재 가격 상승으로 공사비 부담이 커진 상황에서 6월 8일간의 화물연대 파업에 이어 7월 레미콘운송노조 파업까지 이어지면서 공사가 올스톱될 수 있다는 우려가 나왔다.

■ **레미콘 (ready-mixed concrete)**

레미콘이란 시멘트와 골재 등을 공장에서 미리 배합하여 현장으로 운반하여 타설하는 콘크리트를 부르는 말이다. 레미콘은 1903년 독일의 마겐스에 의해 최초로 제조되었으며, 미국은 1913년에 레미콘을 덤프트럭으로 최초로 운반해 썼다. 일본은 1949년에 레미콘을 도입하여 이 무렵 '레미콘'이라는 어휘를 만들었고, 우리나라는 1965년 7월에 국내 최초의 레미콘 공장인 '대한양회' 서빙고 공장이 건설되었다. 콘크리트 전용 배합 공장에서 재료를 정확하게 계량하고 기계로 자동화하여 배합하므로, 현장에서 인력 등으로 배합할 때보다 정확한 품질을 얻을 수 있는 장점이 있다.

분야별
최신상식

국제
외교

尹 대통령, 나토 정상회의 참석 및 한미일 회담

■ **북대서양조약기구 (NATO, North Atlantic Treaty Organization)**
북대서양조약기구(NATO·나토)는 미국과 유럽 국가 간 국제 군사 기구로 1949년 4월 4일 체결된 북대서양조약에 의해 창설되었다. 이 기구는 회원국이 어떤 비가입국의 공격에 대응하여 상호 방어하는 집단 군사 동맹 체계로 운영되고 있다. 나토 유럽 연합군 최고사령부는 벨기에의 브뤼셀에 본부를 두고 있으며 최고사령관 또한 이곳에서 거주하고 있다. 나토 회원국의 군사 지출비는 세계 전체 군사 지출비의 70%를 차지한다.

한국 대통령 첫 참석

윤석열 대통령이 6월 29일(현지시간) 스페인 마드리드에서 열린 ■**북대서양조약기구**(NATO·나토) 동맹국·파트너국 정상회의 연설에서 "자유와 평화는 국제사회의 연대에 의해서만 보장된다"고 말했다. 또 북한의 비핵화에 지속적인 협력을 요청했다. **한국 대통령의 나토 정상회의 참석은 이번이 처음이다.**

윤 대통령은 연설에서 가치와 규범의 연대를 강조하면서 "대한민국이 자유민주주의와 인권, 법치주의의 수호에 적극 앞장설 것을 천명하러 여기에 온 것"이라는 메시지를 냈다. 우크라이나 전쟁 등을 계기로 세계 정세와 경제 여건이 급변하는 것을 염두에 두고, 국제사회에서 가치와 뜻을 같이하는 국가끼리 힘을 모으자는데 방점을 찍었다.

윤 대통령은 2006년 시작된 한국과 나토의 협력 의제의 폭과 범위를 확대하자고 제안했다. 최근 세계 경제와 안보의 불확실성이 심화한 만큼 한국이 보유한 반도체 등 첨단 기술을 바탕으로 나토 동맹국, 파트너국들과 비전통 신흥 안보 분야 협력을 강화하자는 것이다. 윤 대통령은 앞으로 북한

의 비핵화를 도모하는 데 나토 동맹국과 파트너국 지도자들의 지속적인 협력을 당부했다.

러·중 견제 의도

'가치와 규범의 연대'를 강조한 윤 대통령의 연설은 나토의 반중·반러 기조와 맥락이 닿아 있는 것으로 풀이된다. 나토는 우크라이나 전쟁을 계기로 러시아와 중국 견제 움직임을 강화하고 있다. **이번 정상회의에 한국 등 아·태 지역 파트너국을 초청한 것도 러시아·중국을 견제하는 세력을 나토를 넘어 아·태 지역까지 확장하려는 의도가 깔린 것으로 풀이**된다.

앞서 대통령실 관계자는 전날 "(중국 문제에) 한국이 직접적으로 답해야 될 사항은 없지만 (중국으로 인한) 똑같은 딜레마와 모순이 인도·태평양 지역에도 존재하고, 유럽에도 존재한다"면서 "유럽의 주요 국가들과 한국이 앞으로 이런 문제들에 대해서 어떻게 협력할지 하는 전략적인 교감은 존재한다"고 밝혔다.

한미일 정상, 4년 9개월 만에 대좌

4년 9개월 만에 한미일 정상회담이 성사되기도 했다. 키워드는 '북한 위협'과 '공조 강화'다. 각 정상들은 북핵 문제를 비롯한 지역·글로벌 현안에 대해 의견을 교환하며 "협력을 강화하자"는 데 뜻을 모았다.

나토 정상회의 참석을 위해 스페인 마드리드에 모인 윤 대통령과 조 바이든 미국 대통령, 후미오 기시다 일본 총리는 6월 29일(현지시간) 오후 이페마(IFEMA) 컨벤션센터에서 '3개국 정상회담'을 진행했다.

윤 대통령은 한미일 정상회담에 앞서 진행된 **■아·태 파트너 4개국(AP4)** 정상회동 직전, 기자들과 만나 기시다 총리에 대해 "한일 현안을 풀어가고 양국 미래의 공동 이익을 위해 양국 관계를 발전시킬 수 있는 그런 파트너가 될 수 있다고 저는 확신하게 됐다"고 밝히기도 했다.

■ **아·태 파트너 4개국 (AP4)**

아·태지역 파트너 4개국은 한국, 일본, 호주, 뉴질랜드로 아시아태평양경제협력체(Asia-Pacific Economic Cooperation, APEC)의 파트너 국가라는 의미다. 아시아태평양경제협력체의 설립 목적은 단기적으로는 역내 무역과 투자의 자유화를 실현하고 장기적으로는 아시아태평양 경제공동체를 창설하여 아시아태평양 자유무역지대를 실현하는 것이다.

POINT 세 줄 요약

1. 윤석열 대통령이 한국 대통령으로는 최초로 나토 정상회의에 참석했다.
2. 한국이 나토에 초청된 것은 러시아·중국 견제 세력 확장 의도로 풀이된다.
3. 한미일 정상회담이 4년 9개월 만에 열려 정상들은 협력 강화에 뜻을 모았다.

美 트레일러 밀입국 참사 희생자 53명으로 늘어

미국으로 밀입국하려는 중남미 이민자들을 실은 '찜통 지옥' 트레일러 참사의 희생자가 53명으로 늘었다. 지난 6월 27일 미국 텍사스주 샌안토니오 남서부 외곽에서 발견된 대형 트레일러에서는 불법 이민자로 추정되는 시신 46구가 무더기로 발견되어 역대 최악의 밀입국 참사 사건으로 기록됐다.

이후 미국 국토안보부(DHS)가 사건 현장에 수사관을 파견해 트레일러 내부와 주변에서 희생자 48명을 확인했고, 병원으로 긴급 이송된 환자 중 5명이 추가로 사망했다고 밝혔다. 7월 1일 기준 치료를 받는 밀입국자는 11명이다.

미국 당국은 희생자들의 신원을 확인하고 있다. 마르셀로 에브라르드 외교장관은 트위터를 통해 6월 28일 기준 확인된 국적별 사망자 현황은 멕시코 22명, 과테말라 7명, 온두라스 2명이라고 밝혔다. 당국은 **단속을 피해 밀입국자를 싣고 가던 트레일러가 무더위에 '찜통 지옥'이 됐고, 온열 질환과 질식 현상 등으로 사망자가 속출**한 것으로 추정하고 있다.

안드레스 마누엘 로페스 오브라도르 멕시코 대통령은 이주자들 사망 사건 조사를 지원하겠다고 밝혔다. 그는 "엄청나게 불행한 사고"라며 멕시코 등 중남미 출신 희생자들 가족에게 애도의 뜻을 전했다. 그러면서 7월 워싱턴 D.C.에서 조 바이든 대통령과 정상회담을 할 때 이민 문제가 핵심 주제가 될 것이라고 말했다.

+ 캐러밴 (Caravan)

캐러밴이란 과테말라나 온두라스, 엘살바도르 등 중남미 국가 출신의 이민자들이 무리를 지어 도보나 차량으로 멕시코를 거쳐 미국으로 진입하려는 행렬을 뜻한다. 2018년 10월 온두라스 이주민 행렬이 수천 명으로 불어나 미국으로 향하자 도널드 트럼프 전 미국 대통령은 이들의 행위를 침략이라 칭하며 강경 대응했다. 이후 바이든 행정부가 탄생하자, 미 대법원은 트럼프 전 대통령이 만들었던 미국행 이민들을 멕시코 국내에 머물게 하는 법안을 폐기하도록 허용하는 판결을 내렸다.

존슨 영국 총리 구설수 끝에 결국 사임

술 파티와 성 추문 장관 비호 등으로 영국인들의 비호감으로 전락한 보리스 존슨 영국 총리가 7월 7일(현지시간) 결국 보수당 대표직에서 사퇴하기로 했다. 의원내각제 국가인 영국은 다수당 대표가 총리가 된다. 당 대표를 사임하면 총리직도 자동으로 박탈된다.

존슨 총리는 사의를 밝히면서도 차기 당 대표(총리) 선출까지 일단 직을 유지하기로 했다. 존슨

▲ 보리스 존슨 영국 총리가 사임하기로 했다.

총리는 영국인들이 신뢰하는 공영방송 BBC 등 기성 언론과 대립각을 세우고 직접 SNS로 메시지를 던지는 등 파격적인 언행으로 '영국의 도널드 트럼프'라고 불렸으며 **브렉시트**[Brexit : 영국의 유럽연합(EU) 탈퇴]를 밀어붙여 총리직에 올랐다.

하지만 코로나19 방역에 실패했고 상습적인 거짓말로 도덕성에 치명타를 입었다. 존슨 총리는 전 국민이 코로나19 격리 조치로 힘겨워 할 때 총리실에서 여러 차례 직원들과 술판을 벌인 사실이 드러났고 민심은 완전히 등을 돌렸다. 그는 당내 신임투표로 승부수를 던지며 59% 찬성표로 퇴진 위기를 넘겼지만 부적절한 인사와 거짓말 논란에 휩싸였다. 성추문 전력이 있는 인사를 ▪**보수당** 원내부총무로 임명한 데 이어 성추문 사실을 알았느냐는 여론의 추궁에 여러 번 말을 바꾸며 거짓 해명을 한 것이 드러났다.

차기 총리 경선 후보 8명 확정

존슨 총리는 새 대표가 선출될 때까지 총리직을 유지하겠다며 새 장관들을 임명해 당분간 영국 정치권의 혼란은 이어질 것으로 보인다. 존슨 총리의 후임으로 보수당 경선에 나설 후보는 8명으로 압축됐다. 차기 총리에 도전장을 낸 후보는 ▲리시 수낙 전 재무장관 ▲리즈 트러스 외무장관 ▲페니 모던트 통상장관 ▲톰 투겐다트 의원 ▲나딤 자하위 재무장관 ▲케미 바데노치 전 평등부 장관, ▲제레미 헌트 전 외무장관 ▲수엘라 브래버먼 법무장관 등이다.

8명의 최종 후보 가운데 가장 유력한 것으로 거론되는 후보는 수낙 전 재무장관이다. 수낙 전 장관은 보수당 대표 경선 1차 투표에서 88표를 얻어 1위를 차지했다. 수낙 전 장관은 인도계 출신 1980년생 정치인으로 경선에 출마한 후보 중 가장 젊다. 만약 **수낙 전 장관이 총리가 된다면 약 200년간 인도를 식민지배한 영국에서 최초의 인도계·유색인종 총리가 탄생한다.**

▪ **보수당 (Conservatives)**

보수당은 영국의 집권 다수당으로 1834년 창당했다. 전신은 토리당(Tory Party)이다. 보수주의 이념과 경제적 자유주의, 영국 연합주의를 지향하는 중도우파 정당으로서 엘리자베스 2세 재임 기간 윈스턴 처칠, 마거릿 대처, 존 메이저 총리 등을 배출했다. 2010년 이후 현재까지 데이비드 캐머런, 테레사 메이, 보리스 존슨 총리로 이어지며 집권 중이다.

러시아, 우크라 동부 루한스크 완전 장악

러시아군이 우크라이나 동부 루한스크 지역을 완전히 장악했다. 러시아군은 7월 3일(이하 현지시간) 루한스크의 마지막 남은 도시였던 리시찬스크를 함락시켰다. 러시아군이 루한스크 지역을 완전 장악함에 따라 루한스크에 인접한 도네츠크 지역에 대한 공격도 본격화되고 있다.

러시아는 앞서 우크라이나 침공 명분으로 이른바 돈바스 해방을 내세웠다. 돈바스는 루한스크와 도네츠크로 구성돼 있으므로 루한스크 완전 점령은 러시아가 전쟁 목표 일부를 달성할 가능성이 높아졌다는 뜻이다. 러시아는 **우크라이나 동부 돈바스에서 인구 중 큰 비율을 차지하는 친러시아 성향 주민들을 아조우 연대로 대표되는 신(新) 나치주의 세력으로부터 보호한다는 명목**으로 이번 전쟁을 일으켰다.

블라디미르 푸틴 대통령은 "동부 그룹과 서부 그룹을 포함해 각 부대가 승인된 계획에 따라 작전을 수행해야 한다"며 "지금까지 루한스크에서 그랬던 것처럼 모든 것이 적절한 방향으로 지속되길 바란다"고 독려했다. 러시아 국경과 맞닿은 루한스크 전체를 장악한 데 이어 서쪽 방향인 도네츠크까지 점령해야 한다는 의미다.

7월 5일 기준 러시아가 점령한 지역은 루한스크 전체와 도네츠크의 절반 등을 포함해 돈바스의 약 75%에 이른다. CNN은 **돈바스를 러시아 영토로 만들려는 블라디미르 푸틴 러시아 대통령의 목표가 가까워졌다며 러시아가 휴전을 선포할 가능성을 제기**했다.

로이터통신 등에 따르면 우크라이나군은 7월 3일 러시아군의 리시찬스크 점령 사실을 시인하며 "병사들의 생명을 보전하기 위해 철수를 결정했다"고 밝혔다.

다만 볼로디미르 젤렌스키 대통령은 리시찬스크 철수 사실을 인정하면서도 신형 무기를 확보하는대로 탈환전에 나서겠다고 강조했다. 그는 "반드시 그 땅을 되찾을 것"이라고 밝혔다. 미국이 제공하기로 한 고속기동포병로켓시스템인 ▪**HIMARS**(하이마스) 등 최신 무기를 활용해 반격에 나서겠다는 것이다.

▪ HIMARS (High Mobility Artillery Rocket System)
HIMARS(하이마스)는 미국이 우크라이나에 지원한 고속기동포병로켓시스템이다. 정밀 유도 로켓 6발을 동시에 발사할 수 있는 유도 다연장 로켓 시스템(GMLRS)을 트럭형 장갑차에 실은 것이다. 최대 사거리가 77km에 달해 전선에서 떨어진 러시아군 후방을 정밀 타격할 수 있다. 공격 명령이 떨어지면 2~3분 만에 발사하고, 20초 만에 재빨리 이동해 보복 공격을 피할 수 있다.
우크라이나 부대는 지난 5월 독일의 한 군사기지에서 미국 교관에게 3주간 운용 훈련을 받은 뒤 하이마스를 실전 배치하면서 러시아-우크라이나 전쟁의 판도를 뒤집는 게임체인저가 될 것으로 기대하고 있다. 우크라이나는 러시아군의 막대한 화력을 제거하기 위해 장거리 포병이 필요하다고 주장했다. 그러나 미국 내에서는 러시아군이 하이마스 지원을 문제 삼아 미국이나 동맹국을 향한 보복에 나설 수 있다고 우려했다.

러시아, 디폴트 선언 거부

러시아 정부가 6월 27일 외화 표시 국채에 대한 채무불이행(▪**디폴트**) 선언을 거부했다. 앞서 주요 외신은 러시아가 서방의 제재 때문에 국채 이자를 지급하지 못해 **1918년 볼셰비키 혁명**(러시아

혁명) **이후 104년 만에 처음으로 디폴트**(채무 불이행)에 빠졌다고 이날 전했다.

드미트리 페스코프 크렘린궁(러시아 대통령 집무실) 대변인이 이날 기자들과 만나 러시아가 5월 만기 채권 이자를 상환했으나 서방의 제재 때문에 국제예탁결제회사인 유로클리어에 막혔다며 "이런 상황을 디폴트라고 부를 근거가 없다"고 주장했다. 이자 대금이 입금되지 않은 것은 "우리 문제가 아니다"라는 입장을 분명히 한 것이다.

러시아는 1억달러(약 1300억원) 정도의 외화 표시 국채 이자를 약정 시기인 지난 6월 26일까지 투자자들에게 지급해야 했지만 이를 이행하지 않았다. 해당 이자의 원래 지급일은 5월 27일이었으나 이날 채무불이행까지 30일간 유예기간이 적용됐다.

앞서 블룸버그는 **러시아의 디폴트가 1918년 이후 104년 만이며 1998년에는 ▪모라토리엄**(채무지급유예)**을 선언한 바 있다고 보도**한 바 있다. 러시아 정부는 이미 국제예탁결제회사인 유로클리어에 이자 대금을 달러와 유로화로 보내 상환 의무를 완료했으며, 유로클리어가 개별 투자자들에게 송금할 것이라고 밝혔지만, 블룸버그는 투자자들이 제재 때문에 돈을 받지 못했다고 보도했다.

▪ 디폴트 (default)

디폴트(채무 불이행)는 공사채의 이자 지불이 지연되거나 원금상환이 불가능해지는 것을 말한다. 일반적으로 국가 부도 상황을 의미하며 정부가 부채 상환 만기일이 도래했는데도 이를 갚지 못해 파산하는 것을 일컫는다. 디폴트가 발생했다고 채권자가 판단하여 채무자나 제3자에게 통지하는 것을 디폴트 선언이라고 한다.

▪ 모라토리엄 (moratorium)

모라토리엄(채무지급유예)은 '한 국가가 외국에서 빌려온 차관에 대해 일시적으로 상환을 연기하는 것을 말한다. 모라토리엄을 선언하면 채권국들에서 채무상환을 연기받고, 부채를 탕감하는 협상에 나설 수 있다는 장점이 있다. 그러나 해당 국가의 신용도가 크게 하락하여 외부거래가 사실상 불가능하고 환율이 급등하고 통화 가치가 급락하여 극심한 인플레이션이 일어나 심각한 경제적 혼란을 겪는다.

아프간 남동부서 규모 5.9의 강진 발생

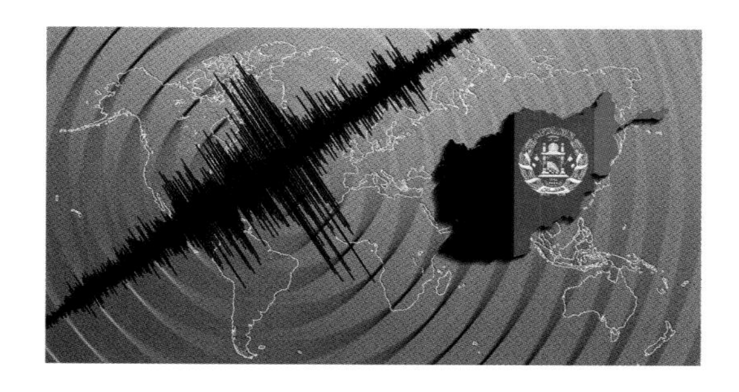

6월 22일(현지시간) 아프가니스탄에 발생한 강진으로 막대한 인명 피해가 보고된 가운데, 이 지역을 장악하고 있는 ▪**탈레반**이 지진 발생 하루 만에 구조 작업을 마쳤다고 발표했다.

탈레반 정부 재난관리부 대변인인 모함마드 나심 하카니는 6월 24일 로이터통신에 당국은 이번 지진 관련 생존자 수색 작업을 종료했다고 말했다. 앞서 지진 피해 지역인 파크티카주 탈레반 최고 군사령관 대변인인 모함마드 이스마일 무아위야도 전날 오후 "구조 작업이 끝났다"며 "아무도 잔해 아래에 갇혀있지 않다"고 밝혔다.

전문가들은 탈레반의 주장의 진위 여부가 의심된다고 분석했다. 피해 지역 교통 사정이 매우 열악해 구조대의 접근이 원활하지 않은 데다, 장비 부족으로 맨손으로 잔해를 뒤지며 생존자를 수색하는 사례도 목격됐기 때문이다. 2015년 네팔 강진 구호 작업에 참여했던 관리들은 로이터통신에 구조 작업이 이렇게 빨리 끝날 수 있다는 점이 놀랍다며 "만약 파괴된 가옥 대부분의 규모가 작다면 가능한 일"이라고 말했다.

유엔 인도주의업무조정국(UNOCHA)의 아프간 지부장 이자벨 무사르 카를슨은 뉴욕타임스에 "지역 당국은 국제기구에 수색·구조 작업이 90% 끝났다고 말했으며 구호 단체도 대피시설 지원과 생존자 간호에 집중하고 있다"고 밝혔다.

피해 상황과 관련해 하카니는 "약 1만 채의 가옥이 완파되거나 일부 파손됐다"라며 지진으로 인한 사망자 수는 1000명 이상이라고 확인했다. 그는 중상자를 포함해 약 2000명이 다쳤다며 "보건 당국은 충분한 의약품을 갖고 있지 않다"고 말했다. 이어 "의료 구호품과 다른 용품들이 필요한 상태"라고 덧붙였다.

■ **탈레반 (Taliban)**

탈레반은 파슈툰족 언어로 '학생'이라는 뜻이다. 아프가니스탄 남부 파슈툰족 마을에서 이슬람 의례를 집전하는 하위 성직자들을 일컫는 말이었다. 1994년 칸다하르 인근 마을의 탈레반 성직자 무하마드 오마르가 민병대를 결성한 것이 탈레반의 시초다. 탈레반은 1979년 소련의 아프가니스탄 침공에 맞서 등장한 이슬람 무장세력인 무자헤딘을 흡수하며 세력을 확장했다. 1996년 정권을 장악했고, 2001년 미국이 이끄는 연합군에 붕괴했다가 2021년 재집권했다.

김포-하네다 항공 노선 6월 29일부터 운항 재개

한일 양국의 수도를 오가는 김포-하네다 항공노선 운항이 2년 3개월 만에 재개됐다. 6월 29일 한국공항공사에 따르면 하네다 항공편 운항이 재개된 이날 오전 8시 40분, 9시 각각 아시아나항공 OZ1085편과 대한항공 KE707편이 서울 김포공항에서 도쿄 하네다공항으로 출발했다. **코로나19 확산으로 2020년 3월 김포-하네다 노선 운항이 중단된 이후 2년 3개월 만에 하늘길이 열린 것**이다.

아시아나항공과 대한항공은 이날부터 매주 수·토요일 각각 주 2회 김포-하네다 노선을 운항한다. 일본항공(JAL)과 전일본공수(ANA) 등 2개 항공사도 각각 주 2회씩 운항한다. 항공사들은 방역단계가 낮아지면 항공편 운항을 확대할 방침이다.

한국공항공사는 이날 오전 김포공항에서 하네다 공항으로 떠나는 여행객들에게 꽃다발과 여행용품을 증정하며 운항 재개 기념식을 열었다. 행사에는 국토교통부와 주한일본대사관, 대한항공, 아시아나항공, 김포공항 출입국 관련 기관의 관계자들이 참석했다.

윤형중 한국공항공사 사장은 "김포-하네다 노선 재개로 김포공항 국제선이 다시 환하게 불을 밝히게 됐다"며 "김포-하네다 노선은 양국 인적교류 활성화의 기폭제가 될 것이다"고 말했다. 이어 "앞으로 김포공항을 기점으로 하는 다른 국제노선 확대의 첫걸음이 될 것으로 기대한다"고 설명했다.

서울에서 도쿄로 가는 가장 빠른 하늘길인 김포-하네다 노선은 코로나19 확대 전인 2019년 연간 205만 명이 이용했고 성수기 탑승률은 98%에 육박했던 '황금노선'으로 알려졌다.

한국인 대상 격리 면제 국가·지역 (2022년 6월 기준)

구분	국가 · 지역
아시아	태국, 인도네시아(발리 등), 싱가포르, 필리핀, 베트남, 캄보디아, 라오스, 홍콩, 인도, 네팔, 몽골, 몰디브 등
태평양 · 오세아니아	미국령 북마리아나제도(사이판·로타 등), 미국령 괌, 팔라우, 호주, 뉴질랜드 등
유럽	영국, 프랑스, 독일, 벨기에, 네덜란드, 룩셈부르크, 스위스, 오스트리아, 아일랜드, 스페인, 포르투갈, 이탈리아, 그리스, 터키, 폴란드, 체코, 슬로바키아, 헝가리, 슬로베니아, 불가리아, 크로아티아, 세르비아, 몬테네그로, 라트비아, 리투아니아, 아이슬란드, 노르웨이, 덴마크, 스웨덴, 핀란드 등
미주	미국, 캐나다, 멕시코(칸쿤 등), 쿠바, 볼리비아, 우루과이 등
중동 · 아프리카	UAE(두바이 등), 카타르, 이스라엘, 요르단, 케냐, 남아공, 모리셔스 등

콜롬비아에 첫 좌파 정권, 게릴라 출신 페트로 당선

▲ 구스타보 페트로 콜롬비아 대통령 당선자

콜롬비아에 처음으로 좌파 정권이 들어선다. 6월 19일(현지시간) 치러진 콜롬비아 대통령 선거에서 **좌파 연합 '역사적 조약' 후보 구스타보 페트로**(62)**가 50.4%를 득표해 당선**됐다. 경쟁자인 '반(反)부패 통치자 리그'의 기업인 출신 후보 로돌포 에르난데스(77)는 47.3%를 득표했다.

이날 당선이 유력해지자 페트로 당선인은 트위터에 "콜롬비아 국민의 첫 승리를 축하하는 날"이라며 "오늘부터 콜롬비아는 변한다. 다른 콜롬비아"라고 자축했다. 당선인 임기는 4년이고, 취임식은 8월에 치러진다.

페트로는 수도 보고타 시장을 지낸 현직 상원의원이다. 젊은 시절에는 좌익 게릴라 단체 'M-19'에서 활동했다. 이번에 세 번째 대권 도전이다. 2010년 첫 도전에서는 9%를 득표해 4위에 그쳤다. 2018년 대선에서는 결선까지 올랐으나 이반 두케 현 대통령에게 12%p 차이로 졌다.

페트로의 승리 배경은 콜롬비아의 불안정한 사

회·경제 상황이 있다고 분석된다. 현재 콜롬비아 빈곤율은 40%에 달하고, 실업률도 11%가량이다. 강력범죄도 늘어나고 있다. 우크라이나 전쟁과 코로나로 인한 타격이 컸고, 불평등 문제도 심화하고 있다.

콜롬비아는 세계에서 경제 불평등 문제가 가장 심각한 나라 중 하나로 꼽힌다. 6월 중순 여론조사 기관 갤럽이 발표한 바에 따르면 46%에 달하는 콜롬비아 시민들이 자국 경제가 잘못된 방향으로 가고 있다고 답했다.

페트로는 연금 개혁, 석탄·석유 산업 축소, 부자 증세 등을 공약으로 내세웠다. 특히 노동자 계급에 대한 보조금 지원을 대폭 늘리겠다고 했다. 그러면서도 과격한 사회주의자 이미지를 벗고자 올해 4월에는 '사유재산을 몰수하지 않겠다'고 서명했고, 온건한 성향의 경제 관료들을 주위에 두고 '새로운 진보' 이미지를 구축했다.

페트로의 승리로 중남미 정치 지형이 확연히 왼쪽으로 기울었다. 2018년 말 이후 멕시코, 아르헨티나, 페루, 칠레 등에서 줄줄이 우파에서 좌파로 ▪핑크타이드의 경향을 보이고 있다. 오는 10월 치러질 브라질 대선에서도 좌파 후보가 강세인 상황이라, 중남미 경제 규모 상위 6개국에 처음으로 모두 좌파 정권이 들어설 가능성도 점쳐진다.

▪ **핑크타이드 (pink tide)**

핑크타이드란 온건한 사회주의를 표방하는 좌파 정당이 연달아 집권하는 기조를 말한다. 1990년대 말부터 2014년 11월까지 남미 12개국 중 파라과이와 콜롬비아를 제외한 10개국에서 좌파 정권이 집권하면서 핑크타이드는 약 20여 년 가까이 지속돼 왔다. 그러나 좌파 정권의 경제정책 실패로 극심한 경제불황이 닥치면서 2015년 아르헨티나의 우파 정권 집권을 시작으로 핑크타이드 물결은 사라지기 시작했다. 이후 코로나19 사태를 거치며 복지 확대 구호가 힘을 얻었고 2021년 6월 페루, 11월 온두라스, 12월 칠레 대선에서 속속 좌파 후보가 승리하며 핑크타이드 현상이 다시 일어났다.

홍콩 반환 25주년... 시진핑 "일국양제 성공적"

홍콩 반환 25주년을 맞은 지난 7월 1일 시진핑 중국 국가주석은 "홍콩의 통치권을 애국자가 확고히 장악하는 것은 홍콩의 장기적인 안정을 보장하기 위한 필연적 요구이며, 그 어느 때도 흔들려서는 안 된다"고 강조했다.

이날 시 주석은 홍콩컨벤션센터에서 열린 홍콩 주권 반환 25주년 기념식 겸 홍콩 특별행정구 6기 정부 출범식에서 약 33분간 연설을 하며 "'애국자에 의한 홍콩 통치'를 반드시 실행해야 한다"며 이같이 밝혔다.

시 주석은 연설에서 "정권은 애국자의 손에 있어야 한다는 것이 세계적으로 통용되는 정치법칙"이라며 "세계 어떤 나라나 지역, 국민도 비애국적이고 심지어 매국적·반역적이기까지 한 세력과 인물에게 정권을 주지 않는다"고 말했다.

코로나19 이후 중국 본토를 처음으로 떠나 홍콩에 선 시 주석은 이날 연설에서 **일국양제**(一國兩制 : 자본주의나 사회주의처럼 서로 다른 두 체제가 한 나라 안에서 공존하는 일)를 20번이나 언급했다.

홍콩은 지난해 선거제를 전면 개편해 사실상 중국 충성파만 공직에 진출할 수 있게 했다. 또한, 2년 전에는 국가보안법을 만들어 반대파 탄압에 활용했음에도 시 주석은 일국양제를 성공적으로 이뤄냈다고 주장한 것이다.

서방은 홍콩의 민주주의가 말살됐다고 비판했다. 블링컨 미 국무장관은 "홍콩 주민의 권리와 자유가 해체됐다"고 말했으며, 보리스 존슨 영국 총리는 "우리는 홍콩을 포기하지 않을 것이다. 25년 전 영토와 홍콩인들에 대해 약속을 했고 이를 지킬 것이다"라고 말했다. 한편, 이날 기념식 현장은 CNN 등 주요 외신들의 취재를 막아 언론의 자유를 무시했다는 비판도 받았다.

+ 홍콩의 중국 반환

1842년 청나라와 영국 간에 벌어진 아편전쟁에서 청나라가 패배하며 홍콩은 영국에 할양됐다. 그러다 100년이 넘게 흐른 1972년 중국과 영국 간 국교가 수립되고 1982년부터 홍콩반환협상이 시작됐다. 1997년 7월 1일 0시를 기해 홍콩은 영국의 식민 지배 시절을 청산하고 '중화인민공화국의 특별행정구'로 새롭게 출발했다. 이때 홍콩은 2047년까지 50년간 외교와 국방을 제외하고 정치·경제·사법 등의 분야에서 고도의 독립성을 보장받게 되었으나, 중국은 이 약속을 헌신짝처럼 버렸다.

기출TIP 2020년 경향신문에서 일국양제를 단답형으로 묻는 문제가 출제됐다.

모하메드 바르킨도 OPEC 사무총장 돌연 사망

모하메드 바르킨도 ▪OPEC 사무총장이 돌연 사망했다. 향년 63세. 블룸버그, 로이터통신 등이 관리들을 인용해 지난 7월 6일(현지시간) 보도한 내용에 따르면 바르킨도 사무총장은 조국 나이지리아에서 별세했다. 고인은 사무총장 재임 6년의 마지막 몇 주를 남겨두고 이후 진로를 준비하러 나이지리아 수도 아부자로 돌아왔었다.

멜레 키아리 나이지리아 국영석유회사(NNPC) 최고경영자는 자신의 SNS에 "우리는 존경하는 바르킨도 박사를 잃었다"면서 "그의 별세는 가족, NNPC, 조국 나이지리아, OPEC과 글로벌 에너지 업계에 큰 손실"이라고 애도했다.

그러면서 바르킨도 사무총장이 무함마두 부하리 나이지리아 대통령과 만나고 아부자에서 열린 에너지 정상회의에서 기조연설을 한 후 몇 시간만인 7월 5일 밤 사망했다고 설명했다. 정확한 사인은 즉각적으로 알려지지 않았다.

바르킨도 사무총장는 지난 2016년 여름 사무총장에 임명된 지 몇 개월 만에 OPEC 회원국과 러시

아 등 다른 주요 산유국 협의체인 **'OPEC+(플러스)'를 출범**시켰다. 이를 위해 산유국들을 다 불러 모으고 블라디미르 푸틴 러시아 대통령 등 지도자들과 개인적으로 회동하는 등 활발한 **셔틀외교**(첨예하게 대립하고 있는 양국 사이를 중재하기 위해 제3자 또는 제3국을 활용하는 외교 방식 또는 국제관계)를 펼쳤다.

이전 같으면 OPEC 회원국과 비(非)OPEC 산유국 간 동반자 관계를 형성하는 것은 상상할 수 없었으나 당시 바르킨도 사무총장이 앞장서 이뤄냈다. 또 그의 사무총장 임기 동안 글로벌 석유 시장의 균형을 유지하기 위해 일련의 생산 감축이 이어졌다. 감산의 절정은 지난 2020년 코로나19 팬데믹 당시 전례 없는 규모로 단행된 것이다. 그의 후임인 쿠웨이트 출신의 하이탐 알가이스는 8월 초부터 사무총장직을 수행할 예정이다.

■ **OPEC (Organization of Petroleum Exporting Countries·석유수출국기구)**

OPEC(오펙)은 이란·이라크·사우디아라비아·쿠웨이트·베네수엘라 등의 산유국이 모여 1960년 국제석유 자본에 대항하기 위하여 설립한 기구다. 원유가격의 조정과 산유국 간의 동맹을 위해 결성됐다. 석유파동을 겪으면서 원유가격의 상승을 주도·조절하고 있다. 회원국은 아프리카의 알제리·앙골라·콩고·적도 기니·가봉·리비아·나이지리아와 중동의 이란·이라크·쿠웨이트·사우디아라비아·아랍에미리트, 남아메리카의 베네수엘라로 총 13개국이다.

국제유가를 대표하는 세계 3대 원유

원유	생산지	특성
WTI	미국 텍사스	저유황 경질유
브렌트유	영국 북해	저유황 경질유
두바이유	중동 아랍에미리트	고유황 중질유

기출TIP 각종 상식시험에서 세계 3대 원유가 아닌 것을 고르라는 문제가 가끔 출제된다.

연방대법 '낙태권 폐기' 판결... 두쪽난 미국

미국 연방 대법원이 6월 24일(현지시간) 임신 6개월 이전까지 여성의 낙태를 합법화한 이른바 '**■로 대 웨이드(Roe v. Wade) 판결**'을 공식 폐기했다. **낙태에 대한 헌법상 권리가 인정되지 않으면서 낙태권 존폐 결정은 각 주 정부 및 의회의 권한으로 넘어가게 됐다.**

이에 따라 약 50년간 연방 차원에서 보장됐던 낙태 권리가 크게 후퇴했다는 평가가 미국 언론에서 나오는 가운데 11월 중간선거를 앞두고 낙태 찬반 논쟁이 격화하면서 큰 혼란이 예상된다.

새뮤얼 알리토 대법관이 작성한 다수 의견문에서 대법원은 "헌법에는 낙태에 대한 언급이 없으며 그런 권리는 헌법상 어떤 조항에 의해서도 암묵적으로도 보호되지 않는다"고 밝혔다. 이어 "헌법에 언급 안 된 권리를 보호하기 위한 조항이 있기는 하나 그런 권리는 이 나라의 역사와 전통에 깊이 자리 잡고 있어야 하며 질서 있는 자유의 개념에 내재돼 있어야 한다"고 말했다.

앞서 지난 5월 정치전문매체 폴리티코는 대법원이 여성의 낙태권을 보장한 로 대 웨이드 판례를 뒤집는 것을 다수안으로 채택했다는 판결문 초안을 보도한 바 있으며 이날 판결은 이 결정을 공식 확인한 것이다.

국제사회 "인권 후퇴" vs "환영"

미국 대법원이 여성의 낙태권을 인정한 옛 판결을 폐기한다고 공식 결정하자 국제사회가 미국 내부 못지않게 낙태 문제에 관심을 기울이며 찬반 논란을 벌였다. **프랑스와 캐나다 등은 인권이 후퇴한 것이라며 미국 연방 대법원의 결정에 대해 비판**의 목소리를 냈다.

에마뉘엘 마크롱 프랑스 대통령은 이날 미 대법원 판결 이후 트위터에 "낙태는 모든 여성의 기본 권리로 반드시 보호돼야 한다"고 썼다. 미국 이웃인 캐나다의 쥐스탱 트뤼도 총리도 트위터에 "미국서 전해진 뉴스는 끔찍하다"고 충격을 표시했다.

이에 반해 교황청은 이번 판결을 환영했다. 교황청 생명학술원은 이날 성명을 내고 "오랜 민주주의 전통을 지닌 큰 나라가 이 문제(낙태)에서 입장을 바꿨다는 것은 전 세계에 문제를 제기하는 것이기도 하다"고 의미를 부여했다.

'가치 전쟁', 두 쪽 난 미국

미국 연방대법원이 여성 낙태권을 보장한 판례를 뒤집자 미국이 격렬한 찬반 논란으로 두 쪽 나고 있다.

뉴욕, 캘리포니아 등 진보 성향이 강한 서부와 동북부 주는 연방대법원이 내린 보수적 판결의 효력을 막기 위해 주 헌법 개정을 추진하고 있다. 반면 텍사스, 플로리다 등 중남부의 보수 성향 주는 해당 판결을 즉각 시행하기 위해 행정력을 총동원하고 있다.

■ 로 대 웨이드(Roe v. Wade) 판결

로 대 웨이드 판결이란 1973년 미국에서 낙태를 헌법적 권리로 확립한 사건을 말한다. 당시 미국에서는 대부분 주에서 산모의 생명 등 극히 예외적인 상황을 제외하고는 낙태를 전면 금지했다.

텍사스주의 미혼 여성 노마 맥코비는 '제인 로'라는 가명을 사용해 낙태 금지가 미 수정헌법 1·4·5·9·14조에 보장된 자신의 권리를 침해했다며 소송을 냈으며, 대법관은 1973년 1월 22일 7대 2로 로(맥코비)의 손을 들어주며 낙태권을 보장했다.

+ 낙태권 폐기 원인은 트럼프 때문?

이번 대법원의 판결은 트럼프 정부에서 보수 성향의 대법관이 잇따라 임명돼 연방 대법관 9명 중 6명이 보수성향으로 평가되는 등 대법원이 보수화된 데 따른 것으로 분석된다.

실제 도널드 트럼프 전 대통령이 임명한 브렛 캐버노 등 대법관 3명 모두 '로 대 웨이드 판결' 폐기에 찬성했다. 반면 진보 성향의 연방 대법관 3명은 이번 판결에 대해 반대 의견을 제시했다.

분야별
최신상식

북한
안보

한미, 첫 F-35A 연합훈련 실시

■ 비질런트 에이스 (Vigilant Ace)
비질런트 에이스는 한국과 미국 간 상호운용능력과 전투 효율성을 높이기 위해 실시하는 대규모 연합공중훈련을 말한다. Vigilant Ace의 ACE(Air Component Exercise)는 공군 구성군 훈련을 뜻하는 약자로, 훈련은 2015년 Pen-ORE(한반도 전시작전 준비훈련)라는 명칭으로 처음 실시됐다. 이는 과거 베벌리 불독(Beverly Bulldog) 훈련으로 불리던 미 공군의 전투태세훈련을 '비질런트 에이스'라는 현재의 명칭으로 개편하여 확대한 훈련이다.

기출TIP 2018년 경향신문 필기시험에서 비질런트 에이스를 주관식으로 묻는 문제가 출제됐다.

미 F-35A 4년 7개월 만에 한반도 전개

북한이 7차 핵실험을 준비하는 가운데 미 공군의 최신에 전투기 **F-35A**(높은 스텔스 성능을 자랑하는 미국의 5세대 전투기인 F-35중 공군용 버전)가 한반도에 모습을 드러냈다. 지난 7월 5일 국방부는 미국 알래스카의 아일슨 기지 소속 5세대 전투기 F-35A 6대가 한반도에 전개했다고 밝혔다.

이날 **한반도에 전개된 F-35A 전투기는 7월 14일까지 우리 공군과 연합훈련을 시행했다. 우리 공군 F-35A도 훈련에 참가함으로써 한미 공군의 첫 F-35A 연합훈련**이 펼쳐졌다.

국방부는 "이번 전개는 한미동맹의 강력한 억제력과 연합방위태세를 현시하는 동시에 한미 공군 간의 상호운용성을 향상하기 위함"이라고 설명했다. 한편, 미 공군 F-35A가 공개적으로 한반도에 전개한 것은 2017년 12월 이후 4년 7개월 만이다. 당시는 북한의 잇단 미사일 도발과 6차 핵실험 이후로 한반도 긴장이 고조된 때로, 미 공군의 F-35A 외에 F-22 랩터, 장거리 폭격기 B-1B까지 투입돼 한미연합공중훈련 ■**비질런트 에이스**를 실시했다.

북, 한미 F-35A 훈련 겨냥 방사포 발사

북한 외무성은 한미 공중연합훈련 시행을 앞두고 경고의 말을 전했다. 북한 외무성은 **"미국의 무분별한 군사적 도발 책동으로 한반도에 임의의 순간에 전쟁이 일어날 수 있는 극히 위험한 정세가 조성**되고 있다"고 말했다.

북한 외무성은 홈페이지에 올린 글에서 최근 한반도 주변 상공에 미국의 정찰기들과 전략자산들이 빈번히 날아들어 심상치 않은 군사적 움직임을 보이고 있다며 이같이 밝혔다. 외무성은 지난 7월 5일 미국 공군의 스텔스 전투기 F-35A 6대가 4년 7개월 만에 한국에 도착하고, 이른바 '죽음의 백조'로 불리는 B-1B 전략폭격기가 한국과 2시간 거리인 미국령 괌에 배치된 점 등을 거론했다.

외무성은 그러면서 "미국이 한반도와 그 주변에 정찰기들과 전략자산들을 계속 들이밀면서 반공화국 대결 광기를 부리고 있는 것은 힘으로 우리를 압살하려는 야망에 조금도 변함이 없다는 것을 다시 여실히 보여주고 있다"고 지적했다. 외무성은 나아가 "이는 미국의 군사적 도발 책동을 짓부수기 위한 국가 방위력을 줄기차게 강화해 나갈 것을 더욱 절박하게 요구하고 있다"고 강조했다.

➕ 한미, 8월 22일부터 대규모 연합훈련

한미가 8월 22일부터 실제 장비와 병력이 이동하는 것을 포함한 대규모 연합훈련에 나선다. 지난 7월 11일 군에 따르면 한미는 8월 22일부터 9월 1일까지 한미연합지휘소훈련(CCPT, Combined Command Post Training)을 진행하기로 했다. CCPT는 컴퓨터 시뮬레이션 방식의 훈련이지만, 한미는 북한의 핵·미사일 위협에 따른 연합대비태세 점검 및 확립 차원에서 야외 실기동 훈련 포함도 검토 중인 것으로 전해졌다.

이번 CCPT에서 야외 실기동 연합훈련의 진행 여부와 함께 그 규모에 관심이 쏠렸다. 지난 2018년 9월 19일 문재인 대통령과 김정은 북한 국무위원장이 평양정상회담을 통해 채택한 '9월 평양공동선언'의 부속 합의서로 '남북 9·19 군사 분야 합의서'가 채택된 이후 한미의 야외 실기동 연합훈련은 대대급 이하 규모로만 이뤄졌고 여단급 이상 연합훈련은 중단됐기 때문이다.

한편, CCPT는 2018년 전까지 매년 실시하던 전반기 키리졸브(KR)와 독수리연습(FE), 하반기 을지프리덤가디언(UFG) 등 대규모 연합연습을 통합해 매년 전·후반기 2차례에 걸쳐 시행하는 쪽으로 바꾼 것이다.

POINT 세 줄 요약

❶ 7월 5일 국방부는 미국 알래스카의 아일슨 기지 소속 5세대 전투기 F-35A 6대가 한반도에 전개했다고 밝혔다.

❷ 이날 한반도에 전개된 F-35A 전투기는 7월 14일까지 우리 공군과 연합훈련을 벌였다.

❸ 북한 외무성은 한미 공중연합훈련 시행을 앞두고 경고의 말을 전했다.

김승겸 합참의장 "적 도발 시 가차 없이 응징"

▲ 김승겸 합참의장 (자료 : 국방부)

김승겸 신임 합동참모의장이 7월 5일 취임사에 "적의 도발에 가차 없이 응징해 처절한 대가를 치르게 하고 적이 도발로 얻을 것이 없다는 점을 각인시킬 것"이라고 북한에 경고를 보냈다.

김 의장은 합참 연병장에서 열린 합참의장 이·취임식과 전역식에서 "군대와 군인의 본질적 가치와 그 역할에 충실하기 위해서는 오직 적을 바라보고 '**침과대적**(枕戈待敵 : 창을 베고 적을 기다린다는 뜻으로 언제나 전투태세를 유지하는 군인의 자세를 비유)'의 자세로 항상 전투를 준비해야 한다"면서 이같이 말했다.

김 의장은 북한을 겨냥, "북한은 1950년 6·25 전쟁을 일으켰고 이후에도 끊임없이 군사적 도발을 자행해 왔으며 특히 지금은 핵·미사일 능력을 증대시키고 대한민국과 세계 평화를 심각하게 위협하고 있다"고 말했다.

그는 전시작전통제권(전작권) 전환은 '조건'에 기초해 체계적·안정적으로 추진하겠다고 말해 기존 방침을 재확인했다. 한미 양국은 2014년 10월 23일 안보협의회(SCM)에서 **▲한반도의 안정적인 안보 환경 마련 ▲한국군이 한미 연합 방위를 이끄는 군사력 ▲북한 핵미사일에 대응할 수 있는 능력** 등 세 가지 조건을 충족하면 전작권을 환수하기로 결정한 바 있다.

취임식에 앞서 이날 윤석열 대통령은 김 의장에게 임명장과 **삼정검**(三精劍 : 현역 군인이 대령에서 장군으로 승진할 때 대통령이 수여하는 검) 수치(끈으로 된 깃발)를 수여했다.

윤 대통령은 엄중한 안보 상황을 이유로 인사청문회를 기다리지 않고 김 의장을 임명했다. 김 의장은 합참의장 후보자가 국회 인사청문회를 거치도록 한 2006년 이래 처음으로 청문회를 거치지 않은 의장으로 기록됐다.

+ 국군 대장급 현황 (2022년 7월 기준)

▲합동참모의장(통합방위본부장) 김승겸 ▲육군참모총장 박정환 ▲해군참모총장 이종호 ▲공군참모총장 정상화 ▲한미연합군사령부 부사령관 안병석 ▲육군 지상작전사령관(한미연합지상구성군 사령관) 전동진 ▲육군 제2작전사령관(한미연합·합동후방지역조정관) 신희현

北, 유엔 인권보고관 맹비난 "인간쓰레기들의 모략"

오는 **8월 퇴임을 앞두고 최근 한국을 방문한 토마스 오헤아 킨타나 유엔 북한인권특별보고관**에게 북한이 그동안 자신들을 악랄하게 비방했다며 거칠게 비난했다. 7월 5일 북한 외무성은 장철호 연구사 명의로 홈페이지에 올린 '산송장의 비루한 추태'라는 제목의 글에서 킨타나 보고관을 향

해 "서방의 손때 묻은 주구(走狗 : 사냥할 때 달리는 개, 앞잡이)"라고 막말을 쏟아냈다.

장 연구사는 "원래 조선(북한)인권상황특별보고자라는 것은 우리에 대한 적대 의식이 골수에 들어찬 미국을 비롯한 불순 세력들이 우리의 사회주의 제도를 전복시켜보려는 기도 밑에서 조작해낸 직제 아닌 직제"라면서 "애당초 우리는 이를 인정조차 하지 않았다"고 지적했다.

또한 "이 자(킨타나 보고관)가 2016년부터 조선인권상황특별보고자의 벙거지를 뒤집어쓰고 해놓은 짓이란 상전이 던져주는 턱찌꺼기로 연명해 가는 인간쓰레기들이 날조해낸 모략자료들을 걷어 모아서 국제무대에서 공화국의 영상(이미지)을 깎아내리고 대결 분위기를 고취한 것뿐"이라고 비난했다.

킨타나 보고관이 탈북민 인터뷰를 토대로 북한 인권 상황을 파악한 것을 두고 "인간쓰레기들의 모략"이라고 폄하한 것이다. 이어 "유엔 무대에서 우리의 인권 실상을 심히 왜곡하고 악랄하게 비방 중상하는 보고서 제출 놀음을 연례행사처럼 벌려놓았다는 것은 온 세상이 다 알고 있는 사실"이라고 강조했다.

한편, 킨타나 보고관은 6월 27일 퇴임을 앞둔 최문순 강원지사를 만나 한반도 평화 논의 과정에 관련해 이야기를 나누면서 "(퇴임 후에도) 한반도 평화를 위해 항상 지지하고 지원하도록 하겠다"고 약속했다. **킨타나 보고관 후임으로는 페루 출신의 여성학자인 엘리자베스 살몬 페루** 교황청립 가톨릭대학 민주주의·인권연구소 소장이 내정됐다.

북한인권특별보고관은 2004년 유엔인권위원회 결의에 따라 설치됐으며, 북한인권 상황을 조사·연구해 유엔 총회 및 **유엔인권이사회**(UNHRC, United Nations Human Rights Council)에 보고하는 임무를 맡고 있다.

+ 인권(人權)의 유형

인권은 영어로 'human rights'라고 쓰는데 이는 인권의 종류가 그만큼 다양하다는 의미다. 1948년 12월 10일 파리에서 열린 제3회 유엔 총회에서 처음으로 채택된 세계인권선언을 기반으로 인권을 국제적 기준에 따라 분류할 경우 ▲인간의 존엄 ▲시민·정치적 권리 ▲경제적·사회적·문화적 권리 ▲법절차적 권리를 제시할 수 있다.

인간의 존엄은 인간 그 자체에 대한 존귀함을 인정하는 것으로서 국적, 피부색, 성, 인종, 종교, 사상에 의해 차별 받는 것이 아니라 그들의 고유함을 인정하는 것이다.

시민적 권리는 사생활의 자유를 포함하며 정치적 권리는 의사표현의 자유를 말한다. 경제적·사회적·문화적 권리는 기본적인 의식주와 삶의 질의 보장과 관계가 있으며 노동 권리, 건강권, 저작권, 문화향유권 등을 말한다.

법·절차적 권리는 모든 사람이 동일한 방법으로 법적 보호를 받아야 할 권리를 의미하며 권력자가 자의가 아닌 법의 지배에 의해 통치해야 함을 의미한다.

전군지휘관회의
"전략사령부 창설한다"

군 당국이 북한 핵과 미사일 대응 능력을 확충하기 위해 한국형 3축 체계를 지휘통제할 '전략사령부'를 창설하기로 했다.

지난 7월 6일 국방부는 윤석열 대통령이 충남 계룡대에서 처음 주재한 전군 주요지휘관 회의에서 북한 핵·미사일 대응능력 강화 등 4대 핵심 국방현안 추진 방안을 논의했다고 밝혔다.

이번 회의에는 이종섭 국방부 장관, 김승겸 합동참모의장, 박정환 육군·이종호 해군·정상화 공군참모총장, 김태성 해병대 사령관, 엄동환 방위사업청장, 박종승 국방과학연구소장, 군단장급 이상 주요 지휘관 등이 참석했다.

이날 회의에서는 북한 핵·미사일 위협 대응체계 구축 방안이 핵심 의제로 논의됐다. 국방부는 정찰위성과 무인정찰기 등을 통해 감시정찰(ISR) 능력을 확충해 북한 전역에 대한 독자적 영상·신호정보 수집과 정보융합 능력을 구비할 것이라고 보고했다.

▲북한의 미사일을 탐지·추적·타격하는 ■킬체인 ▲북한의 탄도미사일과 잠수함발사탄도미사일(SLBM)을 요격하는 한국형 미사일방어(KAMD) ▲적 지휘부 시설을 궤멸하는 대량응징보복(KMPR) 등 한국형 3축 체계 능력을 집중적으로 확충하고 북한 핵·미사일 위협에 대한 우리 군의 자체적 억제력과 대응능력을 강화하기로 했다.

이와 관련해 국방부는 전략사령부를 단계적으로 창설해 한국형 3축 체계의 효과적인 지휘통제와 체계적인 전력발전을 주도하도록 할 계획이라고 보고했다. 한편, 전략사령부 창설은 지난 5월 윤석열 정부의 국정과제에도 포함된 내용이다.

군은 내년에 전략사령부 창설 계획을 수립하고, 2024년에 창설하는 방안을 추진한다. 오는 2024년 전략사령부가 창설되면 3축 체계를 구현할 전략무기를 지휘통제할 뿐 아니라 관련 전력 발전계획 수립도 맡게 된다.

전략사령부가 창설되면 한국형 3축 체계를 구현할 핵심 전력인 F-35A 전투기, 정찰위성, 패트리엇 미사일, 장거리 지대공유도무기(L-SAM), 현무계열 탄도미사일 등을 비롯해 사이버전력과 우주전력을 통합적으로 지휘할 것으로 예상된다.

■ 킬체인 (Kill Chain)

킬체인은 북한의 핵 위협에 대응하기 위해 한국형미사일방어체계(KAMD, Korea Air and Missile Defense)와 더불어 2023년까지 구축하기로 한 한미연합 선제공격 계획으로, 30분 안에 목표물을 타격한다는 개념이다. 북한의 핵과 미사일 기지, 이동식 미사일 탑재 차량(TEL, Transporter Erector Launcher) 등을 탐지하고 정확한 위치 좌표산정, 타격무기 선정, 타격 등의 과정을 통합한 시스템이다.

기출TIP 2019년 TV조선 필기시험에서 킬체인을 묻는 문제가 출제됐다.

김정은, 군 회의 하면서 남한 동해지도까지 걸어

북한이 ■조선노동당 중앙군사위원회 확대회의에서 최전방 부대의 작전 임무를 추가하고 관련 작전계획을 수정하고 있다고 밝혔다. 이틀 연속 회의를 주재한 김정은 국무위원장이 남측 동해안 지역 지도를 걸어 놓고 보고받는 사진까지 공개했다. 북한이 대남 군사적 위협 수위를 높일 것이란 관측이 제기된다.

김정은 위원장은 6월 21일에 이어 22일 노동당 중앙군사위원회 제8기 제3차 확대회의를 주재하고 전선부대 작전 임무 추가와 작전계획 수정안, 군사조직 개편 문제 등을 논의했다고 조선중앙통신이 6월 23일 보도했다.

통신은 회의에서 "당의 군사 전략적 기도에 따라 조선인민군 전선부대들의 작전 임무를 추가 확정하고 작전계획을 수정하는 사업과 중요 군사조직 편제 개편과 관련한 문제들을 토의했다"고 보도했다. 통신은 김 위원장이 "전선부대들의 작전능력을 높이기 위한 중요군사적 대책들을 취하고 있는 당 중앙의 전략적 견해와 결심을 피력했다"며 "사업의 중요성을 강조하시고 그 실행에서 나서는 제반 원칙들과 과업과 방도들을 천명했다"고 전했다.

이날 보도에서 추가된 전선부대 작전임무와 작전계획 수정, 군사조직편제 개편 방향에 대한 구체적 내용은 공개하지 않았다. 북한은 지난 4월 김 위원장 참관하에 신형 전술유도무기를 시험발사했는데, 당시 북한은 "이 신형전술유도무기체계는 전선장거리포병부대들의 화력 타격력을 비약적으로 향상시키고, ■**전술핵** 운용의 효과성과 화력임무 다각화를 강화하는 데 커다란 의의를 가진다"고 했다. 이 같은 점으로 미뤄볼 때 회의 논의 내용이 핵탄두 탑재가 가능한 단거리 미사일 운용과 관련 있는 게 아니냐는 분석이 나온다.

조선중앙통신은 이날 리태섭 군 총참모장이 김 위원장 앞에서 포항까지 아우르는 남한 동해안 축선이 그려진 작전지도를 걸어놓고 설명하는 모습이 담긴 사진을 공개했다. 지도는 모자이크 처리된 상태였으나 북한군 전력이나 남측 및 주한미군의 배치 전력을 표시한 전략지도일 것으로 보인다.

통일부 당국자는 이날 북한이 회의에서 남한 동부지역 지도를 의도적으로 노출한 점 등을 들며 "우리 측에 대한 군사적 위협 수위를 증가시킬 가능성이 높은 것으로 판단한다"고 밝혔다. 회의가 군사작전을 담당하는 훈련기관인 군 총참모부를 중심으로 진행된 점과 남측과 직접 대치하는 전선부대의 작전임무를 추가·확정했다고 밝힌 점도 근거로 꼽았다.

북한은 6월 21일 당 중앙군사위 확대회의를 소집한 후 6월 23일까지, 총 사흘간 회의를 이어갔다.

■ **조선노동당 중앙군사위원회 (朝鮮勞動黨中央軍事委員會)**

조선노동당 중앙군사위원회는 조선민주주의인민공화국의 지도 정당인 조선노동당의 최고 군사 기관이다. 조선노동당 규약 제27조 규약에 당의 군사노선과 정책을 관철하기 위한 대책을 토의결정하며 인민군대를 비롯한 전체 무장력을 강화하고 군수생산을 발전시키기 위한 사업을 조직지도하며 조선민주주의인민공화국의 무력을 통솔한다고 규정되어 있다.

■ **전술핵 (戰術核)**

전술핵(무기)은 야포와 단거리 미사일로 발사할 수 있는 핵탄두, 핵지뢰, 핵기뢰 등 효율성과 경제성이 높은 핵무기를 포함하는 개념이다. 근접전 목적으로 계획되었기 때문에 장거리 탄도미사일 등 전략핵무기(strategic nuclear weapon)보다 사정거리가 짧다. 과거 주한미군은 전투기에서 투하되는 핵폭탄, 155mm와 8인치 포에서 발사되는 핵폭탄(AFAP), 랜스 지대지 미사일용 핵탄두, 핵배낭, 핵지뢰 등 151~249발의 전술핵을 배치했다가 철수시킨 적이 있다.

尹 대통령, "北대화 복귀 위해 한미일 긴밀공조도 제안"

윤석열 대통령과 조 바이든 미국 대통령, 기시다 후미오 일본 총리의 '한미일 3개국 정상회담'이 6월 29일 오후 2시 30분(현지시각)부터 25분 동안 열렸다. **한미일 3자회담이 개최된 건 지난 2017년 유엔 총회 때 이후 4년 9개월만**이다. 북대서양조약기구(NATO·나토) 정상회의에 앞서 열린 이날 회담에서 윤 대통령은 바이든 대통령 및 기시다 총리와 북핵 문제 등 당면 현안에 대해 의견을 나눴다.

윤 대통령은 "북핵 문제는 한미일 모두에 시급히 대응해야 하는 공동의 과제"라고 강조했다. 윤 대통령은 북한의 도발과 관련해 원칙에 따라 강력 대응하는 한편 북한이 대화 테이블로 복귀할 수 있도록 한미일이 계속 긴밀히 공조하자고 제안했다.

3국 정상은 북한의 핵·미사일 프로그램 진전이 한반도뿐 아니라 동아시아와 국제사회에 심각한 위협이라는 인식을 같이하고, 미국의 ■**확장억제** 공약 강화와 3국 간 안보 협력 수준을 높여가는 방안에 대해서도 긴밀히 협의해 나가기로 했다.

한미일 3개국 회담 직후 윤 대통령은 나토 정상회의에 참석, "자유와 평화는 국제사회 연대에 의해서만 보장된다"는 연설을 했다. 윤 대통령은 급변하는 글로벌 안보 환경에 부합하도록 2006년 시작된 한국–나토 협력 의제의 폭과 지리적 범위를 한층 확대할 것을 제안했다. 북한의 비핵화를 도모하는 데 있어 나토 동맹국과 파트너국 지도자들의 지속적인 협력도 당부했다.

■ **확장억제 (extended deterrence)**

확장억제란 핵무기 없는 동맹국이 핵 공격을 받거나 위협에 노출됐을 때 미국이 본토 위협에 대응하는 핵무기 및 핵무기 투발(投發 : 내던져 폭발시킴) 수단으로 지원한다는 개념이다. 핵무기를 탑재한 폭격기와 핵 추진 잠수함 등의 전략자산을 비롯한 미사일방어망(MD) 전력 등을 포괄하는 것으로서 핵우산을 구체화한 개념이다.

북한 외무성, "미국 가는 곳마다 분쟁의 불씨"

북한이 미국 중심의 태평양 협력체 '■**파트너스 인 더 블루 퍼시픽(PBP)**' 설립에 대해 편가르기식 동맹 규합이라며 비난하고 나섰다. 중국 측의 반발 주장과 연대하는 모습이다.

7월 6일 북한 외무성은 전날 홍철 국제정치연구학회 연구사 명의 게시물에서 PBP 설립 등을 언급하고 "미국이 저들의 패권적 지위를 부지하기 위해 시대 흐름에 역행해 신냉전의 검은 구름을 몰아오고 있다"며 이같이 비난했다.

홍 연구사는 "중국과 태평양 섬나라 사이 협조가 활발해지고 있는 것과 때를 같이 해 얼마 전 미국은 이 지역 나라들과 경제, 외교 관계 강화 미명하에 호주, 일본, 뉴질랜드, 영국과 PBP란 새 그룹을 조작했다"고 밝혔다.

이어 'PBP는 5개국이 태평양 지역에서 중국을 배제하도록 지역 나라들을 압박하기 위한 틀거리', '패거리와 작은 울타리를 만들고 제3자를 겨냥하거나 이익을 해치는 행위를 하지 말아야 한다'는 중국 측 주장을 소개했다.

그러면서 **쿼드**(미국·인도·일본·호주), **오커스**(호주·영국·미국), **인도·태평양 경제프레임워크**(IPEF)를 언급하고 "최근엔 나토 세력 범위를 아·태 지역으로까지 확대해 대중국 포위환을 더 좁히려 획책하고 있다"고 비판했다. 그는 '미국이 경협이란 허울 좋은 간판을 들고 PBP란 그룹을 내온 것은 경제, 외교, 문화 등 여러 분야에서 날로 심화발전되고 있는 중국과 아·태 지역 나라 사이 협력 관계를 차단하려는 데 목적이 있다'는 주장을 언급했다.

북한은 최근 인플레이션 등 경제 현황을 거론하면서 경협 성사에 의문을 제기하고 PBP의 구체적 경협 계획 부재, 경제 투자 능력 결여 등을 주장하는 중국 측 주장과 보조를 같이 했다.

태평양 지역은 최근 솔로몬 제도 갈등 등 미국과 중국 사이 영향력 경쟁 구도가 연출되는 곳으로 꼽히고 있다. 이번 PBP 설립 또한 대중 견제 목적이 있다는 평가가 적잖이 나오고 있다.

■ **파트너스 인 더 블루 퍼시픽 (PBP, Partners in the Blue Pacific)**

파트너스 인 더 블루 퍼시픽(PBP)은 미국·호주·일본·뉴질랜드·영국이 결성한 새로운 태평양 협력체다. PBP는 기후위기, 코로나19 등에 대해 지역 행동 주요 추진 기관으로서 대응할 예정이다. PBP는 태평양에서 영향력을 높이고 있는 중국에 대한 견제 목적에 취지가 있다. 전문가들은 중국이 외국 투자를 갈망하는 태평양 섬 국가들과 경제, 군사 등 관계 증진에 노력하자 조 바이든 미 행정부도 인도·태평양에 더 많은 자원 지원을 약속한 것이라고 분석한다.

분야별
최신상식

문화
미디어

일론 머스크, 트위터 인수 철회

■ 일론 머스크 (Elon Musk, 1971~)
일론 머스크는 세계 최대 전기자동차 기업인 테슬라 등을 소유하고 있는 지구촌 최고 갑부다. 남아프리카공화국 출신으로 1995년 스탠퍼드대 입학 후 자퇴하고 실리콘 밸리에서 창업해 온라인 결제 서비스인 페이팔로 거부가 되었다. 이를 기반으로 테슬라를 창업했고 ▲스페이스X(세계 최초 민간 우주탐사 기업) ▲보링 컴퍼니(온라인 결제 서비스 회사) ▲뉴럴링크[뇌·컴퓨터 인터페이스(BCI, Brain Computer Interface) 개발 스타트업] 등의 회사를 소유하고 있다.

'57조원' 계약 파기

지난 7월 8일(현지시간) ■**일론 머스크 테슬라 최고경영자(CEO)가 57조원 규모의 트위터 인수 계약 파기를 선언**했다. 이날 머스크는 인수 계약 조건의 중대한 위반을 사유로 들면서 인수 거래를 종료하겠다는 내용이 담긴 서한을 트위터에 발송했다. 머스크는 트위터가 가짜 계정 현황 제공과 관련한 계약상의 의무를 준수하지 않았으며, 직원 해고 등 영업 행위 변경 사항에 대한 동의도 구하지 않았다고 주장했다.

머스크 측 변호인단은 트위터에 가짜 계정 등 회사의 사업 실적에 중요한 정보를 제출해달라고 요청했으나 트위터가 정보 제공을 하지 않거나 거절했다고 밝혔다. 변호인단은 이어 "트위터는 인수 합의의 여러 조항에서 중대한 위반을 했다"고 비판했다. 그러면서 트위터가 합의서에 거짓되고 오해되는 내용을 집어넣은 것으로 보인다는 입장을 밝히는 등 이번 계약 파기의 책임이 트위터에 있다고 주장했다.

트위터, 맞불 소송

트위터는 머스크의 파기 선언에 반발하며 인수 계약 이행을 강제하기 위한

트위터 변호인은 "트위터는 인수 협정에 따른 의무를 위반하지 않았다"며 "트위터는 머스크가 요청한 정보를 제공하고 거래를 성사시키기 위해 모든 조치를 부지런히 취할 것"이라고 말했다. 이는 머스크가 인수 조건의 중대한 위반 사유가 발생했다며 트위터 인수 계약을 파기 선언한 것에 대해 반박한 것이다.

소송을 제기하겠다는 입장을 즉각 발표했다. 브렛 테일러 이사회 의장은 "머스크와 합의한 가격과 조건으로 거래를 종료하기 위해 전념하고 있다"며 "인수 합의를 강제하기 위한 법적 조치를 추진할 계획이다. 우리가 (소송에서) 승리할 것으로 확신한다"고 말했다.

계약 조건에 따르면 머스크는 이번 파기 선언으로 10억달러(1조3000억원) 위약금을 내야 한다. 이에 대해 로이터통신은 머스크가 인수자금 조달에 실패하거나 규제 당국이 인수를 막았을 때 위약금을 내야 한다며 머스크가 스스로 파기 선언을 할 경우 위약금이 적용되지 않을 수 있다고 분석했다.

트위터는 나아가 머스크에게 서한을 보내 "인수 계약 파기 시도는 무효이며 잘못된 것"이라고 주장했다. 지난 7월 11일(현지시간) 월스트리트저널(WSJ), CNBC 등에 따르면 트위터 변호인은 머스크 변호인에게 서한을 보내 인수 계약 파기 시도에 대한 입장을 밝혔다.

+ 머스크의 트위터 인수 계약 체결부터 파기까지

일론 머스크 테슬라 최고경영자(CEO)는 지난 4월 말 440억달러(약 57조2000억원)에 트위터 인수 계약 사인을 했다. 앞서 트위터 이사회는 포이즌필까지 동원하며 머스크의 인수 시도를 막았으나 머스크가 인수자금 조달 계획을 발표하고 트위터 일부 주주들이 인수 제안 수락을 압박하면서 협상이 급진전됐다. 머스크는 인수 협상 이후 발표된 성명에서 "언론의 자유는 민주주의의 근간이며, 트위터는 인류의 미래에 필수적인 문제들이 논의되는 디지털 광장이 될 것"이라고 강조했다.
그러나 지난 5월 중순 머스크가 가짜 계정 현황을 문제 삼아 트위터 인수 계약 보류 및 파기 가능성을 시사하며 상황이 급반전됐다. 그로부터 2달여가 지난 7월 초에 결국 머스크는 트위터가 가짜 계정 현황 제공과 관련한 계약상의 의무를 준수하지 않았으며, 직원 해고 등 영업 행위 변경 사항에 대한 동의도 구하지 않았다고 주장하며 트위터 인수 계약 파기를 선언했다.

POINT 세 줄 요약

❶ 일론 머스크 테슬라 최고경영자(CEO)가 57조원 규모의 트위터 인수 계약 파기를 선언했다.
❷ 트위터는 머스크의 파기 선언에 반발하며 인수 계약 이행을 강제하기 위한 소송을 제기하겠다는 입장을 즉각 발표했다.
❸ 트위터는 머스크에게 서한을 보내 "인수 계약 파기 시도는 무효이며 잘못된 것"이라고 주장했다.

유희열 '표절' 인정에도 추가 의혹 잇따라 제기

가수 토이로, 유수의 작곡가로 대중적인 사랑을 받아왔던 유희열이 데뷔 28년 만에 표절 시비에 휘말렸다. 원작자가 유사성이 있으나 표절은 아니라는 입장을 밝혔음에도, 추가 의혹이 잇따라 제기되는 등 논란이 식지 않는 모양새다.

표절 논란의 시작은 '유희열의 생활음악' 프로젝트의 두 번째 트랙 **'아주 사적인 밤'이 일본 영화음악의 거장 사카모토 류이치의 곡 '아쿠아(Aqua)'와 유사하다는 지적**에서 시작됐다. '생활음악'은 유희열이 지난해 가을부터 한 달에 한 곡씩 피아노 소품을 발매하는 형식으로 진행하고 있는 프로젝트다. 유희열은 7월 15일 이 곡들을 모아 LP를 발매할 예정이었다.

그런 가운데 '아주 사적인 밤'을 둘러싼 표절 의혹이 불거졌고, 유희열은 "검토 결과 곡의 메인 테마가 충분히 유사하다는 것에 대해 동의하게 됐다"며 인정했다. 그는 사카모토 류이치에게 사과하며 "연락을 통해 크레딧 및 저작권 관련 문제를 정리하겠다"고 밝혔다. LP 발매도 연기했다.

이후 사카모토 류이치가 입장을 밝혔다. 두 곡의 유사성은 확인됐으나 음악적인 분석의 과정에서 볼 때 멜로디와 코드 진행은 표절이 아니라는 내용이었다. 그는 모든 창작물은 기존의 예술에 영향을 받는다면서 자신 역시 바흐나 드뷔시 등 존경하는 뮤지션들에게 강한 영향을 받은 곡들이 있다고 넓은 포용의 자세를 보였다. 법적 조치 또한 진행하지 않겠다고 했다.

하지만 온라인상에서 유희열이 작곡한 다른 곡들도 표절이 의심된다는 주장이 거듭 제기되며 불씨가 쉽게 꺼지지 않고 있는 상황이다. 현재 가수 성시경이 부른 '해피 버스데이 투 유'(Happy Birthday to You), MBC '무한도전-자유로 가요제'에서 유재석과 김조한이 함께 부른 '플리즈 돈트 고 마이 걸(Please Don't Go My Girl)' 등이 대상이 됐다. 또 다른 피아노 연주곡 '내가 켜지는 시간'도 사카모토 류이치의 '1900'과 흡사하다는 추가 의혹에 휩싸였다.

작곡가이자 가수 토이로 한국 대중음악계에서 '창작 뮤지션'의 입지를 다져온 그였기에 논란 자체만으로 실망했다는 목소리가 더욱 크다. 특히 다수의 실력파 싱어송라이터가 소속된 음악 레이블 안테나를 이끌고 있는 수장이기에 창작 영역만큼은 더욱 예민하게 여겨 이번 사안을 무겁게 받아들여야 한다는 반응이 따른다.

음악 표절 기준

표절이란 일반적으로 두 저작물 간의 실질적으로 표현이 유사한 경우는 물론 전체적인 느낌이 비슷한 경우까지를 의미한다. 표절이 성립하려면 음악저작물의 의거성·실질적 유사성이 인정되어야 한다. 판례는 음악에서 표절이 되려면 ▲해당 음악에 저작권법상 보호되는 창작적인 부분이 존재하고, ▲그 부분을 이용자가 복제하려는 의도를 가지고 이용했으며, ▲이용한 부분이 실질적으로 유사해야 한다고 본다. 실질적 유사성에 대한 판단은 주로 멜로디 부분에 집중이 되는 것은 사실이지만, 화음과 리듬 및 음악의 형식까지도 종합적으로 판단해야 한다.

옥주현·김호영 사태에 뮤지컬 1세대 "각자 위치에서 정도 지켜야"

뮤지컬 '엘리자벳' 10주년 기념 공연을 둘러싼 '인맥 캐스팅' 논란이 뮤지컬 배우 옥주현과 김호영 사이에 고소전으로까지 번지자, 1세대 뮤지컬 배우들이 "안타까움과 책임감을 느낀다"는 입장을 밝혔다.

뮤지컬계에서 '1세대'로 불리는 박칼린·최정원·남경주는 6월 22일 '모든 뮤지컬인들께 드리는 호소의 말씀'이라는 제목의 호소문을 냈다. 이들은 호소문에서 "최근 일어난 뮤지컬계의 고소 사건에 대해, 뮤지컬을 사랑하고 종사하는 배우, 스태프, 제작사 등 많은 이들이 안타까움과 책임감을 느끼고 있다. 특히 뮤지컬 1세대의 배우들로서 더욱 비탄의 마음을 금치 못하고 있다"고 밝혔다.

이어 "한 뮤지컬이 관객과 온전히 만날 수 있기까지 우리는 수많은 과정을 함께 만들어 가게 된다"며 "그 안에서 일하고 있는 우리 모두는 각자 자기 위치와 업무에서 지켜야 할 정도가 있다"고 덧붙였다.

이들은 배우·스태프·제작사가 지켜야 할 정도 3가지를 제시했다. 이들은 "배우는 연기라는 본연의 업무에 집중해야 할 뿐 캐스팅 등 제작사 고유 권한을 침범하지 말아야 하며 스태프는 몇몇 배우의 편의를 위해 작품이 흘러가지 않도록 모든 배우들을 평등하게 대해야 하고 제작사는 함께 일하는 스태프와 배우에게 한 약속은 반드시 지키려 최선의 노력을 해야 한다"고 강조했다.

또 "지금의 이 사태는 이 정도가 깨졌기 때문에 생긴 일이라고 생각한다. 이러한 사태에 이르기까지 방관해온 우리 선배들의 책임을 통감한다"며 "우리 선배들은 어려움 속에서도 수십 년간 이어온 뮤지컬 무대를 온전히 지키기 위해 더 이상 지켜만 보지 않겠다. 뮤지컬을 행하는 모든 과정 안에서 불공정함과 불이익이 있다면 그것을 직시하고 올바로 바뀔 수 있도록 같이 노력하겠다"고 전했다.

마지막으로 "뮤지컬의 정도를 위해 모든 뮤지컬인이 동참해주시길 소망한다"며 "우리 스스로 자정 노력이 있을 때만이 우리는 좋은 무대를 만들어낼 수 있을 것"이라고 덧붙였다.

K-뮤지컬국제마켓

K-뮤지컬국제마켓은 문화체육관광부가 한국 뮤지컬의 투자 기반을 강화하고 해외 진출 계기를 마련하기 위해 2021년부터 주관한 행사다. 국내 제작사와 투자사, 국내 제작사와 해외 관계자 간 1:1 집중 투자 상담, 학술대회와 원탁회의, 차세대 뮤지컬 제작자 육성을 위한 전문가 강연 등도 이어진다. 2022년 K-뮤지컬국제마켓은 6월 21~23일 열렸으며 북미 시장에서 100개 이상의 브로드웨이 뮤지컬을 제작한 연극 뮤지컬 해외유통 전문가 마이클 맥페든 TRW 프로덕션 부대표를 비롯해 영국의 데비 힉스 프로듀서, 일본의 스에메츠 켄이치 와타나베 프로덕션 프로듀서 등이 방한했다. 국내 뮤지컬 제작사, 일신창업투자 등 공연 분야 16개 주요 투자사 등도 참여한 것으로 알려졌다.

'베이조스 요트' 위해 해체 위기 처했던 네덜란드 명물 다리 기사회생

▲ 네덜란드 로테르담 명물 다리 '코닝스하벤 다리'

억만장자이자 아마존 창업주인 제프 베이조스의 호화 요트에 길을 내주기 위해 해체될 위기에 처했던 네덜란드 명물 다리 ■**코닝스하벤 다리**가 본래 모습을 지킬 수 있게 됐다. 지난 7월 5일(현지시간) 독일 dpa통신 등에 따르면 로테르담시 대변인은 베이조스의 요트를 건조 중인 현지 조선회사 오션코가 시 당국에 코닝스하벤 다리를 해체하지 말라고 요청했다고 밝혔다.

애초 로테르담시는 올여름 완성될 예정인 베이조스의 호화 요트가 조선소에서 바다로 나가는 길을 내주기 위해 코닝스하벤 다리 중 교량 부분을 제거할 계획이었다. 현재 베이조스의 요트는 약 4억3000만유로(약 5758억원)의 비용을 들여 로테르담 인근 조선소에서 건조 중이다.

문제는 조선소에서 바다로 가는 다른 길이 없어 요트가 이 다리를 통과해야만 한다는 것이다. 요트의 높이가 다리를 통과할 수 있는 선박의 상한선인 40m보다 더 높은 탓에 다리의 교량 부분을 제거할 계획이었다. 베이조스는 로테르담시에 다리 해체 작업을 위한 비용을 부담하겠다는 의사를 밝히기도 했다.

그러나 150년 가까운 역사를 가진 지역의 랜드마크(landmark : 어떤 나라, 지역 등을 대표하는 건물이나 상징물, 조형물 등)인 명물 다리를 외국 억만장자의 요트 때문에 해체해야 한다는 소식에 지역사회는 물론 국제적으로 논란이 일었다.

dpa통신은 SNS에서 요트가 지나갈 때 썩은 계란을 던질 시위대 모집이 이뤄지는 등 반발이 거세자 오션코가 뜻을 바꿨다고 전했다. 다만 코닝스하벤 다리를 해체하지 않고 베이조스의 요트가 어떻게 이 다리 밑을 지나갈 수 있는지 자세한 내용은 알려지지 않았다.

■ **코닝스하벤 다리 (koningshaven bridge)**

코닝스하벤 다리는 마스강을 가로지르는 철도교로, 1878년

건축돼 올해로 144년이 된 역사적인 네덜란드 로테르담 지역 명물이다. 2차 세계대전 때 나치의 폭격에 무너졌지만 전쟁 중인 1940년 재건됐다. 1993년 지역의 철도 노선이 바뀌면서 이 다리를 철도교로 쓸 일이 없어지자 시 당국은 다리를 철거하려고 했지만, 역사를 중요시하는 주민 반대에 부딪혀 다리를 보존하기로 했다.

로댕 '생각하는 사람', 파리 경매서 145억원에 낙찰

▲ 로댕의 '생각하는 사람' 조각상

프랑스 조각가 오귀스트 로댕(Auguste Rodin, 1840~1917)**의 대표작 '생각하는 사람'**이 6월 30일(현지시간) 프랑스 파리 크리스티 경매에서 1070만유로(약 145억4600만원)에 낙찰됐다. CNN 방송은 프랑스 파리 크리스티 경매에서 총 40개 주조된 생각하는 사람 중 하나가 이같이 낙찰됐다고 보도했다.

경매를 주관한 크리스티 경매는 앞서 이 작품 경매가가 900만~1400만유로(약 122억3500만~190억3300만원)를 호가할 것으로 예측한 바 있다. '생각하는 사람' 중 최고가는 2013년 뉴욕 소더비 경매에 기록된 1530만달러(약 199억원)였다.

이 조형물은 신곡을 쓴 중세 이탈리아의 시인 단테 알리기에리(Dante Alighieri, 1265~1321)를 형상화한 것으로 알려져 있다. 로댕은 1880년 조각품 '■**지옥의 문**'에 사용하기 위해 약 70cm 크기의 '생각하는 사람'을 제작했다. 로댕의 대표작이자 대중에게 익숙한 사람 크기의 '생각하는 사람'은 1904년 확대 제작된 것이다. 이번에 낙찰된 작품은 70cm가량 크기다.

■ 지옥의 문

'지옥의 문'은 프랑스 조각가 오귀스트 로댕의 청동 조각품이다. 로댕의 전 생애에 걸친 집약적인 작품으로 간주된다. 제작 연도는 1880~1917년이며, 크기는 세로 635cm, 가로 400cm, 너비 85cm다.

단테의 『신곡』을 즐겨 읽었던 로댕이 『신곡』의 '지옥편'을 조각의 주제로 삼았다. 지옥편은 단테와 베르길리우스가 지옥을 방문해 고통 속에서 괴로워하는 사람들을 목격한다는 이야기이다. '지옥의 문'에는 지옥으로 향하는 인간의 고통과 번뇌 등을 담은 조각상들이 있고, 이들을 지켜보며 생각에 잠긴 사람의 조각상이 문의 상부 중앙에 있다. 이것이 '생각하는 사람' 조각상이다.

'지옥의 문'의 윗부분에 있던 '생각하는 사람'은 최초에는 '시인'이란 이름이 붙여졌으며 1888년 독립된 작품으로 크게 제작돼 발표됐다.

넷플릭스 드라마에 또 '욱일기' 등장…서경덕 강력 항의

넷플릭스에서 인기를 끌고 있는 드라마 '엄브렐러 아카데미 시즌3'에 ■**욱일기** 문양이 노골적으로 등장해 논란이 일고 있다. 이에 서경덕 성신여대 교수가 넷플릭스에 항의했다. 그는 욱일기가 나오는 장면을 하루빨리 삭제 또는 교체해달라고 요청하는 메일을 넷플릭스에 보냈다고 밝혔다.

▲ 넷플릭스 드라마 '엄브렐러 아카데미 시즌3'에 등장한 욱일기 문양

서 교수는 "시즌3이 글로벌 랭킹 1위까지 오르는 등 세계인들에게 인기가 높다"며 "시청자들에게 욱일기의 역사적 의미가 잘못 전달될 수 있기에 바로잡아야 한다"고 강조했다. 넷플릭스 인기 드라마 '엄브렐러 아카데미'는 2019년부터 지금까지 시즌이 진행되고 있다.

넷플릭스의 욱일기 논란은 이번이 처음이 아니다. 넷플릭스는 지난해 일본 애니메이션 '귀멸의 칼날'에서 욱일기 문양이 등장해 문제가 되자 한국판에서는 수정했지만 다른 나라에서는 이를 바로 잡지 않아 논란이 된 바 있다.

또한 서 교수는 내한 소식을 전한 세계적인 미국 밴드 마룬파이브(Maroon5)에게도 항의 메일을 보냈다. 마룬파이브는 최근 공식 홈페이지를 통해 오는 11월부터 진행되는 월드투어 일정을 공개했다. 그런데 공식 홈페이지에 일본 욱일기를 배경으로 한 안내 포스터가 띄워져 있어 파장을 일으켰다.

그는 항의 메일에서 **일본의 '욱일기'가 독일의 하켄크로이츠와 같은 의미인 '전범기'라는 점을 강조**했고, 욱일기 관련 영어 영상도 첨부했다고 언급했다. 한편 서경덕 교수팀은 지금까지 뉴욕타임스에 욱일기 비판 광고를 게재하고, FIFA 등 다양한 국제기구 및 글로벌 기업 등에서 사용됐던 욱일기 문양을 꾸준히 수정해 왔다.

■ **욱일기 (旭日旗)**

욱일기는 일본의 국기인 일장기에 붉은 태양 문양 주위로 붉은 햇살이 퍼져나가는 모양을 덧붙여 형상화한 깃발로, 일본 군국주의 상징이다. 태평양전쟁 등 일본이 아시아 각국을 침략할 때 육군과 해군에서 군기로 사용돼 전범기로 분류되며 한국 등 일제 피해국에서는 금기시된다.
독일이 나치의 상징인 하켄크로이츠(Hakenkreuz)의 사용을 법적으로 금기시하고 있는 것과는 달리 일본에서는 여전히 해상자위대 자위함기와 육상자위대 자위대기로 사용하고 있어 논란이 되고 있다.

'프랑스 상징' 에펠탑, 부식 심각

▲ 에펠탑

프랑스 파리의 랜드마크 '에펠탑'이 부식에 시달리고 있다. 7월 4일(현지시각) 영국 일간 더타임스와 가디언 등 외신은 **에펠탑이 빠르게 부식되고 있어 전반적인 보수가 필요하다는 내용의 기밀 보고서가 최근 프랑스 언론에 유출**됐다고 보도했다.

현지 부식방지 전문 회사 엑스피리스(Expiris)가

2014년 작성한 해당 보고서는 프랑스 잡지 '마리안느'가 입수해 공개했다. 보고서에 따르면 에펠탑 표면의 전체 페인트층 중 10%만이 정상이며, 나머지 부분은 페인트층이 벗겨져 6300여 톤의 철이 외부에 노출돼있다. 또한 엑스피리스는 2016년에 다른 보고서를 작성해 에펠탑에 884개의 결함이 발견됐고, 그중 68개는 구조적 결함이라고 분석했다.

엑스피리스 대표이자 에펠탑 관련 보고서를 작성한 인물인 베르나르 지오반노니는 마리안느와의 인터뷰를 통해 "난 이 탑과 관련해 수년째 작업을 하고 있다. 2014년에 부식을 해결하는 게 극도로 심각하다고 판단했다"고 밝혔다.

마리안느에 따르면 전문가들은 기존 페인트층을 완전히 제거한 뒤 부식을 보수하고 다시 도색할 것을 권고했으나 에펠탑 운영사를 소유한 파리 시의회는 페인트를 덧칠하기로 결정했다. **현재 에펠탑은 2024년 파리 하계 올림픽을 앞두고 한화 약 811억원의 비용을 들여 도색 중**이다.

+ 에펠탑 효과 (Eiffel Tower effect)

에펠탑 효과는 특정 대상에 무관심하거나 싫어하다가도 대상에 대해 반복적으로 노출되고 그 대상과 오랫동안 함께 지낼수록 호감을 갖게 된다는 심리학 이론이다. 단순노출효과(more exposure effect)라고도 한다. 처음에는 혐오스럽다고 비판을 받다가 나중에 파리의 상징이 된 에펠탑의 상황에 빗대 표현한 것이다.
1889년 알렉상드르 귀스타브 에펠이 프랑스 파리에 처음 에펠탑을 세웠을 때 에펠탑은 파리 시민들로부터 흉물스럽다는 이유로 수많은 비판을 받았다. 모파상은 파리에서 에펠탑이 유일하게 보이지 않는 곳이란 이유로 때때로 에펠탑에 있는 레스토랑에서 식사를 할 정도였다. 하지만 시간이 오래 지나고 두 차례의 세계대전을 함께 겪으면서 에펠탑은 어느덧 시민들에게 많은 사랑을 받게 됐다. 방송에서 지속적으로 내보내는 간접광고(PPL, Product in Placement) 역시 에펠탑 효과를 염두에 두고 소비자들에게 호감을 사려 하는 것이다.

교황, 중국과 맺은 주교 임명 협정 옹호...올 10월 갱신 희망

▲ 프란치스코 교황

프란치스코 교황이 7월 5일(현지시간) 로이터통신과의 인터뷰에서 중국과 맺은 주교 임명 협정에 대한 입장을 밝혔다. 프란치스코 교황은 교황청과 중국이 맺은 '주교 임명에 관한 잠정 합의'를 옹호하며 오는 10월 협정 시한 연장을 희망한다는 뜻을 밝혔다.

지난 **2018년 교황청과 중국 정부가 맺은 '주교 임명에 관한 잠정 합의'**는 중국 정부가 교황을 세계 가톨릭교회의 최고 지도자로 인정하는 대신, 교황청은 중국 당국이 자체 임명한 주교를 승인하는 것을 핵심으로 하는 2년 기한의 합의안이다.

대략 1200만 명의 가톨릭 신자가 있는 중국에서

는 사제와 주교가 당국의 관리 아래에 있는 교회에서만 배출됐고, 협정 체결 이전에는 교황청이 이를 인정해오지 않았다. '주교 임명에 관한 잠정 합의'는 중국과 관계 개선을 중시하는 교황의 의중이 실린 교황청 대중 정책의 산물이다.

2018년 10월 발효된 이 협정은 2020년 시효가 한차례 연장됐다. 다시 그 기한이 다가오면서 교황청과 중국 측이 추가 연장 협상을 진행 중인 것으로 알려졌다. 다만, 교계 일각에서는 해당 협정이 중국의 정치적 목적에 이용되고 있다는 비판도 많다.

+ 교황청과 중국의 외교 관계

교황청과 중국의 외교 관계는 중국 공산당 정권 수립 뒤인 1951년 단절됐다. 이후 중국은 1980년대부터 '자선자성(自選自聖)의 원칙'에 따라 교황청 승인 없이 독자적으로 주교를 임명해 왔다. 이 때문에 중국 당국 통제하에 사제와 주교를 세우는 '천주교애국회'와 바티칸이 인정하는 '지하 교회' 조직이 오랫동안 분열돼왔다. 2013년 프란치스코 교황이 즉위한 이후 교황청과 중국과의 관계 회복은 급물살을 탔다. 2018년에는 중국과 교황청이 주교 임명 문제를 잠정 타결 지으며 외교 관계 정상화에 다가섰다.

美·日서 되찾은 우리 문화재 40점, 국내 최초 일반 공개

겸재 ▪**정선**이 환갑 무렵 그린 진경산수화 '금강내산전도'가 공개됐다. 1925년 한국을 찾은 독일의 성 오틸리엔 수도원 노르베르트 베버 대원장이 이 작품이 포함된 '겸재정선화첩'을 수집해 반

▲ 겸재 정선 '금강내산전도'

출했다. **2005년 성 오틸리엔 수도원이 수장고에 잠들어 있던 화첩을 영구대여하는 방식으로 한국에 반환하면서 '금강내산전도'는 80년 만에 고국의 품으로 되돌아왔다.**

국립고궁박물관과 국외소재문화재재단은 재단 창립 10주년을 맞아 서울 종로구 국립고궁박물관 기획전시실에서 7월 7일부터 9월 25일까지 해외로 반출됐다가 고국으로 돌아온 문화재를 소개하는 특별전 '나라 밖 문화재의 여정'을 개최한다. 이번 전시에서는 겸재 정선 화첩을 포함해 환수 문화재 40점을 선보인다. 2012년 창립된 국외소재문화재재단은 현재까지 6개국에서 784점(기증 680점, 매입 103점, 영구대여 1점)에 이르는 우리 문화재를 환수했다.

전시는 1~3부로 나눠 진행되는데 1부 '나라 밖 우리 문화재'에선 일제강점기와 6·25전쟁 등을 거치며 해외로 반출된 우리 문화재의 역사를 소개한다. 1913년 일본 도쿄제국대학(현 도쿄대)으로 불법 반출됐다 93년 만인 2006년 되돌아온 '조선왕조실록 오대산사고본'이 대표적이다.

조선 태조 때부터 철종 때까지 472년간 역대 왕의 행적을 기록한 '조선왕조실록 오대산사고본'은

761책 전부가 일본에 반출됐는데 관동대지진으로 상당수를 잃고 남은 47책만 정부의 노력 끝에 반환됐다.

종묘에 봉안된 왕실문화유산인 고종의 국새 '황제지보' 역시 6·25전쟁 때 도난당해 미국으로 불법 반출됐다가 한미 공조 수사와 외교적인 노력으로 고향에 돌아올 수 있었다.

2부 '다시 돌아오기까지'에서는 하나의 문화재를 원래 자리로 반환하기 위한 재단과 정부의 보이지 않는 노력을 엿볼 수 있다. 국외소재문화재재단이 2017년 프랑스 경매 시장에 출품된 '문조비 신정왕후 왕세자빈 책봉 죽책'을 매입해 국내로 반환한 사례가 대표적이다.

1819년 신정왕후를 왕세자빈으로 책봉하며 제작한 이 죽책은 강화도 외규장각에 보관돼 있었으나 어느 순간 행방이 묘연해졌다. 1866년 병인양요 때 소실된 것으로 추정돼왔던 왕실 유물이 경매에 출품된 사실을 확인하자마자 재단 관계자들은 프랑스로 가 경매에 참여했다.

특히 이번 전시에서는 최근 국외소재문화재재단이 일본과 미국에서 환수한 문화재 3점이 처음 공개된다. '나전매화, 새, 대나무무늬 상자'는 정방형 상자 표면에 매화, 대나무, 모란 넝쿨무늬가 조합된 18·19C 자개 상자로 2021년 일본 개인 소장자에게서 직접 매입했다.

1722년 조선시대 왕들의 글씨를 수록한 '열성어필(列聖御筆)'과 조선 후기 도자기 '백자동채통형병'은 올 3월 미국 경매에서 사들였다. 현재까지 아시아, 유럽, 아메리카 대륙 등 나라 밖에 있는 우리 문화재는 21만4208점에 이른다.

■ **정선(鄭敾, 1676~1759)**

정선은 조선의 화가, 문신이다. 본관은 광주, 자는 원백(元伯), 호는 겸재(謙齋)·겸초(兼艸)·난곡(蘭谷)이다. 김창집의 천거로 도화서의 화원이 되어 관직에 나갔다. 처음에는 중국 남화(南畵)에서 출발했으나 30세를 전후하여 한국 산수화의 독자적인 특징을 살린 산수사생(山水寫生)의 진경(眞景)으로 전환하여 동방 진경산수화의 종화(宗畵)가 되었다.

+ 오구라 컬렉션

오구라 컬렉션은 일제강점기 때 일본인 오구라 다케노스케(小倉武之助, 1896~1964)가 일제강점기 한반도에서 수집해간 문화재 1100여 점을 지칭하는 말이다. 오구라는 대구에서 전기회사를 운영해 막대한 부를 쌓았고 1921년부터 마구잡이로 한반도의 문화재를 수집했다. 일본이 1945년 제2차 세계대전에서 패망하자 그는 수집한 유물을 밀항선에 싣고 일본으로 돌아갔다. 이후 오구라는 '오구라 컬렉션 보존회'를 설립해 유물을 관리했고, 1982년 그의 아들은 유물을 도쿄국립박물관에 기증했다.
오구라 컬렉션에는 그림과 조각, 공예, 복식 등 다양한 분야에 걸쳐 전 시기의 한국 유물이 포함돼 있으며 이 가운데 신라금동관모 등 39점은 일본의 국가문화재로 지정될 정도로 역사적 가치가 높다. 이 때문에 1960년대 초 한일 국교정상화 회담 당시 한국 정부는 오구라 컬렉션의 반환을 일본에 요구했지만 일본 정부는 민간 소장품이라는 이유로 거부했다. 그러나 도쿄국립박물관에 기증된 이상 오구라 컬렉션은 민간 소장품이 아니다.

분야별
최신상식

과학
IT

허준이 교수, 수학 노벨상 '필즈상' 수상 쾌거

■ 필즈상 (Fields medal)

필즈상은 수학의 새로운 분야 개척에 공헌한 수학자에게 수여하는 상으로, 세계적 권위를 가진 상이다. '수학계의 노벨상'이라고 불리는 필즈상은 40세 미만의 수학자를 대상으로 한다. 필즈상은 4년에 한 번 열리는 국제수학자대회(ICM)에 맞춰 수여된다. ICM은 기초과학 분야 최대 학술대회로 전 세계 수학자가 참여한다.

필즈상은 1936년 노르웨이 오슬로 회의에서 처음 수여됐고, 이후 4년마다 이어지며 현재에 이르고 있다.

한국 수학자 최초 수상

지난 7월 5일(현지시간) 한국계 수학자인 허준이 미국 프린스턴대 교수 겸 한국 고등과학원(KIAS) 수학부 석학교수가 수학 노벨상이라 불리는 ■**필즈상** 수상의 영예를 안았다. 국제수학연맹(IMU)은 이날 핀란드 헬싱키 알토대학교에서 열린 시상식에서 허 교수를 필즈상 수상자로 발표했다. **허 교수는 미국 국적이지만 한국 수학자로서는 최초로 필즈상을 수상**했다. 이전까지 필즈상을 한국인이나 한국계가 받은 적은 없었다.

이날 시상식에서는 허 교수 외에 3명이 공동 수상했다. 필즈상은 한번 시상할 때 통상 2~4명의 수상자를 선정한다. 이날 수상자 중에는 우크라이나의 마리나 비아조우스카도 포함됐다. 비아조우스카는 필즈상 사상 두 번째 여성 수상자다.

필즈상 수상자에게는 금메달과 함께 1만5000캐나다달러(약 1500만원)의 상금이 지급된다. 39세(1983년생)인 허 교수는 나이 제한 때문에 올해가 필즈상을 받을 수 있는 마지막 해였는데, 수상의 기쁨을 누리게 됐다.

한국서 석사까지 마친 '국내파'

허 교수는 미국 캘리포니아에서 태어나 두 살 때 아버지 허명회 고려대 통계학과 명예교수와 어머니 이인영 서울대 노어노문과 명예교수와 함께 한국으로 돌아온 뒤 초등학교부터 대학 학부와 석사 과정까지 한국에서 마친 국내파다.

2007년 서울대학교 수리과학부·물리천문학부 학사, 2009년 같은 학교 수리과학부 석사 학위를 받았고, 박사 학위는 2014년 미국 미시간 대학교에서 받았다. 허 교수는 박사 과정을 위해 미국으로 유학길을 떠난 이후 '리드 추측'과 '로타 추측' 등 오랜 수학 난제들을 하나씩 증명하면서 수학계에 명성을 떨쳤다.

리드 추측은 채색 다항식을 계산할 때 보이는 계수의 특정한 패턴을 수학적으로 표현한 것으로, 1968년 제기된 수학계 난제 중 하나였다. **허 교수는 뛰어난 연구 업적과 왕성한 연구 활동으로 앞서 사이먼스 연구자상, ■삼성 호암상, 뉴호라이즌상, 블라바트닉 젊은과학자상 등을 수상**한 바 있다.

NYT도 허 교수 주목

미국 유력지 뉴욕타임스(NYT)도 허 교수를 주목했다. NYT는 과학면 기사를 통해 올해 필즈상 공동 수상자 4명을 각각 소개하면서 허 교수에 대해선 어렸을 때부터 두각을 나타내는 대부분의 최고 수준 수학자들과 달리 '늦깎이'라는 점을 부각했다.

허 교수는 NYT에 "난 수학만 빼고 과목 대부분을 꽤 잘했다"며 "특히 수학은 평균적으로 보통이었다. 어떤 시험에선 그럭저럭 잘했지만, 다른 시험에선 거의 낙제할 뻔했다"라고 말했다. 하지만 지금 돌이켜보면 시인을 꿈꿨던 10대 시절부터 번뜩이는 수학적 통찰력을 본인도 인식했다고 신문은 전했다.

■ **삼성 호암상**

삼성 호암상은 삼성 창업자인 호암(湖巖) 이병철(1910~1987) 회장의 인재 제일주의와 사회공익 정신을 기려 1990년 이건희 삼성 회장이 제정했다. 1991년에 첫 시상식이 이루어진 삼성 호암상은 ▲물리·수학 ▲화학·생명과학 ▲공학 ▲의학 ▲예술 ▲사회봉사 등 부문에서 특출한 업적을 이룩한 인사에게 시상하며 수상자에게는 순금 메달과 상금 3억원이 각각 주어진다. 수상자의 국적은 불문하나 한국계 인사여야 한다는 조건이 있다.

POINT 세 줄 요약

❶ 한국계 수학자인 허준이 미국 프린스턴대 교수 겸 한국 고등과학원(KIAS) 수학부 석학교수가 수학 노벨상이라 불리는 필즈상 수상의 영예를 안았다.

❷ 허 교수는 미국 국적이지만 한국 수학자로서는 최초로 필즈상을 수상했다

❸ 허 교수는 초등학교부터 대학 학부와 석사 과정까지 한국에서 마친 국내파다.

MS 익스플로러 27년 만에 지원 종료

한때 시장점유율 90%로 ■웹브라우저 시장을 장악했던 마이크로소프트(MS)의 인터넷 익스플로러(IE)가 27년 만에 역사 속으로 사라졌다. MS는 6월 15일부터 익숙했던 IE 11 브라우저 버전에 대한 지원을 종료했다. 이날 이후 데스크톱 IE는 비활성화되는데 만약 실행하면 MS '엣지'로 자동 전환된다.

1995년 8월에 처음 출시된 IE는 윈도95에서 서비스를 제공하기 시작해 2013년 IE 11까지 발전해 왔다. 한때 전 세계에서 가장 많이 쓰인 웹브라우저로 2003년에는 점유율이 95%까지 치솟으며 인터넷 확산을 이끌어 왔다.

그러나 보안 취약 문제가 거론되거나 파이어폭스, 크롬 등 경쟁 브라우저가 부상하고 스마트폰 시대가 도래하며 점차 도태됐다. 이에 MS는 브라우저 시장 탈환을 위해 2015년 IE 대신 엣지를 선보였다.

공공기관이나 기업들은 MS의 발표 이후 IE를 적용한 웹사이트나 애플리케이션을 엣지에서도 정상 작동할 수 있도록 호환 프로그램을 개발하는 등 준비를 해 왔다. 다만 SC제일은행 기업뱅킹 등 일부 기관 홈페이지는 여전히 IE 전용 웹사이트다. MS는 2029년까지 엣지의 'IE 모드' 지원을 계속할 방침이다.

트래픽 분석 사이트 스탯카운터에 따르면 올해 5월 국내 데스크톱 기준 IE의 웹브라우저 점유율은 1.59%에 불과하다. 국내 웹브라우저 점유율 순으로 보면 크롬이 71.25%로 제일 많고, 엣지(15.72%)와 웨일(5.85%)이 그 뒤를 잇고 있다.

■ **웹브라우저 (Web browser)**
웹브라우저는 웹 서버에서 이동하며(navigate) 쌍방향으로 통신하고 HTML 문서나 파일을 출력하는 그래픽 사용자 인터페이스 기반의 응용 소프트웨어이다. 웹브라우저는 대표적인 HTTP 사용자 에이전트의 하나이기도 하다. 주요 웹브라우저로는 모질라 파이어폭스, 구글 크롬, 삼성 인터넷, 사파리가 있다.

정부, '플랫폼 기업 자율규제' 공식 선언

정부가 플랫폼 산업에 대해 '자율규제' 방침을 공식화했다. **전기통신사업법을 개정해 플랫폼 자율규제 기구의 설립 근거를 마련하고, 공정거래법에는 자율규제 참여 기업에 인센티브를 보장**하는 내용을 담기로 했다.

정부는 7월 6일 정부서울청사에서 '범부처 플랫폼 정책협의체'를 열고 플랫폼 생태계 구축 방안을 논의했다. 이날 회의를 주재한 방기선 기획재정부 제1차관은 "최근 플랫폼 시장이 급성장하는 과정에서 ■**플랫폼 기업**의 불공정행위 문제가 지속적으로 제기되고 있다"면서도 "다만, 혁신을 통한 플랫폼 시장 육성의 중요성도 간과할 수 없다"고 말했다.

정부는 이러한 인식을 토대로 플랫폼 산업 정책에 민간 주도의 자율규제 원칙을 도입하기로 했다. 이를 위해 전기통신사업법 개정을 통해 민간 자율기구의 법적 근거 등을 마련하고, 공정거래법에 자율규제 참여기업 인센티브 제공 근거를 마련하기로 했다.

또 기존 자율규제 사례를 참고해 자율규약·상생협약 및 자율분쟁조정 등 다양한 자율규제 방안을 마련하기로 했다. 자율규제 방안은 플랫폼 사업자, 이용사업자, 소비자, 종사자 등 이해관계자가 참여하는 민간 자율기구를 통해 구체화할 계획이다.

정부는 플랫폼 산업 지원을 위해 부처별로 각각 추진해오던 플랫폼 실태조사를 일원화하고, 부처간 통일된 플랫폼 정의 규정을 마련하는 등 정책 인프라를 강화하기로 했다.

방 차관은 "국민이 신뢰할 수 있는 플랫폼 이용환경을 조성하는 것이 플랫폼 시장의 지속적인 성장을 위한 필수 조건"이라며 "정책협의체를 중심으로 범정부적 역량을 결집하여 플랫폼 시장에서의 자율규제를 정책적으로 지원하겠다"고 말했다.

■ **플랫폼 기업 (platform company)**

플랫폼 기업은 주로 모바일 앱이나 웹사이트, 프로그램 등을 통해 생산자와 소비자가 서로 원하는 가치를 거래할 수 있도록 매개하는 기업이다. 구글, 애플, 페이스북, 아마존 등이 대표적인 플랫폼 기업으로 분류된다. 배달 앱이나 차량공유 앱 서비스도 이에 속한다. 플랫폼 기업의 성공은 자신들의 생태계를 얼마나 활성화시키느냐에 달렸다. 무료 메신저 앱으로 시작한 카카오가 수많은 서비스를 제공하는 것처럼 생태계가 활성화되고 이용자가 많아지면 다양한 사업 모델을 접목할 수 있다.

서울대 AI 연구팀, '논문 표절 인정'

최근 세계적인 인공지능(AI) 학술대회에서 발표된 서울대 전기정보공학부 윤성로 교수팀의 논문 표절 의혹과 관련해 서울대가 진상조사에 나섰다. 논문의 책임저자인 윤 교수는 표절을 인정하고 해당 논문을 철회하겠다는 뜻을 밝혔다.

서울대는 6월 27일 총장 직권으로 윤 교수 연구팀 논문에 관한 연구진실성조사위원회를 열었다. 서울대 관계자는 연구부정 의혹에 국한하지 않고 조사를 진행하겠다고 밝혔다. 결과 보고서는 조사위를 구성한 지난달 날로부터 60일 이내에 제출될 예정이다.

앞서 윤 교수 연구팀은 6월 19~24일 미국에서 열린 '국제 컴퓨터 비전 및 패턴 인식 학술대회(CVPR) 2022'에서 '신경망 확률미분방정식을 통해 비동기 이벤트를 빠르게 영속적인 비디오 영상으로 재구성하는 기법'이라는 제목의 논문을 발표했다.

이 논문은 우수 발표 논문으로 선정돼 서울대 대학원 협동과정 인공지능전공 학생인 제1저자 김모 씨가 6월 23일 학술대회에서 공식 발표까지 했다. 그러나 6월 24일 한 유튜브 채널에 표절 의혹을 제기하는 영상이 게시되면서 논란이 불거졌다.

이에 대해 **윤 교수는 "표절이 맞다"고 인정하면서 논문을 투고할 당시에는 이를 알지 못했고 제1저자의 단독 행동이라고 해명**했다. 또 해당 논문을 철회하겠다는 뜻을 밝혔다. 제1저자로 알려진 김모 씨는 SNS를 통해 "논문과 관련된 잘못은 전적으로 나에게 있다"며 "모든 비판을 수용하고 어떤 징계라도 수용하겠다"고 밝힌 것으로 알려졌다.

서울대 연구진실성조사위는 이날부터 이번 의혹 조사에 착수했다. CVPR 측은 6월 24일 "▪**미국전기전자학회(IEEE)**에 해당 논문의 조사를 의뢰했다"면서 발표논문집에서 이번 논문을 삭제하는 절차도 밟고 있다고 밝혔다.

문제가 된 논문에는 서울대 공과대학 대학원생인 이종호 과학기술정보통신부 장관의 자녀도 공저자로 이름을 올린 것으로 확인됐다. 논문 말미에는 과기정통부 산하 기관인 한국연구재단과 정보통신기획평가원의 예산이 투입됐다고도 언급돼 있다.

▪ **미국전기전자학회 (IEEE, Institute of Electrical and Electronics Engineers)**

미국전기전자학회는 미국국가표준을 개발하도록 인증받은 전문기구다. 1963년 전기공학협회(IEE)와 무선공학협회(IRE)를 합병하여 1963년 미국에서 전기·전자·컴퓨터 공학의 이론과 실체를 향상하기 위해서 설립되었다. 세계 각국의 전기 및 전자 기술 분야의 학자, 기술자가 회원으로 조직되어 있으며, 세계 최대의 기술자 단체로서 지역과 개인회원으로 구성되는 민간단체이다. 주요 업무로는 컴퓨터 분야에서의 활동 및 각국의 통신 기술자에 의한 IEEE 주최의 국제회의(ICC 국제통신회의)를 지원하고 있다.

삼성전자, 세계 첫 '3나노 반도체' 양산

삼성전자가 세계 최초로 게이트올어라운드(Gate-All-Arould) **기술을 적용한 3나노**(nm·10억분의 1m) ▪**파운드리 공정기반의 반도체 양산을 시작**했다. 세계 1위 파운드리 업체인 대만 TSMC보다 더 최첨단 공정 기술력을 확보한 셈이다.

삼성전자는 3나노 공정을 GAA 기술로 구현했다. 반도체 내에는 전류흐름을 차단하고 여는 트랜지스터가 있다. 반도체 칩이 작아질수록 트랜지스터의 크기도 보다 작아져야 하고, 성능도 뛰어나야 한다.

현재 첨단 반도체 공정에서 사용하는 기술은 '핀펫(FinFET) 기술'이다. 이 기술은 전류의 흐름을 제어하는 '게이트'와 전류가 흐르는 '채널'이 닿는 면적이 3곳이다. 하지만 이 기술은 반도체 크기가 보다 작아지면서 전류 제어 한계를 드러냈다. 전류 제어 역할을 하는 게이트가 제 역할을 하지 못해 누설 전류가 생기면서 전력 효율이 떨어진 탓이다.

반면 삼성전자가 택한 GAA 기술은 '모든 면에서' 전류가 흐르는 방식이다. 아랫면부터 위, 오른쪽, 왼쪽 모두 채널과 게이트가 만난다. 채널이 게이트에 닿는 실질적인 면적을 늘려 충분한 양의 전력이 흐르도록 공정 미세화에 따른 트랜지스터 성능 저하를 최소화한 것이다. 이를 통해 채널 조정 능력이 높아지고, 데이터 처리 속도와 전력 효율을 높일 수 있다.

삼성전자 측은 이렇게 만든 3나노 GAA 1세대 공정이 기존 5나노 공정 대비 성능 23% 향상, 전력 45% 절감, 면적은 16% 감소할 수 있을 것이라고 강조한다. GAA 2세대 공정으로 이어지면 성능 30% 향상, 전력 50% 절감, 면적 35% 축소까지 구현 가능하다.

삼성전자는 단위 전력당 성능(PPA)을 극대화해 차세대 파운드리 시장을 주도해 나간다는 계획이다. 삼성전자는 3나노 공정 고성능 컴퓨팅(HPC)용 시스템 반도체를 초도 생산한 데 이어 모바일 시스템온칩(SoC) 등으로 확대하기로 했다.

■ **파운드리 (foundry)**

파운드리는 반도체산업에서 반도체 설계만 전담하고 생산은 외주를 주는 업체로부터 반도체 설계 디자인을 위탁받아 생산하는 기업이다. 주로 특수 용도의 고부가 가치의 반도체를 생산한다. 반도체 칩의 제조설비는 관리에 많은 비용이 들며 새로운 제조기술을 개발하는 데도 막대한 연구비용이 필요하다. 따라서 대규모로 반도체 칩을 제조하는 업체가 아니면 반도체 제조설비를 직접 보유하기 어렵다. 생산설비는 없으나 뛰어난 반도체 설계 기술을 가진 기업들이 등장하면서 반도체 생산을 전문으로 하는 기업에 대한 수요가 증가했고 파운드리의 개념이 등장했다.

열대야에 폭염에… 역대 3번째로 더웠던 6월

서울 등에 '이른 ■**열대야** 현상'까지 나타났던 올해 6월이 역대 3번째로 더운 6월로 기록됐다. 7월 6일 기상청이 발표한 '6월 기상특성'에 따르면 지난 6월 전국 평균기온은 22.4도로 평년(21.4도)보다 1도 높았다. 6월 기준으로 보면 기상관측이 전국으로 확대된 1973년 이후 3번째로 높다.

6월 초반에는 상층에 있는 찬 공기의 영향으로 기온이 평년보다 낮았지만, 후반으로 갈수록 고온다습한 북태평양고기압이 확장하고, 그 가장자리로 따뜻한 남서풍까지 강하게 불면서 기온이 최고 25.7도까지 올랐다. 6월 전국 폭염일수는 1.6일로, 평년(0.7일)보다 0.9일 많았고, 역대 최다 폭염일수를 기록한 2020년보다는 0.3일 적었다.

때 이른 열대야 현상도 나타났다. **6월 전국 열대야 일수는 1.2일로 역대 6월 중 가장 많았다.** 특히 서울과 수원, 춘천 등 13개 지점에서는 '6월 열대야'가 처음으로 발생했다. 서울에서는 6월 26일 밤사이 최저기온이 25.4도, 다음날은 25.8도를 기록해 이틀 연속 열대야 현상이 나타났다. 이전까지 서울에서 열대야가 가장 빨리 일어났던 시기는 1978년 기록한 7월 2일(25도)이었다. 특히 제주는 6월 28일 최저기온 28.9도를 기록했다.

6월 전국 강수량은 188.1mm로 평년(148.2mm)보다 약 40mm 많았다. 월 초반에는 북쪽을 지나는 상층의 찬 기압골의 영향을 받아 대기불안정에 의한 소나기가 자주 내렸고, 23일부터는 전국이 장마철에 접어들었다. 평년과 비교해 올해 장마철은 제주(21일)는 2일 늦게, 중부지방은 2일 이르게 시작됐다. 남부지방은 평년과 동일했다.

■ **열대야 (熱帶夜)**

열대야는 오후 6시 1분부터 다음 날 오전 9시까지 밤사이 최저기온이 25도 아래로 내려가지 않는 현상을 가리킨다. 우리나라에서는 고온다습한 북태평양고기압이 강하게 확장될 때 한낮에는 찜통더위를 가져오고 밤에는 높은 습도가 복사냉각 효과를 감소시켜 기온이 내려가지 않아 열대야 현상이 나타난다.

미 "중국의 달 장악 막아야"

미중 간 갈등이 지구 밖으로까지 번졌다. 미국이 중국의 달 장악 가능성을 경계해야 한다고 지적하자 중국이 말도 안 된다고 반박했다. 빌 넬슨 미국 항공우주국(나사) 국장은 지난 7월 2일 언론

인터뷰에서 "우리는 중국이 달에 착륙해서 '이곳은 이제 중국에 속하니 다른 사람은 나가라'고 말할까 봐 매우 우려한다"고 말했다.

넬슨 국장은 "중국의 우주 프로그램은 군사 프로그램이며 중국의 우주 비행사들은 다른 나라의 위성 파괴법을 익히고 있다"고 주장했다. 그러면서 "물이 있을 것으로 추정되는 달의 남극을 중심으로 우주에서 중국과 미국의 경쟁이 심화하고 있다"고 덧붙였다.

이에 대해 중국 관영매체 글로벌타임스는 7월 3일 "식민주의적 사고방식을 가진 넬슨의 위선적인 주장"이라고 비판했다. 자오리젠 중국 외교부 대변인도 7월 4일 정례 브리핑에서 "(넬슨의 주장은) 무모하고 거짓이다"라며 "미국이야말로 우주를 군사화하고 있다"고 반박했다.

중국은 인류 최초로 달의 뒷면에 탐사선을 착륙시키고 40여 년 만에 월석을 채취해 지구로 가져오는 등 '■창어 계획'에서 성과를 내고 있다. 2024년에는 창어7호를 발사해 달 분화구 내 얼음 분포 지도를 포함한 남극 주변 탐사를 진행할 계획이다. 또 유인 달기지 건설에 필요한 핵심기술을 시험하고자 2030년 이후 발사될 창어8호 준비작업도 시작한다.

■ 창어 계획(嫦娥工程)

창어 계획은 중화인민공화국의 달 탐사 계획이다. 최종 목표는 달에 장기간 체재하면서 탐사하는 것이다. 2003년 3월 1일에 정식으로 시작됐다. 중국 신화에 나오는 달의 여신인 창어(상아)의 이름에서 따왔다. 한편 창어5호는 2020년 11월 하이난성 원창 우주발사장에서 발사된 중국의 무인 탐사선으로, 중국 최초로 달 표면 샘플을 채취해 지구로 복귀하는 임무를 수행했다. 달 샘플 채취 후 지구 복귀 임무는 1960~1970년대 미국과 구소련 이후 40여 년 만이며, 중국은 미국과 구소련에 이어 3번째로 이러한 임무에 성공했다.

SK바사 '국산1호 코로나19 백신', 식약처 최종점검위 통과

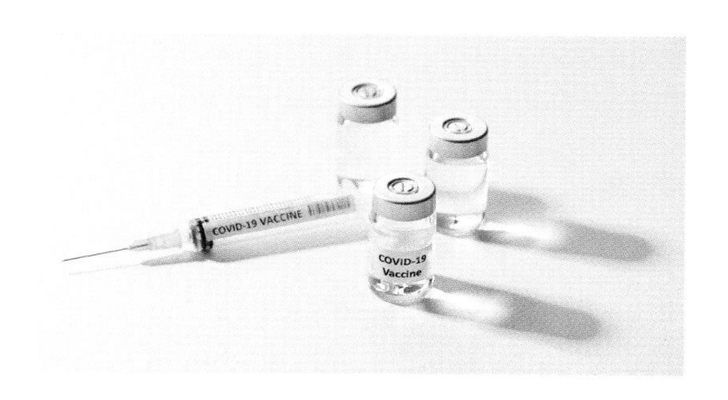

토종 1호 코로나19 백신이 탄생했다. SK바이오사이언스가 개발한 스카이코비원멀티주(스카이코비원)**가 식품의약품안전처**(식약처)**의 품목허가를 획득**했다. 오유경 식약처장은 6월 29일 브리핑을 통해 이 같은 소식을 밝혔다.

오 처장은 "SK바이오사이언스는 세계보건기구(WHO) 긴급사용목록(EUL) 등재를 추진하고 있고 ***코백스 퍼실리티**를 통한 백신 공급도 준비할 계획이다"라고 말했다. 또한 "이로써 한국은 코로나19 치료제와 백신을 모두 보유한 나라로 미래 감염병 유행에 보다 선제적으로 대응할 수 있는 보건안보체계를 구축하게 됐다"고 밝혔다.

스카이코비원은 유전자 재조합 기술 항원 단백질을 투여해 면역 반응을 유도하는 코로나19 백신이다. 이번 품목허가는 18세 이상 성인을 대상으로 사용할 수 있도록 허가됐다. 항원바이알과 동봉된 면역증강제(AS03)를 혼합한 0.5㎖를 4주간격으로 총 2회 접종하는 방식이다.

지난 4월 29일 SK바이오사이언스는 식약처에 스카이코비원 품목허가를 신청했다. 이후 식약처 내 분야별 전문심사인력으로 구성된 '코로나19 치료제·백신 허가전담심사팀'이 비임상·임상·품질 등 허가에 필요한 자료를 집중 심사했다.

비임상시험 심사는 동물에서 백신 효과를 보는 효력시험과 약물 약리 및 분포시험, 약물로 인한 독성을 확인하는 독성시험(반복투여독성, 생식발생독성 등) 등이 포함됐다. 임상시험 심사를 통해서는 한국에서 수행된 임상시험 1건(1·2상), 한국·필리핀·우크라이나·태국·베트남·뉴질랜드 6개국에서 수행된 다국가 임상시험(3상) 1건 등 총 2건의 자료를 통해 안전성과 효과성을 심사했다.

이후 중앙약사심의위원회는 식약처 자문요청에 따라 6월 26일 스카이코비원의 안전성·효과성 인정 여부를 논의하고 허가를 권고했다. 기허가된 아스트라제네카 코로나19 백신 백스제브리아주와 비교한 면역원성(효과) 임상결과를 토대로 국내 코로나19 예방 목적에서 필요성이 인정된다고 판단했다. 이날 오전에는 스카이코비원 최종 품목허가를 위한 마지막 관문인 최종점검위원회 회의가 개최됐다.

새롭게 사용되는 의약품은 약사법 제18조에 따라 중앙약심위를 운영해 안전성·효과성에 관한 사항에 대한 자문을 구하는 절차를 거치고 있다. 코로나19 백신·치료제의 경우 '코로나19 백신 안전성·효과성 검증 자문단'과 '최종점검위원회'를 추가로 구성해 3중의 자문 절차를 거쳐야 한다.

■ **코백스 퍼실리티 (COVAX facility, COVID-19 Vaccines Global Access)**

코백스 퍼실리티는 세계백신면역연합(GAVI), 감염병혁신연합(CEPI), 세계보건기구(WHO)를 공동 주관기구로 하는 글로벌 백신 공급기구로, 전 세계에 백신을 공평하게 분배하는 것을 목표로 한다. 한국도 가입돼 있는 코백스 퍼실리티는 참여국들이 비용을 지불하고 제약사와 백신 구매 계약을 먼저 체결한 뒤 개발이 완료되면 공급을 보장받는 시스템이다. 특정 국가가 백신을 독점하는 것을 막으면서 참여한 모든 나라가 공평하게 백신을 확보해 전염병 고위험군 환자에게 선제적으로 투여하려는 목적이 있다.

4차 접종 외치는 정부… '과학방역' 실체 있나

윤석열 정부는 지난 대선 때부터 문재인 정부의 백신 접종·거리두기 위주 코로나19 방역 대책을 실패로 규정하며 집권하면 과학방역으로 차별화된 대응을 하겠다고 약속했다.

그러나 **1주일 사이에 신규 확진자 수가 2배로 증가하는 더블링(doubling) 현상**이 계속되는 가운데 윤석열 정부의 과학방역이 실체가 없다는 지적이 나온다. 7월 13일 중앙재난안전본부는 윤석열 정부의 첫 코로나 방역 대응 방안을 발표했다. 이 방안은 4차 접종 대상을 확대한 것이 골자로 ■PCR 검사와 신속항원검사를 병행하는 진단검사, 확진자 7일 의무격리 체제가 유지된다. 이전 방역 대책과 다를 게 없다. 백신 4차 접종을 기존 60대 이상에서 50대까지 확대하는 정도가 다른 점이다.

특히 과학방역에서 강조한 데이터를 활용한 구체적 방역 방안은 보이지 않았다. 전 정부와 차별화된 근거 데이터가 없기 때문이다. 지난 3월 말 대통령직인수위원회는 전 국민 항체양성률 조사 계획을 밝혔는데 이 결과는 9월 초에나 나온다. 방역 당국은 8월 중순~말 20만 명 이상 확진자가 발생할 수 있다고 예측했는데 유행 정점이 지난 다음 조사 결과가 나오는 셈이다.

■ **PCR (Polymerase Chain Reaction)**

PCR(중합효소연쇄반응)은 DNA에서 원하는 부분을 복제·증폭시키는 분자생물학 기술로 유전자증폭기술이라고도 한다. PCR은 사람의 게놈처럼 매우 복잡하고 양이 지극히 적은 DNA 용액에서 연구자가 원하는 특정 DNA 단편만을 선택적으로 증폭시킬 수 있다. 예를 들어 환자로부터 채취한 검체 안에 확인하고 싶은 코로나19 바이러스 유전자가 너무 적으면 유전정보를 확인하기가 어려워지는데 PCR 검사로 유전자를 다량으로 증폭해 보다 쉽게 바이러스 유전자 유무를 확인할 수 있도록 한 것이다. 이를 통해 PCR 검사는 의료, 분자생물학, 범죄수사, 생물 분류 등 DNA를 취급하는 작업 전반에서 중요한 역할을 담당하고 있다. 코로나19 팬데믹 상황에서도 PCR 검사는 진단 시간을 대폭 줄이는 데 기여했다.

미국, 네덜란드에 ASML 구세대 장비도 중국 수출 제한 압박

미국이 네덜란드에 세계적 반도체 제조장비 업체 ■ASML의 장비에 대한 중국 판매 추가 제한을 요구하고 있다고 블룸버그통신이 7월 5일(현지시간) 보도했다. 블룸버그는 돈 그레이브스 미국 상무부 부장관이 5월 말부터 6월 초까지 네덜란드를 방문했을 때 ASML이 만드는 구형 심자외선(DUV) 노광장비의 중국 판매 금지를 요청했다고 밝혔다.

앞서 네덜란드 정부는 미국의 압박으로 **ASML이 세계에서 유일하게 생산하는 최첨단 극자외선**(EUV) **노광장비**의 중국 수출 승인을 내주지 않고 있었는데, 이런 조치를 구형 노광장비까지 확대해달라는 것이다.

미국은 일본에 대해서도 니콘 DUV 노광장비의 중국 판매 금지를 요청하고 있는 것으로 전해졌다. DUV 노광장비는 EUV 같은 최첨단 기술은 아니지만, 자동차나 스마트폰, PC, 로봇 등에 들어가는 반도체를 만드는 데 사용되는 보편적인 기술이다.

블룸버그는 미국의 요청을 네덜란드가 수용하면 중국 최대 파운드리(반도체 수탁생산) 업체인 SMIC(中芯國際·중신궈지)나 화훙(華虹) 반도체 등 중국 반도체 업계는 물론 중국의 '반도체 굴기'도 상당한 타격을 받을 것이라고 설명했다.

다만 네덜란드 정부는 독일, 벨기에에 이은 3대 교역국인 중국과의 무역 관계 훼손에 대한 우려로 아직 미국의 요구를 받아들이지는 않은 상태라고 블룸버그는 전했다. 이에 대해 ASML의 대변인은 DUV 노광장비 중국 수출 금지 논의가 전혀 새로운 이야기가 아니라면서 어떤 결정도 내려지지 않은 상태에서 소문에 대해 논평하거나 추측을 하지는 않을 것이라고 말했다.

올해 초 베닝크 ASML 최고경영자(CEO)는 DUV 노광장비가 이미 오랜 기간 사용된 기술이라며 중국 판매 금지에 반대한다는 입장을 밝힌 바 있다. 이날 뉴욕증시에서 ASML의 주가는 미국 정부의 움직임이 알려지면서 장중 한때 8.3%까지 급락한 끝에 전날 종가보다 3.87% 떨어진 432.40달러에 거래를 마쳤다.

▪ **ASML**

ASML(ASML 홀딩 N.V.)은 반도체 제조용 광학 노광 공정 장치를 만드는 네덜란드 굴지의 다국적 기업이다. 극자외선(EUV) 노광 장치를 독점하는 기업으로 널리 알려졌다. ASML은 최첨단 공정에 필요한 EUV 장비를 생산하는 세계에서 유일한 회사다. 삼성전자, 미 인텔, 대만 TSMC 등 글로벌 반도체 업체들이 ASML의 장비를 구하기 위해 수천억원을 싸들고 줄을 설 정도로 힘이 막강해 '슈퍼을(乙)'로 불린다.

+ 반도체 EUV 공정이란?

반도체 산업에서 EUV란 반도체를 만드는 데 있어 중요한 과정인 포토공정에서 극자외선 파장의 광원을 사용하는 리소그래피(extreme ultraviolet lithography) 기술 또는 이를 활용한 제조공정을 말한다.
반도체 칩을 생산할 때 웨이퍼(wafer)라는 실리콘 기반의 원판, 즉 둥근 디스크는 감광물질로 코팅이 되고, 스캐너라고 하는 포토공정 설비로 들어가게 된다. 이 설비 안에서 회로 패턴을 새겨 넣기 위해 레이저 광원을 웨이퍼에 투사하는 노광(photolithography) 작업을 진행한다.
EUV 공정은 이러한 노광 단계를 극자외선 파장을 가진 광원을 활용해 진행하는 것을 말한다. 반도체 칩 제조 분야에선 웨이퍼 위에 극도로 미세한 회로를 새겨넣는 것이 필수다. 그래야만 트랜지스터와 콘덴서 등 소자들을 지름 300mm의 제한된 웨이퍼 공간에 더 많이 집적하고, 성능과 전력효율 또한 높일 수 있기 때문이다. 그뿐만 아니라 기존엔 미세회로를 만들기 위해 수차례 노광 공정을 반복해야 했지만, EUV 장비는 공정 단계를 줄일 수 있어 생산성도 획기적으로 높일 수 있게 될 전망이다.

분야별
최신상식

스포츠
엔터

조세혁, 윔블던 U-14 초대 챔피언 등극

■ **그랜드슬램 (grand slam)**
그랜드슬램은 국제테니스연맹(ITF, International Tennis Federation)이 관장하는 4대 메이저 대회에서 모두 우승하는 것을 말한다. 그랜드슬램을 달성한 선수가 그 해의 올림픽 대회에서도 우승한 경우를 '그랜드그랜드슬램(grand grand slam)'이라고 한다. 최초로 그랜드슬램을 달성한 선수는 1938년 미국의 돈 벗지이며, 최초로 그랜드그랜드 슬램을 달성한 선수는 1988년 독일의 슈테피 그라프이다. 한편, 그랜드슬램이라는 용어는 테니스에만 사용되는 것은 아니고, 산악·골프 등 분야에서도 사용된다.

한국 테니스 새 역사

한국 테니스 유망주 조세혁(14·남원거점스포츠클럽)**이 지난 7월 10일 오후**(현지시간) **2022 윔블던 챔피언십 14세 이하부**(U-14) **남자단식에서 초대 챔피언에 등극**하며 한국 테니스의 새 역사를 썼다. 올해 신설된 윔블던 U-14는 전 세계 유망주 16명이 4개 조로 나뉘어 조별리그를 펼친 뒤, 각 조 1위가 4강 토너먼트에 진출하는 방식으로 챔피언을 가렸다.

조세혁은 이번 대회를 5전 전승으로 마쳤다. 조별리그 3경기를 모두 2 대 0 완승으로 끝냈고, 준결승에서는 톱 시드의 이반 이바노프(불가리아)에게 유일하게 한 세트를 내줬으나 2 대 1 승리를 거뒀다. 눈부신 활약에 조세혁은 장차 ■**그랜드슬램**을 정복할 기대주로 급부상했다.

윔블던 개막 전에 4강을 목표로 내걸었던 조세혁은 챔피언을 차지한 이후 대한테니스협회를 통해 소감을 밝혔다. 소감에서 조세혁은 "윔블던이라는 대회는 상상만 하고 있다가 초청받아 너무 기뻤는데 와서 우승까지 하니 기분이 두 배로 좋다"고 말했다.

다. 조 사무국장은 "세혁이가 6살 때 처음 라켓을 잡았다. 건강을 생각해 시켰는데, 이후 재미있어 하더니 스스로 잘하기 위해 노력했다"고 말했다.

이어 조세혁은 "여기 와서 잘 가르쳐주시고 응원해주신 양성모 선생님과 여기까지 올 수 있게 해주신 정희균 대한테니스협회장님께 감사드린다"며 "전북협회 김우연 회장님과 늘 뒤에서 돌봐주시는 부모님께도 감사 말씀을 드리고 싶다"고 말했다.

이형택·정현·권순우 이을 신예 등장

한국 남자테니스는 그간 세계 무대에 유의미한 성과를 냈다. 먼저 **이형택은 US 오픈 16강 진출**이라는 성과를 만들어 내며 한국 남자테니스를 선구자급으로 이끌었고, **정현은 호주 오픈에서 4강**에 오르며 국민을 기쁘게 했다. 이어 **권순우는 지난해 ATP투어 아스타나 오픈에서 우승**을 차지했다. 조세혁은 앞에서 언급된 선배들의 뒤를 이어 한국 남자테니스를 이끌어 갈 것으로 기대되고 있다.

한편, 조세혁은 2008년 4월 1일생으로, 전북 전주에서 테니스 선수 출신 부모님 밑에서 자랐다. 아버지가 현 전북테니스협회 조성규 사무국장이

테니스 4대 메이저 대회

대회	내용
윔블던 (Wimbledon)	1877년부터 런던의 윔블던에서 개최된 대회로 1968년에 프로들에게 오픈되었다. 4대 메이저 대회 중 가장 오래되었으며 잔디코트에서 경기가 진행된다.
US오픈 (US Open)	1881년 US National Championships라는 이름으로 시작하여 1965년 US오픈으로 개칭한 대회로 4대 메이저대회 중 윔블던 다음으로 역사가 깊다. 1970년 최초로 타이브레이크(tie break)제도를 도입하였으며 4대 메이저대회의 시즌 피날레를 장식하는 대회로 총상금이 가장 많다. 경기코트는 잔디코트에서 클레이코트, 하드코트 순으로 바뀌었다.
프랑스오픈 (French Open)	1891년 시작한 대회로 1968년 프로들에게 오픈되었다. 불에 구운 붉은 벽돌가루로 제작한 앙투카코트(en-tout-cas court)에서 경기가 진행된다.
호주오픈 (Australian Open)	1905년 처음 개최된 대회로 1969년 프로에게 오픈되었다. 호주 여러 도시의 잔디코트에서 대회가 개최되다 1988년부터 Australian National Tennis Centre의 하드코트에서 경기를 진행하고 있다.

POINT 세 줄 요약

❶ 조세혁이 2022 윔블던 챔피언십 14세 이하부(U-14) 남자단식에서 초대 챔피언에 등극하며 한국 테니스의 새 역사를 썼다.

❷ 조세혁은 이형택·정현·권순우의 뒤를 이어 한국 남자테니스를 이끌어 갈 것으로 기대되고 있다.

❸ 2008년 4월 1일생으로, 전북 전주에서 테니스 선수 출신 부모님 밑에서 자랐다.

국제수영연맹, 트랜스젠더 선수 여성부 출전 사실상 금지

국제수영연맹(FINA)이 남성에서 여성으로 전환한 트랜스젠더 수영선수들의 여성 부문 경기 출전을 사실상 금지했다. AP통신 등 외신에 따르면 FINA는 6월 19일(현지시간) **12세가 되기 전에 성별을 여성으로 전환한 선수들만 여성 수영 경기 종목에 출전할 수 있도록 하는 새로운 '젠더 포섭 정책'을 채택**했다. 남성으로서 사춘기를 경험하지 않은 이들만 여성 부문 경기에서 경쟁할 자격이 있다고 본 것이다.

제임스 피어스 FINA 측 대변인은 "이는 12세 전까지 성전환을 권장하는 것이 아니다. 다만 과학자들이 말하는 것처럼 사춘기가 시작된 후 성별을 전환해 여성 경기에 참가할 경우 유리할 수밖에 없고 이는 불공평하다는 것"이라 설명했다. 후세인 알-무살람 FINA 회장은 "해당 기구는 선수들의 경쟁할 권리를 보호하는 동시에 공정성을 보호하기 위해 노력하고 있다"고 말했다.

FINA의 새 정책에 대한 반응은 엇갈렸다. 전직 영국 국가대표 출신인 샤론 데이비스는 BBC스포츠와의 인터뷰에서 "FINA가 정말 자랑스럽다"고 밝혔다. 그는 "4년 전에 올림픽 메달리스트 60명과 함께 국제올림픽위원회(IOC)에 '그냥 과학에 기초한 판단을 해 달라'는 편지를 쓴 적이 있다. FINA는 이를 실현시켰다"면서 "수영은 매우 포괄적인 스포츠지만 스포츠의 기본은 남녀 모두에게 공정해야 한다는 것"이라 말했다.

반면 ■**성소수자** 스포스 선수들을 지원해온 비영리 단체인 '애슬리트 앨리'는 FINA의 새 정책에 대해 "2021 IOC 원칙에 부합하지 않고 차별적이고 해롭고 비과학적"이라며 "정책에 명시된 여성 부문 참가 자격은 모든 여성 선수들의 신체를 단속할 것이며 선수의 사생활과 인권을 심각하게 침해하지 않고는 시행될 수 없을 것"이라 비판했다.

하버드 법대 강사이자 트랜스젠더 문제 전문가로 알려진 알레한드라 카라발로는 "존재하지 않는 문제를 해결하려고 하는 차별적인 정책"이라며 다른 스포츠 기구들이 유사한 조치를 취할 것을 우려했다. 그는 운동선수들이 10년 이상의 의료 기록과 혈액 검사 등을 제출하도록 요구받을 수 있다며 사생활 침해가 이루어질 수 있다고도 지적했다.

■ **성소수자 (sexual minority)**

성소수자는 트랜스젠더, 양성애자, 동성애자, 무성애자, 범성애자, 젠더퀴어, 간성, 제3의 성 등을 포함하며 성정체성, 성별, 신체상 성적 특징 또는 성적 지향 등과 같이 성적인 부분에서 사회적 소수자의 위치에 있는 이를 말한다. 성소수자는 매우 포괄적인 용어이지만, 워낙 다양한 성소수자 집단이 존재하는 관계로 그와 유사하게 사용하거나 하위 집단을 일컫는 다양한 용어와 신조어들이 존재한다. LGBT는 레즈비언(Lesbian), 게이(Gay), 양성애자(Bisexual), 트랜스젠더(Transgender)를 함께 일컬어 부르는 단어이다. 성소수자 운동에서 가장 주류적으로 사용되는 용어이나, 수용성이 제한적이기 때문에 비판의 대상이 되기도 한다.

비욘세, '대퇴사' 시대상 담은 싱글 화제

▲ 팝스타 비욘세

팝스타 비욘세가 미국의 '대퇴사'(Great Resignation) **시대상을 담은 신곡을 발매**했다고 6월 22일(현지시간) 미국 CNN 방송이 보도했다. 비욘세의 최신 싱글 '브레이크 마이 솔'(Break My Soul)은 퇴사를 했거나 이를 희망하는 미국인들의 공감을 얻으면서 온라인에서 '대퇴직을 위한 송가'라는 별명을 얻었다.

노래는 "방금 직장을 때려치웠어. 회사는 날 정말 힘들게 해. 밤에 잠을 잘 수가 없어"라는 가사를 담았다. 노래 출시 이후 온라인에는 "비욘세가 회사를 그만두라고 했다", "비욘세 말대로 사직 이메일을 보냈다", "근무 시작 1시간 만에 왜 비욘세가 일을 그만두라고 했는지 알겠다"는 글이 게재됐다.

CNN은 "비욘세 노래는 코로나19 이후 사회경제적 피로감에서 벗어나고자 하는 욕망을 담았다"며 "승진 등 직장 경력에 목을 매는 문화를 걷어차 버리려는 사람들이 비욘세의 메시지에 동조했다"고 보도했다. 사회학자들은 "비욘세 신곡은 퇴사에 대한 대중의 인식과 함께 현재 노동시장에서 벌어지는 일을 반영한다"고도 말했다.

+ 대퇴사 시대 (the great resignation period)

미국에선 '대퇴사 시대'라고 부를 만큼 일을 그만 두는 사람이 급증하고 있다. 미국 노동부에 따르면 미국 내 자발적 퇴직자는 2022년 3월 사상 최고 수준인 454만 명을 찍은 뒤, 4월 440만 명대를 기록하며 고공행진하고 있다. 올해 들어 미국 정부가 지급하던 코로나19 지원금이 축소되고, 미국 가계 저축률이 글로벌 금융위기 이후 최저치(4.4%)까지 떨어지는 상황에서도 자발적 퇴사자가 줄지 않은 것이다. 근로자들의 번아웃, 재택·원격 근무 확산 등 노동 환경 변화, 시간당 임금 상승 등도 퇴사 트렌드에 영향을 미쳤다는 분석이다.

댄서 노제, '광고 게시물 갑질 논란' 인정

안녕하세요 노제입니다

먼저 이렇게 늦게 입을 꺼내게 되어 죄송합니다.
최근 저의 미성숙했던 모습을 보며 실망하셨을 분들께 죄송한 마음을
어떻게 전해드려야 하는지 조심스러웠습니다.
이런 저의 행동이 또 다른분들께는 더 큰 실망을 드린것 같아서
다시한번 죄송하다는 말씀을 드립니다

변명의 여지없이 해당 관계자 분들께 피해를 끼치고, 실망을
안겨드려 진심으로 죄송합니다. 많은 분들에게 사랑을 받은 만큼
책임감을 가지고 행동 했어야 했는데, 그러지 못했던 제 모습을
마음깊이 반성하고 느끼며 여전히 배울 점이 많다는 것을 깨달았습니다.

저의 성숙하지 못한 태도가 관계자 분들께 피해를 끼쳤고
저를 아껴주시고 사랑해 주시는 팬 분들께 실망을 안겨드렸습니다.
어떠한 말로도 지난 제 잘못을 되돌릴 수 없다는 걸 알기에
당장의 용서보다는 깊이 반성하고 나아진 모습으로 보여드릴 수 있도록
최선을 다 하겠습니다.

지금의 다짐을 잊지 않고 앞으로는 좀 더 성숙한 모습과 겸손한 태도를
보여드릴 수 있도록 노력하겠습니다.

감사하고, 다시 한 번 죄송합니다.

▲ 노제가 자신의 SNS에 올린 자필 사과문 (노제 인스타그램 캡처)

댄서 노제(본명 노지혜)**가 SNS 광고 게시물 갑질 논란을 인정하고 사과**했다. 7월 5일 소속사 스타팅하우스는 공식 입장을 내고 "당사는 아티스트가 광고 게시물을 SNS에 업로드하기에 앞서 계약 기간과 업로드 일정을 확인 후 전달, 그 후 아티스트 SNS를 통해 업로드를 진행해왔다"고 설명했다.

그러면서 "게시물 업로드 및 게시물 삭제 관련해서는 당사와 아티스트가 협의 후 진행하였음을 말씀드린 바 있다"고 했다. 이어 "그러나 위 과정 중 당사의 불찰로 인해 광고 관계자와 사전에 약속한 계약 기간을 지키지 못했고, 아티스트와 미흡한 의사소통으로 기한 내에 게시물이 업로드되지 못하거나 삭제된 점을 확인했다"고 전했다.

앞서 노제는 SNS 광고 진행 과정에서 갑질 의혹에 휩싸였다. **노제가 건당 수천만원의 광고료를 지급받으면서도 광고 시즌이 지나고 나서야 이를 이행하고, 그마저도 시간이 지나면 명품과 중소업체 브랜드를 구분, 중소업체의 게시물을 삭제**했다는 것이다.

이후 소속사 측은 전날 공식 홈페이지에 "당사는 앞서 노제가 '명품'과 '중소'로 브랜드(상표)를 나누어 SNS 게시물을 업로드한다는 점과 게시물 1건당 3000만~5000만원 수준을 받고 있다는 점이 사실이 아님을 전달드린다"고 부인했다. 그러면서 게시물 삭제 역시 사전에 아티스트와 소속사가 협의한 부분이라고 설명했다.

갑질 논란으로 도마 위에 오른 가운데 '뒷북 사과'를 했지만 광고업계는 손해배상 소송 가능성까지 제기된 노제를 '손절'하는 분위기다. 한 여성 전문 건강기능 식품 브랜드 업체는 광고 모델을 노제에서 다른 연예인으로 교체했다.

노제는 2021년 방송된 엠넷 댄스 경연 프로그램 '스트릿 우먼 파이터'에서 크루 웨이비의 리더로 출연해 뜨거운 인기를 얻었다. 특히 노제가 만든 '헤이 마마(Hey Mama)' 안무가 온라인상에서 회자되며 '댄스 챌린지 열풍'을 이끌기도 했다.

외신, 한국의 갑질(gapjil) 잇따라 조명

우리나라의 갑질 현상에 대한 외신들의 보도가 최근 잇따르고 있다. 코로나19 약화로 출근이 재개된 데 따른 것으로 보인다. CNN은 7월 4일(현지시간) '한국의 직장인들이 회사로 돌아오면서 직장내 괴롭힘 갑질도 돌아오다'는 제목의 기사를 실었다. 이 매체는 갑질을 'gapjil'로 표기하며 '부하들을 지배하는 권력자'라는 의미를 단 뒤 '특히 한국의 기업과 정치를 지배하는 가문에서 오랜 기간 만연해 온 문제'라고 설명했다.
CNN은 시민단체 '직장갑질119'의 여론조사 결과에서 사회적 거리두기가 유지된 지난 3월 조사에서는 직장 내 괴롭힘을 경험한 비율이 23.5%였지만 6월 조사에서는 이 수치가 29.6%로 6.1%p 상승했다고 전했다.
앞서 뉴욕타임스도 지난 6월 우리나라의 갑질 문화와 함께 직장인들이 갑질 문제에 어떻게 대처하고 있는지 자세히 보도했다. 이 매체는 대한항공의 땅콩회항사건, 한화그룹 김승연 회장의 보복폭행사건, SK가문 최철원 씨의 야구방망이 구타사건, 종근당 회장의 운전기사 학대사건 등의 사례를 나열했다.

손흥민 "독일서 많은 인종차별 당했다"

한국 축구 국가대표팀 에이스 손흥민(30)이 과거 독일에서 많은 인종차별을 당했다고 털어놓으면서 월드컵 무대에서 독일을 꺾은 경기를 자신의 최고 경기로 꼽았다. **손흥민이 어린 시절 유럽에서 인종차별을 겪은 경험을 공식적인 자리에서 털어놓은 것은 이번이 처음**이다.

7월 5일 유튜브 채널 '박문성 달수네라이브' 영상을 보면 손흥민은 전날 서울 마포구 아디다스 브랜드센터에서 열린 '손커밍데이' 행사 팬미팅에서

▲ 손흥민

'가장 기억에 남는 경기'를 묻는 질문에 이같이 말했다.

손흥민은 '카잔의 기적'으로 불리는 2018 러시아 월드컵 독일전 승리를 최고의 경기로 꼽았다. 당시 한국 축구대표팀은 직전 대회 우승팀인 독일을 2-0으로 꺾었고 손흥민이 두 번째 골을 기록했었다. 한국은 16강 진출에 실패했지만 독일도 한국에 패배해 16강 진출이 무산됐고 많은 독일 국민이 눈물을 흘렸다.

손흥민은 "어릴 때 독일에 가서 상상하지도 못하는 진짜 힘든 생활을 많이 했다. 인종차별도 많이 당하고 힘든 상황을 겪었다"고 했다. 손흥민은 "독일에서 엄청 힘든 생활을 보내면서 언젠가는 이거를 꼭 갚아줘야겠다는 생각을 진짜 많이 갖고 있었던 것 같다. 마음속으로"라고 말했다.

손흥민은 동북고 1학년이던 2008년 독일 함부르크 유소년팀에 입단해 '축구 유학' 생활을 시작했다. 손흥민은 독일에서 프로로 데뷔해 함부르크, 레버쿠젠에서 2016년까지 뛰었고 잉글랜드 토트넘으로 이적했다. 토트넘에서 잉글랜드 프리미어리그 득점왕에 등극하면서 최고의 공격수로 우뚝 섰다.

손흥민이 독일에서 겪었던 인종차별 문제를 털어놓은 것은 이번이 처음이다. 손흥민은 2020년 출간한 자서전 '축구를 하며 생각한 것들'에서 언어 문제와 라이프스타일 등 유럽 축구 적응의 어려움을 털어놨지만 인종차별 경험에 대해 직접적으로 적지는 않았었다.

2020년에는 한국 선수가 독일에서 축구 경기를 뛰다가 심한 인종차별 발언을 듣는 사건이 발생하기도 했었다. 독일 축구 3부리그에서 뛰었던 박이영은 2020년 10월 원정 경기 도중 관중으로부터 인종차별을 당해 독일축구협회가 조사에 나서기도 했었다.

당시 박이영은 '찢어진 눈', '쌀 먹는 사람' 등의 폭언을 들었다. 주심이 경기를 일시 중단했고 "인종차별이 계속되면 경기를 중단하겠다"는 방송이 나오기도 했었다.

+ 인종차별 반대 제스처 한쪽 무릎꿇기 캠페인

2020년 6월 1일(현지시간) 미국 플로리다·샌타크루즈·캘리포니아주(州) 등 미 일부 지역에서 경찰들이 인종차별에 항의하는 제스처인 '무릎꿇기' 캠페인이 등장했다. 이 같은 '무릎꿇기'를 인종차별에 반대하는 제스처로 등장시킨 사람은 전 미국 프로미식축구리그(NFL) 선수 콜린 캐퍼닉이다. 흑인 아버지와 백인 어머니 사이에서 태어난 캐퍼닉은 2016년 8월 진행된 한 경기에서 미국 국가가 연주될 때 국민의례를 하는 대신 한쪽 무릎을 꿇고 앉아 있었다. 미국 경찰의 총격으로 흑인이 잇따라 사망하는 데 대한 항의 표시였다.
논란에 불을 지핀 것은 도널드 트럼프 전 대통령이었다. 트럼프 전 대통령은 2017년 9월 22일 한 연설에서 "NFL 구단주가 국가와 국기에 존경을 표하지 않는 선수에게 '지금 당장 저런 개XX를 경기장에서 쫓아내라'고 말하는 것을 보고 싶지 않은가"라고 발언했다.
그러나 이에 대한 항의 표시로 이틀 뒤 NFL 경기에서 백인을 포함한 200여 명의 선수가 무릎을 꿇었다. 다음 해엔 스포츠 브랜드 나이키가 캐퍼닉을 '저스트 두 잇' 캠페인 30주년 광고 모델로 발탁하기도 했다. 이후 한쪽 무릎꿇기 캠페인은 인종차별에 반대하는 제스처가 됐다.

한화 이글스, 10연패 수모… 3년 연속 두 자릿수 연패 불명예

KBO리그 최하위 한화 이글스가 10연패 수렁에 빠지며 사상 첫 3시즌 연속 두 자릿수 연패의 수모를 당했다. 한화는 6월 22일 서울 잠실구장에서 열린 2022 신한은행 SOL KBO리그 LG 트윈스와의 원정 경기에서 5-6으로 졌다. 한화의 시즌 45패(22승 1무)다.

이로써 한화는 6월 9일 잠실 두산 베어스전에서 7-16으로 대패한 뒤 10연패를 당했다. 1-1로 비겼던 6월 17일 창원 NC 다이노스전까지 더하면 11경기째 승리가 없다.

아울러 한화는 1982년 KBO리그 출범 이래 처음으로 3년 연속 10연패를 당하는 불명예 기록을 세웠다. 한화는 2020년 5월 23일 창원 NC전부터 6월 12일 대전 두산전까지 역대 최다연패 타이기록인 18연패를 했다. 2021년도 6월 19일 대전 SSG 랜더스전부터 7월 1일 대전 두산전까지 10연패로 무너졌다.

프로야구 한화는 만년 하위권에 머무르자 ■리빌딩을 외치며 2021년 창단 처음으로 외국인 감독을 영입했다. 2023년까지 3년간 팀을 이끌게 된 카를로스 수베로 감독은 젊은 선수 중심으로 팀을 꾸리겠다며 팀 체질 개선에 나섰다. 하지만 2022시즌 한화 상황은 여전히 암울하다. 한화는 7월 16일 기준 85경기를 치른 가운데 25승 1무 59패로 리그 최하위다. 지난해 같은 기간 보다 성적은 더 나빠졌다.

■ 리빌딩 (rebuilding)
리빌딩이란 프로 스포츠에서 팀의 구성원이나 시스템을 리셋, 물갈이하여 새롭게 만드는 것을 의미한다. 일반적으로 리빌딩은 자팀 내의 유망주들이 성장하며 기존의 선수들을 밀어내고 주전을 차지하는 과정으로도 불린다. 반대의 뜻은 윈나우(win now)다. 이는 우승을 위해 유망주는 육성하지 않고 트레이드 카드로 활용하며 FA나 트레이드 등을 통해 즉시전력감 선수들을 영입하는 방식을 말한다.

구름 인파에 전여옥 저격까지… 이효리·이상순 카페 예약제로 변경

몰려든 인파로 영업을 잠시 중단했던 가수 이상순의 제주 카페가 예약제로 다시 문을 연다. 이효리 남편 이상순이 오픈한 제주도 카페 측은 예약제 도입을 밝히며 운영 시간에 이상순은 카페를 방문하지 않을 것이라고 전했다.

▲ 이효리와 이상순 (자료 : JTBC 효리네 민박)

이효리, 이상순 부부는 지난 7월 1일 제주 구좌읍 동복리에 작은 카페를 오픈했다. 이상순이 직접 커피를 내리고, 이효리와 사진 촬영도 할 수 있다는 사실이 알려지면서 100m가 넘는 대기 줄이 생겨 일대가 마비되기도 했으며 긴 대기 줄로 인근 주민들에게 피해를 준다는 지적이 나오기도 했다.

또한 사람이 몰리며 준비했던 재료가 빠르게 소진돼 오랜 줄을 서 있던 손님들은 발길을 돌려야 했다. 이에 이상순은 카페 오픈 이틀 만에 사과문을 게재하고 예약제로 운영할 것이라고 밝혔다.

이와 관련해 전여옥 전 새누리당(현 국민의힘) 의원은 재벌 딸들이 빵집을 열어 사회적 비난을 받은 일을 들며 이효리, 이상순이 카페를 연 것을 비난해 논란이 일었다. **전 의원은 이효리, 이상순이 재벌 딸들보다 사회적 영향력이 큰 공인이라고 생각**한다며, 특히 이효리는 ■**소셜테이너**이기에 일관된 행보를 보여야 한다고 페이스북에 공개 비판했다.

■ **소셜테이너 (socialtainer)**

소셜테이너란 사회를 뜻하는 '소사이어티(society)'와 연예인을 가리키는 '엔터테이너(entertainer)'를 합친 말로, 이슈에 대해 자신의 의견을 적극적으로 밝히는 사회적 참여가 왕성한 연예인을 말한다. 보통 연예인들은 방송 이미지, 광고 계약 등의 이유로 논란이 될 수 있는 발언을 자제한다. 하지만 소셜테이너는 자신의 소신을 공개적으로 밝히고 더 나아가 사회 문제 해결을 위해 행동하기도 한다. 자연 보호, 동물 실험 반대와 같이 가치와 관련된 이슈부터 쌍용자동차 노동자 해고사태 등 무거운 사회적 문제에 대해 자신의 입장을 밝히거나 직접 시위현장을 방문해 지지시위를 하며 사회 문제에 적극적으로 참여한다.

팝스타 리한나, 재산 1.8조... 美 최고 자수성가 여성에 포함

▲ 리한나

미국 팝스타 ■리한나가 10억달러 이상 순자산을 자수성가로 일군 미국 내 최연소 여성 억만장자가 됐다. 7월 4일(현지시간) 미 CNBC 방송에 따르면 리한나는 순자산 14억달러(약 1조8000억원)로 포브스 선정 '2022 자수성가 여성 갑부 100인' 명단 21위에 등극했다. 10억달러 이상 순자산 소유자 24명 가운데 유일한 30대였다. 리한나는 3년 연속 이 명단에 이름을 올렸다.

올해 '자수성가 여성 갑부' 1위는 건축자재 기업 ABC 서플라이 창업자 다이엔 헨드릭스로 순자산은 122억달러(약 15조9000억원)였다. '자수성가 여성 갑부' 명단에는 할리우드 스타들이 많이 포진했다. 오프라 윈프리(10위), 킴 카다시안(16위), 카일리 제너(41위), 마돈나(47위), 테일러 스위프트(48위) 등이다.

한편, 리한나는 2005년 데뷔한 이후, 'Umbrella', 'Take a bow' 등의 히트곡으로 스타덤에 올랐으며 음악 활동과 더불어 자신의 이름을 딴 화장품 브랜드 '펜티 뷰티'와 란제리 브랜드 '새비지 X 펜티' 사업으로 부를 일궜다. 그는 이렇게 번 돈을 기후 변화, 양극화 등 세계적 문제의 원인에 기부하고 싶다고 밝히며 자선기금 클라라 라이오넬 파운데이션(CLF)을 설립했다.

■ **리한나 (Rihanna, 1988~)**

리한나는 카리브해의 섬나라 바베이도스 출신의 팝 가수로 본명은 로빈 리한나 펜티다. 2005년 데뷔한 이후, 'Umbrella', 'Take a bow' 등의 히트곡을 잇달아 내놓으며 스타덤에 올랐다. 발매한 앨범 중 빌보드 핫100 순위 1위에 오른 곡만 14개, 핫100 차트에 진입한 곡만 42개에 달한다.
가수로서 성공을 거둔 후에는 자신의 성 '펜티'를 딴 브랜드를 론칭했다. 뷰티 브랜드 '펜티 뷰티'(Fenty Beauty)와 란제리 브랜드 '새비지 x 펜티'가 큰 인기를 얻으며 성장했다. 프랑스 럭셔리 패션그룹 루이뷔통모에헤네시(LVMH)와 손잡고 2017년 창업한 펜티 뷰티의 2020년 한 해 매출은 5억5000만달러(약 7000억원) 이상이었다. 포브스는 펜티 뷰티 브랜드 가치가 무려 28억달러(약 3조2000억원)에 달한다고 추정하기도 했다.

'오징어 게임' 비영어 드라마 최초로 에미상 작품상 후보

미국 방송계의 아카데미상으로 불리는 ■**에미**

상을 주관하는 미국텔레비전예술과학아카데미(ATAS)는 지난 7월 12일(현지시간) 제74회 에미상의 부문별 후보를 발표했다. 후보 발표에서 넷플릭스 드라마 '오징어 게임'은 드라마 부분 작품상 후보에 올랐다. 이로써 '오징어 게임'은 에미상 드라마 작품상 후보에 이름을 올린 최초의 비(非)영어 드라마가 됐다.

'오징어 게임'은 작품상 외에도 드라마 부분에서 ▲남우주연상(이정재) **▲남우조연상**(박해수·오영수) **▲여우조연상**(정호연) **▲감독상**(황동혁) **▲각본상**(황동혁) **▲여우단역상**(이유미) **▲주제가**(정제일) **▲촬영**(이형덕) **▲편집**(남나영) **▲프로덕션디자인 ▲스턴트 퍼포먼스 ▲시각효과 등 후보**에도 오르며 위엄을 과시했다.

뉴욕타임스(NYT)는 '오징어 게임'이 작품상을 포함해 모두 14개 부문에서 후보로 지명되면서 외국어 드라마로는 최다 부문 후보 지명 기록을 썼다고 전했다. 다만, 가장 많은 25개 부문 후보에 오른 '석세션'에는 못 미친 기록이다. '석세션'은 상속을 둘러싼 미디어 재벌 가문 내부의 알력과 갈등을 그린 작품으로, 지난 2020년에 이미 한 차례 작품상을 수상한 바 있다.

올해 시상식에서 '오징어 게임'은 '석세션', '기묘

한 이야기', '베터 콜 사울', '유포리아', '오자크', '세브란스: 단절', '옐로우 재킷' 등 다른 일곱 작품과 최고 영예인 작품상 수상을 놓고 경쟁한다.

이정재는 '오자크'의 베이슨 베이트먼, '석세션'의 브라이언 콕스, '베터 콜 사울'의 밥 오든커크, '세브란스: 단절'의 애덤 스콧, '석세션'의 제러미 스트롱 등 쟁쟁한 배우들과 남우주연상을 놓고 경합하게 됐다.

한편, 올해로 제74회를 맞는 에미상의 수상자를 결정하는 시상식은 오는 9월 개최되며 NBC 방송을 통해 중계된다. 이번 제74회 시상식에서는 **넷플릭스 다큐멘터리 시리즈에서 해설을 맡은 버락 오마바 전 미국 대통령이 우수 내레이터 부문 후보에 이름을 올리며 관심**을 끌기도 했다.

황동혁 감독 "시즌2 차이점은 주인공"

'오징어 게임'의 전 세계적 인기에 힘입어 시즌2도 제작이 진행되고 있는 가운데, 연출자 황동혁 감독은 시즌2에서 이뤄질 가장 큰 변화는 주인공 성기훈(이정재 분)이 될 것이라고 밝혔다.

황 감독은 최근 한 매체와의 인터뷰에서 "(시즌2의) 가장 큰 차이점은 주인공인 성기훈"이라며 "그는 시즌 1에서 순진한 캐릭터였지만 마지막에는 더는 순진하지 않다. 따라서 그가 이 모든 새로운 게임들을 어떤 방식으로 탐색할지가 시즌2의 주요 초점이 될 것"이라고 말했다.

이어 황 감독은 "그는 시즌1에서 배운 것들을 일부 적용할 것이고, 마음속에 품고 있는 목적이나 목표를 적용할 것"이라며 "그가 자신의 방식을 어떻게 관철할지가 시즌1과의 핵심 차이점이 될 것"이라고 강조했다.

황 감독은 또 시즌2에 등장할 게임 선정 작업도 마무리했다고 전했다. 그는 "이제 (게임) 선정 절차가 끝났다"며 "시즌2에는 많은 새로운 게임이 나올 것"이라고 말해 기대감을 높였다.

■ **에미상 (emmy awards)**

에미상은 연기, 연출, 작가, 프로그램, 영상, 의상, 분장, 음악, 조명, 영화 편집, 비디오테이프 편집, 녹음 등 여러 분야에 걸쳐 시상하는 미국 최대의 프로그램 콩쿠르상이다. 1948년에 창설되어 미국텔레비전예술과학아카데미(ATAS)의 주최로 뉴욕에서 개최된다. 에미(Emmy)란 이름은 TV 브라운관 부품인 촬상관 중에 이미지 오시콘 튜브(image orthicon tube)의 애칭인 이미(Immy)의 변형이다.

+ 깐부

깐부는 딱지치기나 구슬치기와 같은 놀이를 할 때 동맹을 맺고 놀이 자산을 함께 공유하는 가장 친한 친구, 짝꿍, 동반자를 뜻하는 은어다. 깜보, 깜부, 깐보라고도 한다. 어원은 정확히 알려지지 않았지만 평안도 방언이라는 설, 소규모 재즈 밴드를 뜻하는 캄보(combo)가 주한미군을 통해 전해졌다는 설, 친구 사이의 깊은 우정을 뜻하는 고사성어 관포지교(管鮑之交)에서 유래했다는 설 등이 있다. 프랜차이즈 치킨 브랜드로도 쓰이고 있으며 드라마 '오징어 게임'을 통해 화제의 용어로 떠올랐다.

분야별
최신상식

인물
용어

A 세대
A Generation

A 세대란 **구매력과 개방성을 갖춘 중산층 중년 세대를 말한다. A는 'Ageless(나이 초월), Accomplished(성취한), Alive(생동감 넘치는)' 등의 특징을 대표한다.** 이들은 학력과 소득 수준이 높고 자신에게 적극적으로 투자하며, 가치관이나 신기술을 수용하는 데에 개방적인 중년층이다. 특히 아시아와 아프리카, 중남미 등지에 사는 중산층 중년을 가리킨다. A 세대는 자기 투자에 적극적이고, 구매력이 있으며, 특히 국산 제품에 대한 의리가 강하고 브랜드 충성도가 높다는 특징이 있다. 또한 2030세대보다 입소문도 빠르다.

이에 최근 기업들이 A 세대 고객을 유치하기 위해 열을 올리고 있다. 현대차는 중년 이상의 충성 고객에게 특화된 디자인이나 기능을 도입하기 위해 공모전을 열었고, LG전자는 공식 유튜브 채널을 통해 80대 인플루언서가 LG전자의 가전제품 작동법을 설명하는 동영상을 배포했다.

한편, A 세대는 2007년 아이폰이 출시됐을 무렵부터 사회생활을 왕성하게 했기 때문에 모바일 환경에도 익숙해 전기차나 자율주행차, 메타버스 등 새로운 기술에도 기민하게 반응한다. 경제력을 바탕으로 구매력도 뛰어난 A 세대는 신산업의 **테스트 베드**(test bed : 어떤 것을 세상에 내놓기 전에 그것이 성공할 수 있을 것인지를 미리 알아보기 위해 시험적으로 적용해 보는 소규모 집단) 역할을 충실하게 하고 있다.

횡재세

Windfall Profit Tax

횡재세란 **일정 기준 이상의 이익을 얻은 법인 및 자연인에 대하여 그 초과분에 보통소득세 외에 추가적으로 징수하는 소득세로, 정식 명칭은 '초과이윤세'다.** 최근 세계적인 에너지 대란 속에 정유사들의 초과 이윤을 세금으로 환수하자는 주장이 제기된다. 영국은 정유사에 대한 초과이윤세를 도입했고, 미국도 도입을 추진 중이다. 국내에서도 최근 정부의 유류세 인하 조치에도 국내 휘발유와 경유 가격이 연일 최고치를 경신하자 고유가로 호황을 누리고 있는 석유회사들의 이익을 환수하자는 주장이 정치권에서 나오고 있다.

실제로 국내 정유 4사(SK이노베이션, 에쓰오일, GS칼텍스, 현대오일뱅크)는 올해 1분기 역대 최대 규모의 흑자를 기록했다. 올해 2분기에도 호실적을 올릴 것으로 예상된다. 이처럼 정유사들이 세계적인 에너지 대란 속에 비정상적인 이익을 낸 만큼 물가안정과 소비자 부담 완화를 위해 초과이익의 일부를 환원하라는 것이 정치권의 논리다. 한편 정유사들은 향후 유가 하락에 따른 손실 가능성과 함께 조세 형평성 등을 이유로 횡재세 도입에 난색을 보이면서 정치권의 움직임을 예의 주시하는 모습이다.

대량응징보복

KMPR

대량응징보복(Korea Massive Punishment and Retaliation)이란 **북한이 미사일 공격을 할 경우** 동시에 다량으로 정밀 타격할 수 있는 미사일 전력과 전담 특수 작전 부대를 운용해 **북한 전쟁 지도 본부와 지휘부를 직접 겨냥해 보복한다는 한국군의 군사전략이다.** 킬체인, 한국형미사일방어체계(KAMD)와 함께 한국형 3축 체계 가운데 하나다. 한국은 2006년 노무현 정부의 ▲킬미사일방어체계 구축을 시작으로 2013년 이명박 정부의 ▲킬체인과 2016년 박근혜 정부의 ▲킬대량응징보복 추가로 3축 체계를 만들었다.

2018년 문재인 정부 들어서는 '3축 체계'를 '핵·WMD 대응 체계'로 바꿔 불렀다. 남북대화를 중시한 문재인 정부에서 선제타격과 대량응징보복 등의 표현이 북한을 더 자극할 수 있다고 판단해서다. 한편 윤석열 정부는 문재인 정부의 대북정책에 관해 비판적 태도를 표하며 지난 5월 19일부터 '3축 체계'라는 표현을 다시 쓰기로 했다고 밝혔다. 이는 윤석열 대통령의 대선 공약이기도 하며, 북한의 도발에 맞서 우리 군의 대비태세를 강화하겠다는 의지가 담겼다.

유틸리티 토큰

utility token

▲ 위메이드의 게임 '미르4' (자료 : 위메이드)

유틸리티 토큰이란 **블록체인 네트워크 내에서 특정 서비스·제품을 사용할 수 있도록 발행되는 암호화폐로, 흔히 '유틸리티 코인'으로도 불린다.** 유틸리티 토큰은 하나의 서비스를 위한 블록체인을 따로 두는 것은 비효율적이기 때문에 독립적인 블록체인을 두지 않고 다른 플랫폼의 블록체인을 활용한다. 메타버스 속 경제 시스템이 고도화할수록 사용 빈도가 높아질 것으로 전망돼 메타버스의 성장세와 함께 잠재력 높은 분야로 평가된다.

특히 게임 업계에서는 각각의 P2E(Play to Earn : 놀면서 돈벌기) 게임에서 활용되는 재화를 별도의 유틸리티 토큰으로 교환해 이를 게임이 서비스되는 플랫폼에서 통용될 기축통화로 전환하는 암호화폐 경제 생태계가 정착될 것으로 전망된다. 대표적으로 위메이드가 개발하고 퍼블리싱하는 다중접속역할수행게임(MMORPG)인 '미르4'에서는 '드레이코'가 유틸리티 토큰을, '위믹스'가 기축통화 역할을 맡는다. 다만 P2E 게임 사업은 국내 규제로 해외 시장에서만 사업이 이루어지고 있어 글로벌에서만 서비스할 수 있을 것으로 보인다.

디지털 폐지 줍기

▲ 걷기형 앱테크 '캐시워크'

디지털 폐지 줍기란 **보상형 모바일 애플리케이션의 이벤트에 참여해 포인트를 모아 현금화하거나 기프티콘으로 교환하는 것을 일컫는 신조어다.** 애플리케이션을 이용한 재테크라고 하여 '앱테크'라고도 불린다. 길거리에 버려진 박스나 종이를 주워다 판 뒤 소액의 생활비를 버는 '폐지 줍기'에서 비롯된 용어다. 디지털 환경에서 꾸준히 이벤트에 참여해 지급되는 포인트나 쿠폰을 챙겨 생활비를 번다고 해 이 같은 명칭이 붙었다.

앱을 통해 광고를 시청하기, 상품 관련 퀴즈 맞히기, 사이트 회원가입, 앱 다운로드, 일정 걸음 수 달성 등 미션을 통해 포인트를 얻는 것이 대표적인 디지털 폐지 줍기다. 이렇게 모은 포인트는 모바일 가맹점에서 현금처럼 사용하거나 계좌에 현금으로 돌려받을 수 있다. 디지털 폐지 줍기는 MZ세대에서 유행처럼 번지고 있다. MZ세대는 체험, 자기 만족을 중시해 디지털 폐지 줍기로 소소한 부수입이 생기는 것을 즐긴다. 이들은 온라인 커뮤니티 등에서 본인이 참여한 앱테크 방법을 소개하거나 부수입을 공개하기도 한다.

중학개미

중학개미란 **중국·홍콩 주식에 투자하는 개인 투자자를 일컫는다.** 국내주식을 사 모으는 '동학개미', 미국 등 해외 주식에 투자하는 '서학개미'에 빗댄 말이다. 미국의 인플레이션 쇼크로 전 세계 주요국 증시가 하락하고 있는 가운데 중국 증시만 상승세를 타고 있다. 이에 따라 중국 관련 상장지수펀드(ETF)의 가격도 고공행진 중이다. 미국 증시는 높은 물가에 따른 공격적 금리 인상, 경기 침체 우려가 번지면서 급락했다. 국내 증시도 2600선 밑으로 추락했다. 이런 패닉장 속 중학개미만 홀로 살아남아 개인 투자자들의 부러움을 사고 있다.

중국 증시만 건재한 이유는 중국당국 정책의 무게중심이 방역에서 경제 안정화로 옮겨가면서다. 증권가는 중국 정부가 6월 들어 '전면적 정상화'를 발표하고 상하이와 베이징 등 주요 도시에 대한 봉쇄 조치를 푼 영향이라고 분석한다. 또한 중국 국무원이 경제 안정을 위해 6개 분야에 걸쳐 33개 조치에 나서겠다는 '6방면 33종 경제안정조치'를 발표해 경기 부양책이 소비회복을 이끌어 내 국가 경제 정상화로 이어질 것이란 기대감이 주가에 반영된 것으로 보인다.

탈중앙화자율조직

DAO, Decentralized Autonomous Organizations

탈중앙화자율조직(DAO)이란 **블록체인상의 스마트 컨트랙트**(Smart Contract)**에 따라 운영되는 조직이다.** 전통적인 기업이 중앙관리자의 지시로 운영돼 회의, 결재 등의 의사결정 과정을 거치는 것과 달리 DAO에서는 미리 짜여진 코드인 스마트 컨트랙트에 따라 의사결정이 이루어진다. 즉 블록체인상 암호화된 시스템을 기반으로 컴퓨터 코드와 프로그램에 의해 관리되는 조직인 것이다. 자금은 암호화폐를 통해 충당한다.

DAO에선 인간의 개입 없이 코드가 결정 사항을 자동으로 실행하기 때문에 부패나 비리의 가능성이 원천 차단된다. 이 과정에서 모든 내역은 블록체인상에 투명하게 기록돼 누구나 확인할 수 있다. 이런 이유로 일각에서 DAO를 직접민주주의를 실현할 수 있는 수단으로 본다. DAO는 가상자산 성장과 함께 주목받고 있다. 미국의 가상자산 리서치 회사 메사리는 2025년의 세계 최대 벤처캐피털은 DAO 형태를 띨 것으로 전망했다. 다만 오픈소스 코드로 운영돼 해킹 공격, 코딩 에러 등에 취약한 것, 물리적 장소가 없다 보니 현재 규제 체계에 통합될 수 없어 법률적 지위를 인정받지 못하는 등의 한계가 있다.

인스타그래머블

Instagramable

인스타그래머블이란 **사진 공유 SNS인 인스타그램(instagram)과 '~할 수 있는'이라는 뜻의 영단어 'able'을 합쳐 만든 신조어로, '인스타그램에 올릴 만한'이란 뜻이다.** SNS를 통해 자신의 일상을 공유하는 것을 즐기는 젊은이들의 문화에 맞춰 인스타그램에 올릴 만한 비주얼인지 여부가 소비의 기준이 되고 있다. 특히 인스타그램에서 인기를 끄는 맛집들은 사진에 잘 찍힐 인테리어, 독특하거나 예쁜 음식 모습을 갖추고 있다. 젊은이들은 이런 맛집을 찾아 인증샷을 찍어 인스타그램에 올린다.

인스타그래머블이 젊은 층의 중요한 소비 기준이 되면서 외식, 쇼핑, 전시 등 다양한 업계에서도 이를 마케팅에 활용하고 있다. 전시업계는 작품 사진을 찍지 못하게 했던 기존 방식에서 벗어나 작품을 배경으로 인증샷을 찍어 공유할 수 있도록 포토존을 기획하고 미디어 아트와 결합해 시각적 아름다움을 극대화한다. 식음료업계는 익숙한 제품을 인스타그램에 올리고 싶은 인스타그래머블 비주얼로 리뉴얼해 젊은층의 눈길을 사로잡고 있다.

워런치족

walunch族

워런치족의 워런치는 워킹(Walking)과 런치(Lunch)의 합성어로, **점심 식사를 마친 뒤 짬을 내 산책, 걷기 운동 등 유산소 운동을 즐기는 직장인을 의미한다.** 바쁜 직장 생활 중 직장인들에게 가장 여유로운 시간은 1시간 남짓의 점심시간이다. 야근, 약속, 집안일 등으로 직장인은 저녁 퇴근 이후에 규칙적으로 운동을 할 수 있는 시간을 빼기가 쉽지 않다. 워런치족은 식사 후 소화도 시킬 겸 낮에 햇살도 받을 겸 이 시간을 활용해 걷기 운동을 한다. 런닝화만 신으면 되기 때문에 준비물도 간편하다.

점심시간에 산책을 하면 열정적으로 변하고 덜 불안해하며 편안함을 느낀다는 학술 논문 등도 발표된 바 있다. 또한 걷기 운동은 척추, 무릎 관절 등에 부담을 주지 않고 허리와 허벅지 등의 근육을 강화시키는데 효과적인 운동 중 하나다. 출퇴근길에 대중교통에서 고개를 푹 숙이고 스마트폰을 보는 직장인들, 근무 시간 내내 컴퓨터 모니터를 보며 업무를 하는 직장인들은 거북목증후군과 목·허리 디스크를 앓기 쉽다. 점심시간에 간단히 걷기 운동을 하는 것은 이 같은 질병을 예방하기에도 좋다.

세금공휴일

tax holiday

세금공휴일이란 **일정 기간 소비자 혹은 기업에 세금 감면 또는 면제 혜택을 주는 것으로, 미국에서 연방정부 외에도 주정부나 지방정부들이 판매세와 관련해 실시하고는 한다.** 최근 국제유가가 급등하자 조 바이든 미국 대통령은 휘발유 등 유류에 대해 오는 9월까지 3개월간 유류세를 면세하는 세금공휴일을 검토하고 있다. 바이든 대통령은 6월 22일(현지시간) 대국민연설을 통해 러시아의 우크라이나 침공으로 미국인들이 더 많은 돈을 휘발유에 쓰고 있다며 의회의 협조를 촉구했다.

현재 미국에서는 휘발유에 유류세가 갤런(3.78L)당 18.4센트의 세금이 붙는데 이를 면제하자는 제안이다. 하지만 야당인 공화당은 물론 일부 민주당 의원들조차도 유류세 면세에 부정적 입장이다. 낸시 펠로시 하원의장 등 일부 민주당 의원들은 면세액에 해당하는 세수가 부족하게 되면 사회간접자본 등에 대한 재정지출에 문제가 생길 수 있다며 우려를 표하고 있어 세금공휴일로 불리는 면세조치가 실현될 수 있을지는 미지수다.

빈카운터스

bean counters

빈카운터스는 **'콩 세는 사람'이란 의미로, 숫자와 데이터로 모든 문제를 바라보는 재무·회계 전문가를 냉소적으로 일컫는 말이다.** 카운터스는 비효율의 제거와 이윤극대화를 추구해 기업의 경영을 소비자 만족에서 멀어지게 만들고, 위험 회피만 급급해 제품과 서비스의 혁신을 저해한다. 세계 자동차 업계의 전설적인 인물인 밥 루츠 제너럴모터스(GM) 전 부회장은 GM이 최고의 제품을 만들기보다 비용 절감과 수익성에 매달리면서 내리막을 걷게 됐다고 회고했다. 자동차 업계 1위 자리를 놓치지 않던 GM은 일본의 토요타에 추월당하고, 끝내 파산보호를 신청했다.

루츠 전 부회장은 그의 저서『빈카운터스』에서 빈카운터스를 '숫자와 데이터로 기업을 망치는 사람'이라고 표현하였다. 또한 1970년대 GM이 재무적 측면에 집중하는 방식으로 제품 개발 과정을 새로 편성하고 비용 절감을 추구한 탓에 새로운 모델들이 개성을 잃고 말았다고 주장한다. 이는 모든 기업, 모든 나라에 적용되는 보편적 진리로, 최고의 제품을 만들겠다는 전략 없이 온갖 수치와 도표에 의존하다가는 나아갈 방향을 잃게 된다는 것이다.

조순
趙淳, 1928~2022

▲ 윤석열 대통령이 조순 전 경제부총리의 빈소를 방문해 조문했다. (자료 : 대통령실)

조순은 **한국 경제학계의 대부이자 관료, 정치인으로 이름을 떨치며 노태우 정부 시절 경제부총리를 지낸 인물이다.** 지난 6월 23일 별세했다. 향년 94세. 서울대 학군장교 출신인 고인은 육군사관학교에서 영어교관으로 발탁돼 전두환, 노태우 전 대통령 등 육사 11기생들을 가르쳤다. 이후 미국으로 건너가 UC버클리 대학원에서 경제학 박사를 받고 1967년 귀국해 모교인 서울대 상대 부교수로 부임했다. 1970년부터는 서울대 경제학과 교수로 있으며 '한국의 케인스'라고 불리며 많은 제자를 길러냈다.

고인은 1988년 노태우 정부의 경제기획원 장관 겸 경제부총리로 발탁됐다. 경제부총리로 약 1년 3개월 동안 재직하며 긴축정책을 추진하고 이익환수제·토지초과이득세 등 토지공개념을 도입하려 하기도 했다. 이후 한국은행 총재, 민선 1기 서울시장, 15대 국회의원 등을 지냈다. 민주당과 한나라당 총재만 3번 맡는 기록도 남겼다. 성장 제일주의와 재벌 중심 정책 지양, 계층 격차 해소 등 균형 성장이 고인의 학문적·정책적 소신이었다.

최명재
崔明在, 1927~2022

▲ 최명재 이사장 (민족사관고등학교 홈페이지 캡처)

최명재 이사장은 **파스퇴르유업 창립자이자 세계적 수준의 명문고등학교로 평가받는 민족사관고등학교**(민사고) **설립자다.** 6월 26일 향년 95세로 별세했다. 1996년 강원도 횡성군 안흥면에 개교한 민사고는 자율형 사립 고등학교로 '민족혼을 기르는 영재학교'를 표방하며 개교했다. 학생들이 개량한복을 입고 생활하는 것으로도 유명하다. 고인은 경성경제전문학교(현 서울대 경영대학)를 졸업한 뒤 상업은행에서 직장생활을 시작했다. 이후 물류운송업체를 세워 번 자금으로 1987년 강원 횡성에 파스퇴르유업을 창립해 국내 최초 저온살균 우유를 도입, 우유업계 4위로 성장시켰다.

1996년에는 민족주체성 교육을 표방한 민사고를 개교했다. 고교평준화 흐름 속에서도 민족의 지도자를 키우기 위한 영재 교육을 주창했다. 영국 이튼학교보다 나은 교육기관을 만들어 세계적인 지도자를 키우겠다는 결심에서 비롯됐다고 전해진다. 고인은 민사고를 통해 이튼 학교를 능가하는 세계적인 지도자 양성교육을 하겠다는 것과 충무공과 같은 선조의 얼을 고스란히 계승 발전시킬 수 있는 민족적 정체성을 가진 '토종 인재'를 만들어 내는 것을 꿈꿨다.

커피플레이션

coffeeflation

커피플레이션은 **커피(coffee)와 인플레이션(inflation)의 합성어로 커피 가격의 가파른 상승을 뜻하는 용어다.** 전 세계적인 물가 급등세 속에 커피 가격도 덩달아 뛰면서 커피플레이션이란 용어가 등장했다. 글로벌 이상 기후, 우크라이나 전쟁 등으로 원재료 가격이 급등한 것이 원인이다. 커피뿐만이 아니라 먹거리 등 필수 소비재 대부분의 가격이 상승했다. 지난 4월 29일 미국 뉴욕상품거래소에 따르면 국제 원두 가격의 기준이 되는 커피C 선물은 1년 전(144.3센트)보다 51.0% 오른 파운드(454g)당 217.95센트에 거래됐다.

원두 가격 상승에 국내 주요 커피 프랜차이즈는 제품 가격을 잇달아 인상하고 있다. 올해 초 스타벅스는 일부 음료의 가격을 100~400원씩 인상했다. 이후 투썸플레이스, 커피빈, 폴바셋, 엔제리너스 등도 가격 인상에 합류했다. 커피 가격이 잇달아 오르면서 1000원대 아메리카노를 내세운 저가 브랜드로도 인상 바람이 번졌다. 커피를 포함해 주요 식품 가격이 뛰자 정부와 정치권은 물가 안정에 촉각을 곤두세우고 있다.

기시다 인플레이션

▲ 기시다 후미오 일본 총리

기시다 인플레이션이란 **기시다 후미오 일본 총리의 경제정책이 물가 상승을 초래한다는 의미로, 최근 일본 야권에서 등장하고 있는 용어다.** 최근 달러당 엔화 가치는 136엔대로 일본 엔화 가치가 24년 만에 최저치를 기록했다. 세계 각국의 금리 인상 기조에도 일본이 저금리 정책을 고수하자 일본 내에서는 우크라이나 전쟁에 따른 에너지·식량 가격 상승이라는 외부 요인뿐만 아니라 일본의 초저금리 정책이라는 내부 요인이 물가 상승을 부추기고 있다는 비판이 나오고 있다.

엔화 약세로 수입 물가가 오르면서 일본 내 물가 압력도 커지고 있어 7월 10일 이뤄진 참의원(상원) 선거에서 예상치 못한 변수로 부상했다는 관측도 나오고 있다. 제1야당인 입헌민주당의 이즈미 겐타 대표는 최근 6월 21일 열린 9개당 당수 토론회에서 '기시다 인플레이션을 방치할 수 없다'며 '전 국민을 위해 고물가와 싸울 것'이라고 기시다 총리를 저격했다.

영츠하이머

Youngzheimer

영츠하이머란 **젊음(Young)과 치매를 칭하는 알츠하이머(Alzheimer)를 결합한 신조어로, 젊은 나이에 기억력 감퇴, 건망증 등을 겪는 것을 말한다.** '디지털 치매'(digital dementia)도 유사한 의미로 쓰이고 있다. 치매는 대표적인 퇴행성 뇌질환으로 고령자에서 주로 나타나는데, 최근 50대 이하 연령층에서 치매의 대표적인 증상인 기억력 감퇴, 건망증 등을 겪는 사람이 늘면서 '영츠하이머'라는 신조어가 생겼다.

영츠하이머가 늘어나는 원인으로 과도한 디지털 기기 사용과 스마트폰 의존이 꼽힌다. 단순 계산이나 정보 저장 등을 기계에 의지해 뇌의 활동이 둔해지고 기억력이 저하된다. 과도한 음주도 대표적 원인으로 꼽힌다. 지나친 음주로 블랙아웃 증상이 반복적으로 나타나면서 뇌의 기억 기관인 해마를 손상시켜 기억력 감퇴로 이어질 수 있다. 영츠하이머는 치매로 이어질 수 있는 전조증상일 수 있어 적극적으로 예방하기 위해 노력해야 한다. 독서, 손을 사용하는 공예 및 악기연주 등의 취미활동, 메모하는 습관이 도움이 된다.

휘소가치

揮少價値

휘소가치란 드물기 때문에 가치를 인정한다는 '희소(稀少)가치'에서 드물다는 뜻의 '희(稀)' 대신 흩어진다는 의미의 한자인 '휘(揮)'를 넣어 만든 신조어로, **다른 사람에게는 휘발성이 강하고 무의미해 보이지만, 자신에게는 가치가 있는 것을 소비한다는 의미다.** MZ세대(1980년대 초~2000년대 초 출생)의 소비 기준을 보여주는 단어로 사용된다.

MZ세대에게 중요한 소비 기준은 '가치'다. 친환경, 동물권, 성평등 등 자기만의 가치관이나 신념에 따라 소비하는 경향을 보인다. 제품·서비스의 가격이나 품질 같은 일반적 기준이 아니라, 스스로의 가치에 따라 합리적 소비를 하는 것이다. 친환경, 비건 등 자신이 중요하다고 생각하는 가치에 따라 특정 기업이나 브랜드의 제품을 적극적으로 구매하거나 혹은 불매운동을 벌이기도 한다. 이런 MZ세대의 소비는 유통업계를 변화시키고 있다. 유통업계는 친환경을 강조하고, MZ세대 전용 VIP 멤버십 등을 도입하며 주요 소비층으로 부상한 MZ세대의 취향에 맞는 마케팅에 적극적으로 나서고 있다.

세계 난민의 날

World Refugee Day

세계 난민의 날이란 **난민에 대한 관심 촉구를 위해 UN이 2000년 유엔총회특별 결의안을 통해 지정한 날로 매년 6월 20일이다.** 난민협약의 의미와 가치를 재확인하고, 난민보호라는 국제 사회의 책임을 전 세계가 공유하는 날이다. 6월 20일은 '아프리카 난민의 날'에서 유래했다. 매년 국제 연합 난민 고등 판무관 사무소는 전 세계적으로 행사를 치르고 있다. 한편 국가인권위원회(인권위)가 6월 20일 세계 난민의 날을 맞아 '난민보호를 위한 정부의 역할을 강화하고 난민재신청자 관련 제도를 개선하라'고 촉구했다.

인권위는 난민 심사에 대한 전문성 부족 및 통·번역 미흡, 심사 기간의 장기화 등으로 우리 정부가 UN 자유권규약위원회 및 유엔 인종차별철폐위원회 등 국제인권규약 위원회로부터 지적받고 있다고 했다. 우리나라는 2011년 난민법안이 국회 본회에서 통과되고 난민법을 제정하여 2013년 7월부터 시행했다. 하지만 **국내에서 난민으로 공인된 사람은 1163명으로 난민 인정률은 1.5% 정도다. G20**(세계 경제를 이끄는 G7에 12개의 신흥국·주요경제국 및 유럽 연합을 더한 20개의 국가 및 지역 모임) **국가 중 최하위권**이다.

스웨덴 게이트

swedengate

스웨덴 게이트란 **'스웨덴 친구 집에 갔을 때, 친구가 가족이 식사하는 동안 방에서 기다리라고 했다'라는 이야기에서 시작된 스웨덴의 '정 없는' 문화를 인터넷상에서 비꼬는 말이다.** 지난 5월 미국 커뮤니티에서 다른 사람 집에서 종교나 문화차이로 겪었던 이상한 경험을 공유하는 질문에 위 같은 내용이 달리자 스웨덴에서 유사한 일을 겪었다는 댓글이 이어지며 온라인상에서 뜨거운 감자로 떠올랐고, 일명 '스웨덴 게이트'라 불리게 됐다.

처음에는 재미있는 **'밈'**(meme : 온라인 유행 콘텐츠)으로 퍼지기 시작한 스웨덴 게이트가 차츰 스웨덴 문화 전반에 대한 조롱과 혐오로 번지며 논란이 되기도 했다. 손님에게 식사를 대접하고 나중에 비용을 청구한다든가 등의 확인되지 않는 루머도 퍼졌다. 워싱턴포스트에 따르면 스웨덴에서 손님에게 식사를 제공하지 않는 문화는 1970~80년대까지 있었던 문화이며, 특히 아이들에게 식사를 제공하지 않았던 건 '식사는 가족의 문제'라는 인식이 있었기 때문이다. 하지만 현재의 스웨덴에서는 이러한 문화를 찾아보기 어렵다고 알려졌다.

워라블

워라블이란 **일과 삶을 융합하다**(Work-Life Blending)**의 줄임말로, 업무와 일상의 적절한 조화를 추구하는 생활 방식을 말한다.** 업무와 일상의 균형을 추구하는 워라밸(Work-Life Balance)에서 파생된 용어다. 일과 삶의 균형을 찾는 워라밸과 달리 워라블은 업무와 일상의 적절한 조화를 추구하는 생활 방식을 말한다. 워라밸이 일과 취미생활을 분리해서 생각하는 개념이었다면, 워라블은 일과 취미를 조화시킨 '덕업일치'(열성적으로 좋아하는 분야의 일을 직업으로 삼는다는 뜻의 신조어) 라이프를 지향한다.

몇 년 전까지 야근이 많고 퇴근 후에도 업무 지시가 잦은 업무 환경을 탈피하기 위해 일과 삶의 균형을 추구하는 워라벨이 주목받았다. 일은 회사에서 끝내고 퇴근 후에는 취미 생활이나 자기계발에 투자하며 오롯이 나를 위한 시간으로 쓰는 것이다. 하지만 코로나19로 재택근무를 하는 회사가 늘면서 워라블을 선호하는 추세다. 일을 단순한 경제활동수단으로 여기지 말고 업무 시간 외에도 업무와 연계 가능한 취미 생활을 하며 커리어를 쌓고, 일을 자아실현 방법으로 여기자는 것이다.

핑프

핑프란 '핑거 프린세스(finger princess)', '핑거 프린스(finger prince)'의 줄임말로 **손쉽게 알아볼 수 있는 정보조차 스스로 검색하거나 찾으려 하지 않고, 인터넷이나 주위 사람에게 물어보는 사람을 뜻한다.** 마치 공주나 왕자처럼 가만히 앉아 쉽게 지식을 습득하려는 행태를 말한다. 손가락만 움직이면 원하는 정보를 얼마든지 찾을 수 있는 스마트폰이 일상화된 시대에 간단한 검색조차 귀찮아 타인을 이용해 원하는 정보만 쏙쏙 얻으려는 얌체족을 '핑프'라고 꼬집는다.

핑프족들은 스스로 해결하기 위해 고민하기보다 남에게 의존해 상황을 쉽게 넘어가려는 성향을 보이곤 한다. 이러한 형태는 일상생활에서도 나타난다. 학교 과제를 직접 조사하지 않고 온라인에 질문하거나 유료 리포트 사이트에서 해결하는 것, 대학교 홈페이지만 들어가면 쉽게 찾을 수 있는 대입 정보를 알려달라고 커뮤니티에 질문하는 것 등이다. 전문가들은 인터넷의 빠른 발달을 핑프족이 늘어나는 하나의 원인으로 꼽는다. 인터넷 등을 통한 정보 습득이 쉬워지다 보니 지식을 습득하는 방식이 점차 수동적으로 변해간다는 것이다.

IDO
Initial Dex Offering

IDO란 **탈중앙화 거래소(Dex)에 가상 자산을 상장하는 방식을 의미한다.** 특정 프로젝트가 IDO를 시작한다는 의미는 프로젝트가 코인이나 토큰을 탈중앙화된 유동성 거래소에서 런칭한다는 뜻이다. 다만 탈중앙화된 유동성 거래소는 특정 거래소가 존재하는 것이 아니며 가상화폐 사용자가 개인이 스스로 지갑을 생성 후 Dex에서 개인 간 금융거래(P2P) 방식으로 진행된다.

IDO는 탈중앙화되어 있으며, 허가도 필요 없는 크라우드 펀딩 플랫폼으로 가상화폐 내에서도 새로운 자금 조달 방법이다. 이 때문에 기존의 가상화폐 출시자가 자금을 조달할 때 사용하던 가상화폐공개(ICO, Initial Coin Offering) 등과 비교하면 IDO는 중앙화거래소에서 시행하는 고객 확인이 필요 없고 높은 수수료를 지불하지 않아도 되는 장점이 있다. IDO는 ICO보다 더 빠르고, 더 나은 유동성을 제공할 수 있는 특징도 있어 새로운 프로젝트나 스타트업, 자금을 당장 조달해야 할 때에 선택하기 좋은 방식이다. 다만 일부 투자자가 가격을 초반에 높였다가 이후 팔아버리는 현상이 종종 발생하는 등 가격이 안정적이지 않다고 무분별한 상장이 문제가 될 수 있다.

초과사망
excess death

초과사망이란 **바이러스 유행, 공해 등과 같이 특이 요인이 작용해 통상 일어나는 사망 건수보다 더 많은 사망이 일어나는 것을 말한다.** 1952년 12월 영국 런던에서 발생한 대규모 대기오염으로 일어난 환경 재난인 '런던 스모그'로 인해 만 명 이상의 사망자가 발생한 것이 대표적인 사례다. 한편 지난 6월 19일 통계청이 발표한 '코로나 시기 초과 사망 분석'에 따르면 코로나 오미크론 변이 바이러스 유행이 감소세로 전환했던 지난 4월 3일부터 30일까지 4주간 사망자 수는 3만 3025명으로 잠정 집계됐다.

지난해의 같은 주간과 비교하면 약 40% 많은 수준이다. 오미크론 확산 감소세에도 불구하고 초과사망이 여전히 많다는 의미다. 다만 초과사망에는 코로나19 외에도 고령화, 이상기후 등 다양한 요인이 영향을 미칠 수 있다. 코로나 고위험군으로 분류되는 65세 이상 고령자 사망은 50% 늘었다. 4월 인구 자연감소(출생아 수에서 사망자 수를 뺀 숫자) 5573명으로 1983년 사망자 통계 작성 이후 4월 기준 최고치를 기록했다.

그리드플레이션

greedflation

그리드플레이션은 **탐욕을 의미하는 'greed'와 '인플레이션(inflation)'의 합성어로, 미국의 물가가 40여 년 만에 최악 수준으로 치솟자 미국 민주당 일각에서 대기업의 탐욕이 인플레이션을 조장한다는 비난이 나오며 등장한 용어다.** 이들은 대기업들이 러시아와 우크라이나의 전쟁 등을 핑계 삼아 상품·서비스 가격을 과도하게 올려 물가상승을 초래하고 있다고 본다. 코로나19 장기화와 러시아의 우크라이나 침공에 따른 식량·에너지 가격 상승 등이 인플레이션을 촉발한 가운데 대기업들이 시장지배력을 악용해 상품 가격을 무분별하게 올렸다는 것이다. 워낙 물가가 오르니 기업이 가격을 필요 이상으로 올려도 소비자들은 이를 알아차리기 어렵다.

그러나 반대 진영에서는 그리드플레이션이 존재하지 않거나 물가에 미치는 영향이 과장됐다고 평가하고 있다. NYT는 기업이 탐욕으로 인플레이션을 강화했다면 최근 큰 폭으로 하락하는 기업 주가를 설명할 수 없다고 진단했다.

화상투약기

畫像投藥器

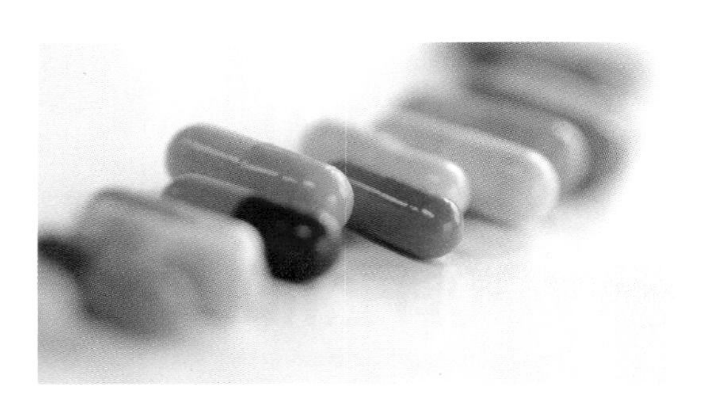

화상투약기는 **약국이 문 닫은 시간에 환자들의 의약품 접근성을 높이기 위해 고안된 약 자판기이다.** 최근 대한약사회의 오랜 반대 속에서 10년 넘게 시장 진입에 실패해 왔던 일반의약품 스마트 화상 판매기(화상투약기)에 대한 규제특례 안건이 통과됐다. 과학기술정보통신부는 6월 20일 제22차 정보통신기술(ICT) 규제샌드박스 심의위원회를 개최해 화상투약기를 포함한 총 11건의 규제특례 과제를 승인했다고 밝혔다.

쓰리알코리아는 지난 2012년 화상투약기를 개발했다. 하지만 보건복지부 및 법제처의 '약사법 위반' 판단에 따라 상용화하지 못했다. 약국 이외 장소에서 약사의 의약품 판매를 금지했던 규제때문이다. 과기부는 이번 규제 특례 승인에 따라, 약국이 운영하지 않는 시간에도 전문약사와 상담을 통해 일반의약품 구매가 가능해질 것으로 보인다고 기대했다. 화상투약기 도입 저지를 위해 총력을 기울였던 대한약사회는 화상투약기가 기술·서비스의 혁신성이 없고, 동네 약국의 경영악화를 불러올 수 있다고 우려한다. 또 기기 오작동·조작 미숙 등으로 안전을 저해할 위험성도 내포하고 있다고 강조했다.

새출발기금

새출발기금이란 **정부가 코로나19로 피해를 본 자영업자·소상공인을 대상으로 마련한 채무조정 프로그램이다.** 코로나19 팬데믹 속 빚이 과중해진 자영업자·소상공인들이 물가상승과 영업여건 악화로 빚 부담이 커지고, 세계 경기 침체로 금리 상승기가 겹치면서 부실이 확대될 가능성이 있다는 점에서 마련됐다. 방식은 소상공인·자영업자 새출발기금 설립을 통해 대출 부실 차주 또는 부실 우려 차주의 대출 채권을 매입하는 것이다.

기금의 지원을 받는 차주들은 최대 1~3년간 부채 상환을 유예받고, 최장 20년간 원리금을 분할해 상환하며 재기 기회를 가질 수 있다. 또한 기금 지원을 받는 차주들은 고금리 대출을 중신용자 수준의 대출금리로 조정받고, 신용채무에 대해선 60~90% 수준의 원금 감면까지 받을 수 있을 전망이다. 지원 규모는 최대 30조원으로, 지원 대상인 자영업자·소상공인 대출의 5% 수준이다. 해당 기금의 운영은 한국자산관리공사(캠코)가 맡는다. 금융위원회는 총 3조6000억원의 출자를 검토하고 있다. 한편 전국신용보증재단 노조협의회는 새출발기금이 채무탕감을 앞세운 성급한 대책들로 구성됐다며 재검토를 촉구했다.

다크이코노미

dark economy

다크이코노미란 **코로나19 팬데믹 이후 매장에서 손님을 받는 오프라인 운영보다 온라인 주문에 집중하는 비즈니스 형태가 증가하면서 등장한 신조어다.** '불 꺼진 상점(다크 스토어)'이나 '불 꺼진 주방(다크 키친)' 등 겉보기에는 매장이나 홀의 운영을 종료한 것 같으나, 실제로는 내부를 창고화해 소규모 물류거점으로 활용하는 비즈니스 형태다. 최소한의 인력과 투자를 통해 매장을 포장·배송 시설로 활용하면서 전자상거래를 통해 사업을 유지하는 식이다.

SSG닷컴, 쿠팡, 마켓컬리, 배달의 민족 등 커머스 업체를 필두로 익일 배송 서비스가 보편화되면서 다크 이코노미가 새로운 사업으로 부상하는 추세다. 소비자들의 온라인 주문이 일상화됐고, 빠른 배송을 위한 물류센터가 더욱 필요해지면서 도심의 기존 매장을 창고나 물류센터로 활용하는 경우가 늘고 있다. 코로나19가 엔데믹(풍토병, 주기적으로 발생하는 감염병)으로 전환돼 오프라인 시장이 활성화되더라도 소비자들은 새로운 소비 환경에 적응한 만큼 다크 이코노미는 계속 이어질 것이라는 분석이 있다.

디깅 소비

digging consumption

디깅 소비란 **'파다'를 뜻하는 영어 'dig'에서 파생된 말로, 소비자가 선호하는 특정 품목이나 영역에 깊게 파고드는 행위를 말한다.** 취미, 덕질 등 자신이 좋아하는 영역을 깊게 파고들며 관련된 제품을 구매하는 새로운 소비문화다. '채굴하다'라는 뜻이 있는 '디깅'은 원래 좋은 음원을 찾아 아티스트와 관련된 음악들을 들으며 깊이 파고드는 행동을 뜻하다가 이제는 소비의 전 영역으로 확대돼 여러 방면에서 '디깅 소비'라는 표현이 쓰인다.

디깅 소비는 MZ세대에서 주로 나타나는 소비 트렌드로, 이들은 가치 있다고 생각하는 제품엔 돈을 아끼지 않는 소비 성향을 보인다. 특히 자신이 선호하는 것을 깊게 파고드는 디깅 소비가 두드러지며 먹고 마시고 입는 모든 것에서 자신의 취향에 맞는 제품을 선호하는 경향이 뚜렷하다. 자신만의 가치와 취향을 표현하기 위해 한정판 스니커즈를 수집하고, 자신이 좋아하는 브랜드 제품을 중고 거래까지 찾아 모으기도 한다. MZ세대가 소비의 핵심 주체로 떠오르면서 유통업계는 MZ세대의 세분화된 소비 흐름에 맞는 신제품을 잇달아 선보이고 있다.

위로포비아

위로포비아란 **'위로'와 공포증을 뜻하는 '포비아(phobia)'의 합성어로, 속마음을 말하고 위로받는 것을 두려워하는 현상을 말한다.** 최근 채널A 예능 프로그램 '오은영의 금쪽상담소'에서 아이돌 가수 박규리가 상담하는 과정에서 언급됐다. 그룹 카라 출신 박규리가 타인에게 속마음을 꺼내기 어렵다고 털어놓자 정신의학과 전문의 오은영 박사는 이 상태를 '위로포비아'라고 진단했다. 오은영 박사는 7가지 '위포포비아 체크리스트'를 소개하며 이 중 5개 이상에 해당한다면 위로포비아 경향성을 가진 것이라고 소개했다.

7가지 체크리스트는 ▲혼술하는 걸 즐긴다 ▲약해 보이면 내 존재감이 흔들릴까 봐 두렵다 ▲타인과의 대화가 버거울 때가 있다 ▲가끔 다른 사람의 '괜찮아'라는 말에 화가 난다 ▲상대방이 날 이해하지 못한다고 생각한다 ▲힘이 들 때는 혼자 삭인다 ▲내 이야기가 가십거리가 될까 봐 걱정된다 등이다. 오 박사는 치열한 경쟁사회에서 요즘 청년 10명 중 8명이 속마음을 드러내는 것을 약점이자 흠이라고 생각해 가까운 사이에서도 위로받는 것을 주저하게 된다고 설명했다.

비거노믹스

veganomics

비거노믹스란 **'채식주의자(vegan)'와 '경제(economics)'를 합친 말로, 채식주의자를 대상으로 채식을 비롯해서 동물성 재료를 쓰지 않고 물건을 만드는 전반적인 산업을 뜻하는 말이다.** 일상생활에서 육식을 피하고 식물 재료 음식만 먹는 비건을 실천하는 사람들이 많아지면서 이와 관련된 산업이 발전하기 시작했다. 국내 비건 인구는 250만 명으로 추정되는데 이는 2008년 15만 명에 비해 무려 1566% 증가한 것이다.

특히 비건 인구는 가치 소비를 중시하는 MZ세대 사이에서 급증했다. MZ세대가 윤리적 소비이자 가치소비의 하나로 비건을 선택하고 실천하자 관련 산업도 덩달아 성장했다. 대표적으로 밀과 콩의 식물 단백질을 고온 고압으로 변형시켜 만든 대체육, 동물 실험을 하지 않는 화장품, 동물 가죽을 사용하지 않는 패션 브랜드들이 소비자들의 선택을 받고 있다. 자동차 업계는 차량 내부를 비건 가죽으로 만들고, 제약 업계도 비건 인증을 받은 제품을 출시하고 있다. 또한 많은 업계에서 사탕수수 친환경 제지, 콩기름 잉크를 사용하는 등 100% 재활용 가능한 패키지를 선보이고 있다.

카스팟팅

carspotting

카스팟팅이란 **'차'를 의미하는 'car'와 '발견하다'를 의미하는 'spot'의 합성어로, 길거리에서 희귀 차량이나 고급 차량의 사진을 찍는 행위를 말한다.** 최근 10대 청소년들 사이에서 놀이처럼 즐기는 일이 되고 있다. 특히 서울 강남구 도산대로 일대가 최근 청소년들의 카스팟팅 성지로 여겨지기 시작했다. 도산대로 카스팟팅은 10대 사이에서 일종의 문화로 자리 잡은 분위기다. 청소년들이 카스팟팅을 하는 이유는 고급 차량을 찍어 유튜브나 SNS에 올리기 위해서다. 이를 위해 지방에서 올라오는 청소년들까지 늘어나고 있다.

게다가 고급 자동차주들 역시 차량을 뽐내기 위해 이곳을 찾아 고의로 굉음을 내거나 질주하는 등의 위험천만한 일을 벌이고 있어 인근 주민들이 불편을 호소하고 있다. 청소년들은 질주하는 차량을 가까이에서 촬영하기 위해 도로를 침범하거나 다른 차량의 길을 막는 등 위험천만한 행동을 하기 때문에 자칫 사고가 날 수 있어 주위가 필요하다. 카스팟팅을 하는 이들은 대부분 촉법소년으로 도로교통법을 위반하는 등의 위험한 행동을 하더라도 처벌 대상에서 제외되는 현실이다.

SNS 톡! 톡!

해야 할 건 많고, (이거 한다고 뭐가 나아질까) 미래는 여전히 불안하고 거울 속 내 표정은 (정말 노답이다) 무표정할 때! 턱 막힌 숨을 조금이나마 열어 드릴게요. "톡!톡! 너 이 얘기 들어봤니?" SNS 속 이야기로 쉬어가요.

#이 정도는 알아야 #트렌드남녀

지드래곤이 '44억 슈퍼카' 샀다?…"소유 차량 아냐"

▲ 지드래곤이 자신의 인스타그램에 슈퍼카 사진을 올렸다. (지드래곤 인스타그램 캡처)

그룹 빅뱅의 지드래곤(GD)이 44억원에 달하는 슈퍼카를 구매했다고 알려지며 큰 화제가 됐다. 최근 GD가 자신의 인스타그램에 슈퍼카 사진을 게재하며 이 같은 소식이 퍼졌다. 자동차 마니아들은 해당 차량이 출고가가 44억원을 호가한다고 말했다. 그러나 해당 차량은 GD 소유가 아닌 것으로 확인됐다. GD는 최근 방문한 전시장에서 찍은 사진을 SNS에 게재했을 뿐이라는 전언이다.

@ 슈퍼카(super car)
고출력, 고성능, 고가의 차가 성능, 디자인, 상품성을 종합적으로 인정받았을 때 일컫는 칭호다.

#이미_슈퍼카_3대_있다는_GD #1대_더산줄

'이상한 변호사 우영우'에 시청자 열광

▲ '이상한 변호사 우영우' 포스터 (자료 : ENA)

ENA 수목드라마 '이상한 변호사 우영우'가 인기를 모으고 있다. 이 드라마는 자폐 스펙트럼 장애와 함께 천재적인 두뇌를 가진 법무법인 한바다의 신입 변호사 우영우(박은빈 분)의 이야기를 그린다. 우영우라는 인물이 장애 때문에 괴로워하거나 보호받아야 하는 존재로 그려지지 않는 점에서 큰 의미를 전달하는 이 드라마는 시청률 10% 돌파 기염을 토했다.

@ 자폐 스펙트럼 장애(autism spectrum disorder)
사회적인 상호작용과 의사소통에 어려움을 보이며, 흥미나 활동에서 제한적이고 반복적인 특성이 초기 아동기부터 특징적으로 나타나는 장애를 말한다.

#똑바로_읽어도_거꾸로_읽어도_우영우 #무공해_힐링에_감동

핑크퐁 차세대 캐릭터 '베베핀' 인기...유튜브 구독자 100만 돌파

▲ '베베핀'이 유튜브 구독자 100만 명을 달성했다. (자료 : 더핑크퐁컴퍼니)

더핑크퐁컴퍼니가 선보인 핑크퐁과 아기상어를 이을 차세대 지식재산권(IP) '베베핀(Bebefinn)'의 유튜브 영문 채널 구독자 수가 100만 명을 넘기며 인기를 끌고 있다. '베베핀'은 온 가족이 즐기는 생활 밀착형 싱어롱(따라부르는) 뮤지컬을 콘셉트로 20개월 '아기 핀'을 중심으로 5인 가족의 일상을 노래와 율동으로 그려낸 작품이다. 베베핀 영문 채널은 지난 4월 개설돼 3주 만에 구독자 10만 명을 넘겨 '실버 버튼'을 받았는데, 약 3개월 만에 구독자 100만 명을 돌파해 '골드 버튼'도 거머쥐게 됐다.

@ 지식재산권(IP, Intellectual Property)
지적 활동으로 인하여 발생하는 모든 재산권을 말한다.

#핑크퐁_아기상어에_이어 #전_세계_어린이들의_사랑_받길

트와이스 JYP와 전원 재계약

▲ 트와이스 (자료 : JYP엔터테인먼트)

걸그룹 트와이스에게 이른바 '마의 7년'은 없었다. 통상 아이돌 그룹에게 7년차는 존립과 해체의 기로에 놓이는 시기인데, 트와이스는 소속사 JYP엔터테인먼트와 전원 재계약하며 9명의 멤버를 유지해 활동을 이어가게 됐다. JYP엔터테인먼트는 지난 7월 12일 "트와이스 멤버 전원과 재계약을 완료했다"고 전했다. 트와이스를 '완전체'로 더 만나볼 수 있다는 소식에 팬들은 열광했다.

@ 트와이스(Twice)
2015년 10월 데뷔한 걸그룹으로, 9명(한국인 5명·일본인 3명·대만인 1명)의 멤버로 구성된 다국적 그룹이다.

#완전체_트와이스 #좋은_무대_많이_보여주시길!

* **Cover Story**와 분야별 **최신상식**에 나온 중요 키워드를 떠올려보세요.

01 3차원의 입체적인 물건을 쌓아 올리는 방식으로 찍어내는 프린터는? p.8

02 특정 집단에 대한 편견이나 혐오, 비하, 적대감, 증오 등을 동기로 하는 범죄는? p.10

03 대통령기록물의 안전한 보존을 위해 중앙 기록물 관리 기관으로 이관할 때 대통령이 지정한 기록물은? p.18

04 지난 7월 4일 21대 후반기 국회의장에 선출된 더불어민주당 출신 의원은? p.20

05 회생을 희망하는 법인이 인수 희망자를 내정하고 인수계약을 체결하는 방식을 의미하는 것은? p.39

06 경기침체 후 잠시 불황에서 벗어나 짧은 기간 성장을 기록하다가 다시 불황에 빠지는 이중침체 현상으로 W자형 불황(W-shaped recession)이라고도 하는 것은? p.40

07 카타르가 액화천연가스(LNG) 연간 생산량을 기존 7700만톤에서 1억2600만톤으로 늘리고자 추진 중인 프로젝트는? p.47

08 두 세력이 균형을 이룬 상태에서 대세를 좌우할 열쇠를 가진 제3세력의 표를 말하는 것은?
p.52

09 과테말라나 온두라스, 엘살바도르 등 중남미 국가 출신의 이민자들이 무리를 지어 도보나 차량으로 멕시코를 거쳐 미국으로 진입하려는 행렬을 뜻하는 말은? p.64

10 핵무기 없는 동맹국이 핵 공격을 받거나 위협에 노출됐을 때 미국이 본토 위협에 대응하는 핵무기 및 핵무기 투발(投發 : 내던져 폭발시킴) 수단으로 지원한다는 개념은? p.80

11 수학의 새로운 분야 개척에 공헌한 수학자에게 수여하는 상으로, '수학계의 노벨상'으로 불리는 등 세계적 권위를 가진 상은? p.92

12 프로 스포츠에서 팀의 구성원이나 시스템을 리셋, 물갈이하여 새롭게 만드는 것을 의미하는 말은? p.108

13 일정 기준 이상의 이익을 얻은 법인 및 자연인에 대하여 그 초과분에 보통소득세 외에 추가적으로 징수하는 소득세로, 정식 명칭은 '초과이윤세'인 것은? p.113

14 미국의 물가가 40여 년 만에 최악 수준으로 치솟자 미국 민주당 일각에서 대기업의 탐욕이 인플레이션을 조장한다는 비난이 나오며 등장한 용어는? p.124

정답 **01** 3D 프린터 **02** 혐오범죄 **03** 대통령지정기록물 **04** 김진표 **05** 스토킹호스 **06** 더블딥
07 카타르 프로젝트 **08** 캐스팅보트 **09** 캐러밴 **10** 확장억제 **11** 필즈상 **12** 리빌딩 **13** 횡재세
14 그리드플레이션

나는 깊게 파기 위해
넓게 파기 시작했다.

– 스피노자(Baruch de Spinoza)

에듀윌, 세무사 오프라인 교육 전문학원 신규 런칭 "설명회, 입문 강의 등 무료 제공"

종합교육기업 에듀윌이 세무사 오프라인 교육 전문학원 '에듀윌 경영아카데미 종로캠퍼스'를 오픈하며, 세무사 오프라인 교육 시장에 전격 진출한다고 밝혔다.

세무사는 소득과 직업 만족도가 높고, 전문직에 도전하는 수험생이 꾸준히 증가하며 큰 인기를 얻고 있다. 특히 지난 2019년부터 세무사 시험 최소 합격 인원이 기존 630명대에서 700명으로 늘어나며 매해 세무사 시험 지원자 수가 꾸준히 증가하고 있다. 실제 한국산업인력공단이 운영하는 큐넷에 따르면 세무사 1차 시험 응시자는 2019년(1만496명), 2020년(1만1672명), 2021년(1만2494명)으로 꾸준한 증가세를 보이고 있다.

이에 에듀윌은 지난해 9월 온라인 세무사 교육을 선보인데 이어, 보다 집중적인 학습 관리를 희망하는 수험생들을 대상으로 하는 오프라인 세무사 교육 전문학원을 신규 런칭했다.

서울 종로에 위치한 에듀윌 경영아카데미 종로캠퍼스에서는 세무사 1차&2차 시험 합격 시까지, 평생 강의 수강이 가능한 '평생합격반' 강의 과정 등을 만나볼 수 있다.

에듀윌은 세무사 오프라인 교육 런칭을 기념해 다양한 이벤트를 진행한다. 먼저 이론 강의 시작에 앞서 세무사 기초지식을 쌓을 수 있는 '기초입문 특강' 3주 무료 수강 혜택을 제공한다. 또 최대 할인가로 '평생합격반' 수강이 가능한 얼리버드 이벤트 등을 진행 중이다.

에듀윌 경영아카데미 종로캠퍼스 이재덕 원장은 "세무사 시험을 준비하는 수험생이 매년 증가하는 만큼, 최신 출제 트렌드에 맞춘 체계적인 교육이 중요하다"며 "6월 28일(화)과 7월 9일(토), 7월 16일(토) 총 3차례에 걸쳐 무료 설명회도 진행할 예정"이라고 소개했다.

에듀윌 세무사 오프라인 교육 서비스에 대한 자세한 내용 확인 및 이벤트 참여 등은 에듀윌 경영아카데미 종로캠퍼스 홈페이지에서 가능하다.

PART 03

취업상식 실전TEST

취업문이 열리는 실전 문제 풀이

최근 출판된 에듀윌 자격증·공무원·취업 교재에 수록된 문제를 제공합니다.

01 윤석열 정부가 신설한 대국민 소통 창구는?

① 국민소통
② 국민제안
③ 국민청원
④ 국민신문고

해설 윤석열 정부가 문재인 정부 시절의 대국민 소통 창구였던 청와대 국민청원을 폐지하고 '국민제안'을 신설했다. 신설된 국민제안은 비공개로 하고 100% 실명제로 운영되는 것이 특징이다.

대통령실, '청와대 국민청원' 대체할 소통 창구 신설

▲ 대통령실 홈페이지 소통 창구 (홈페이지 캡처)

윤석열 정부가 문재인 정부 시절의 대국민 소통 창구였던 청와대 국민청원을 폐지하고 '국민제안'을 신설했다. 신설된 국민제안은 비공개로 하고 100% 실명제로 운영된다. 강승규 대통령실 시민사회수석은 지난 6월 23일 "오늘 오후 3시 대통령실 홈페이지 내에 새로운 국민소통창구인 '국민제안' 코너가 공개된다"고 밝혔다.

대통령실은 지난 정부 청와대 국민청원이 청원법상 비공개가 원칙인 청원 내용을 전면 공개하면서 국민 갈등을 조장하는 정치 이슈로 변질됐다는 판단하에 이를 폐지하기로 결정했다. 국민제안은 공정과 상식의 기조 아래 청원법에 따른 비공개 원칙·여론왜곡 방지를 위한 100% 실명제·특정 단체 집단 이익 대변 댓글 제한·민원 책임 처리제 등 4대 원칙으로 운영된다.

정답 ②

02 2021년도 공공기관 경영실적 평가에서 '아주미흡' 등급을 받은 곳은?

① 한국마사회
② 대한석탄공사
③ 한국철도공사
④ 한국토지주택공사

해설 2021년도 공공기관 경영실적 평가에서 한국철도공사는 가장 낮은 등급인 E등급(아주미흡)을 받았다. ①한국마사회, ②대한석탄공사, ④한국토지주택공사는 모두 D등급(미흡)을 받았다.

지난해 공공기관 경영실적 평가에서 코레일 등 18곳 낙제점

▲ 최상대 기획재정부 차관이 '2021년도 경영평가 결과 발표 브리핑'에서 주요 내용을 발표하고 있다. (자료 : 기획재정부)

국내 130개 공기업·준정부기관 가운데 18곳이 지난해 경영실적 평가에서 낙제점을 받았다. 지난 6월 20일 기획재정부는 '2021년도 공공기관 경영실적 평가 결과 및 후속조치(안)'를 심의·의결했다. 올해 평가에서는 지난해 LH 직원 부동산 투기 등 비위행위를 계기로 윤리경영지표 점수를 3점에서 5점으로 강화했다. 또 코로나19로 인한 영향을 합리적으로 보정했다.

평과 결과에서 D등급(미흡)과 E등급(아주미흡)은 각각 15곳과 3곳으로 나타났다. D등급 주요 공기업에는 대한석탄공사, 한국마사회, 한국토지주택공사 등이, E등급에는 한국철도공사(코레일) 등이 이름을 올렸다. 한편, S등급(탁월)은 한국동서발전 단 한 곳이었으며, A등급(우수)과 B등급(양호)은 각각 23곳, 48곳으로 집계됐다. C등급(보통)은 40곳이었다.

정답 ③

03 5부 요인 중 의전서열이 가장 높은 사람은?

① 대통령
② 국무총리
③ 국회의장
④ 대법원장

해설 5부 요인은 ▲국회의장 ▲대법원장 ▲헌법재판소장 ▲국무총리 ▲중앙선거관리위원회 위원장을 포함한다. 대통령은 헌법상 행정부 수반이자 국가 원수로서 항상 국가를 대표하므로 5부 요인에 포함시키지 않는다. 국가 의전서열은 대통령→국회의장→대법원장→헌법재판소장→국무총리→중앙선거관리위원회 위원장 순서다. 따라서 5부 요인 중 국회의장의 의전서열이 가장 높다.

여야, 21대 국회 후반기 국회의장에 김진표 선출

▲ 김진표 국회의장

김진표 더불어민주당 의원이 7월 4일 21대 후반기 국회의장으로 선출됐다. 여야는 이날 국회에서 본회의를 열고 투표수 275표 중 찬성 255표로 김 의원을 의장으로 선출했다. 5선 의원인 김 의장은 국회의장 당선 다음날부터 당적을 가질 수 없다는 국회법에 따라 민주당을 탈당하고 무소속이 됐다.

김 의장은 선출 직후 당선 인사에서 "국회의장으로서 의원 여러분과 함께 우리 국회에 주어진 역사적 소명을 다하겠다"고 밝혔다. 김 의장은 "정부에만 맡겨놓기에는 상황이 너무 절박하다"며 "당면한 민생경제 위기에 긴급히 대응할 수 있도록 '국회 민생경제 특별위원회'를 구성하자"고 제안했다. 또한 "협력으로 희망을 만드는 정치를 하자"고 강조했다.

정답 ③

04 주요 국가의 통화를 잘못 연결한 것은?

① 일본-엔
② 미국-달러
③ 영국-유로
④ 중국-위안

해설 영국은 유로가 아닌 파운드를 쓴다. 유로는 유럽연합의 단일 화폐다.

원 · 달러 환율 13년 만에 1300원↑

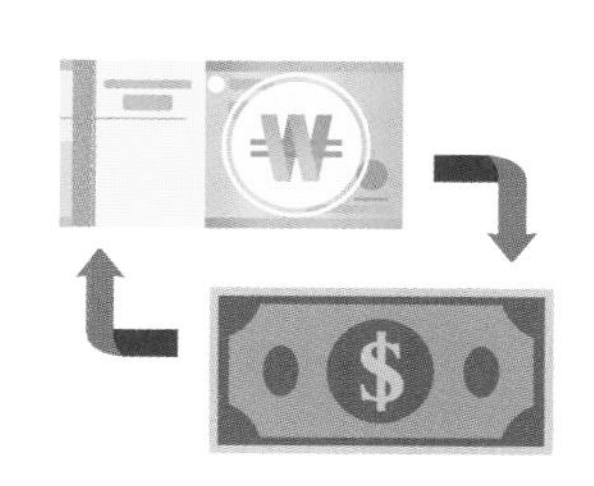

원·달러 환율이 13년 만에 심리적 지지선인 1300원을 넘어섰다. 지난 6월 23일 서울 외환시장에서 원·달러 환율은 전 거래일(1297.3원) 보다 4.5원 상승한 1301.8원에 마감했다. 환율이 1300원대에서 마감한 것은 2009년 7월 13일(1315.0원) 이후 12년 11개월 만에 처음이다.

이날 환율은 전 거래일보다 1.7원 오른 1299.0원에 개장했다. 장 시작부터 전날 기록한 연고점(1297.9원)을 하루 만에 다시 경신하더니 1302.8원까지 치솟았다. 이후 오전 10시 50분께 추경호 경제부총리 겸 기획재정부 장관의 구두개입성 발언이 나오면서 다시 1296.60원으로 1290원대로 내려섰으나, 이후 다시 오름세를 보이면서 결국 1300대에서 거래를 마쳤다.

정답 ③

05 원숭이두창에 대한 설명으로 옳지 않은 것은?

① 자연치료가 불가능해 치료제를 꼭 맞아야 한다.
② Monkeypox 바이러스 감염에 의한 인수공통감염병이다.
③ 사람 간에서 체액, 호흡기 비말(침방울) 등을 통해 감염된다.
④ 원인 바이러스는 사람의 피부, 호흡기, 점막을 통해 체내로 들어온다.

해설 원숭이두창의 증상은 일반적으로 보통 2~4주 동안 지속되다가 자연치료되지만 어린이나 임산부, 면역저하자는 중증으로 진행될 수 있다.

국내 첫 '원숭이두창' 확진자 발생

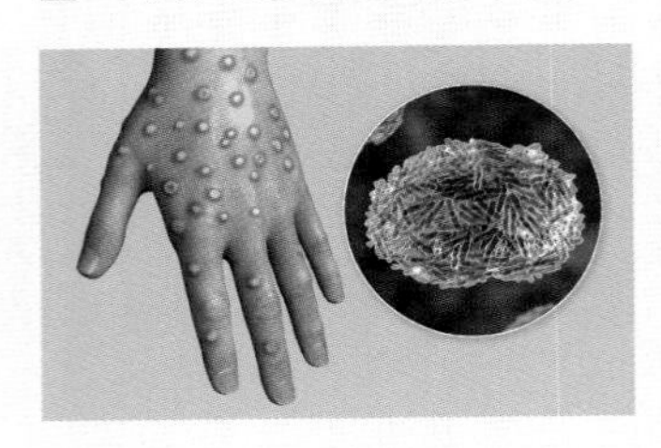

국내 첫 원숭이두창 확진자가 나왔다. 원숭이두창은 세계적으로 확산하여 글로벌 보건 위기 우려를 낳고 있는 감염병이다. 지난 6월 22일 질병관리청은 브리핑에서 "6월 21일 인천공항으로 귀국해 의심 증상을 보인 내국인 A 씨에 대해 유전자증폭(PCR) 검사와 유전자염기서열 분석을 실시한 결과 확진자로 판정했다"고 밝혔다.

한편, 방역 당국은 원숭이두창 예방과 추가 전파 최소화를 위해 확진자에 대한 개인정보 유출이나 차별, 낙인이 발생하지 않도록 해야 한다고 재차 강조했다. 임숙영 중앙방역대책본부(방대본) 상황총괄단장은 6월 28일 브리핑에서 "코로나19 초기에도 경험했지만, 감염병 환자에 대한 편견과 사회적 낙인은 자발적 신고가 중요한 감염병의 발생 초기에 의심환자를 숨게 만들어서 감염병 피해를 더욱 키울 수 있다"고 경고했다.

정답 ①

06 정부의 정책 실행을 중요시하는 경제학 이론을 창시한 영국의 경제학자는?

① 존 케인스
② 밀턴 프리드먼
③ 소스타인 베블런
④ 데이비드 리카도

해설 존 케인스(John Maynard Keynes, 1883~1946)는 정부의 정책 실행을 중요시하는 케인스 경제학 이론을 창시한 영국의 경제학자다. 케인스는 완전 고용을 실현하기 위해 정부와 기업이 공적·사적 투자를 확대해야 한다는 결론을 내놓으며, 기존의 자유방임주의 학설을 뒤집었다. 그의 이러한 주장은 케인스학파 형성으로 이어지게 됐다.

'경제학 거목' 조순 전 경제부총리 별세...향년 94세

▲ 윤석열 대통령이 조순 전 경제부총리 빈소를 찾아 조문하고 있다. (자료 : 대통령실)

'한국의 케인스'라 평가받는 조순 전 경제부총리가 6월 23일 오전 3시께 별세했다. 향년 94세. 고인은 안정과 균형성장을 강조하였으며, 그의 학풍을 따르는 제자 그룹을 '조순학파'라 부르는 등 한국 경제학에 큰 발자취를 남긴 인물이다.

고인은 노태우 전 대통령의 제안을 받아들여 1988년 경제부총리 겸 경제기획원 장관에 취임했다. 경제부총리로 약 1년 3개월 동안 재직하며 긴축정책을 추진하고 이익환수제·토지초과이득세 등 토지공개념을 도입하려 하기도 했다. 고인은 경제부총리 자리에서 물러난 뒤 한국은행 총재를 지내기도 했다. 한편, 윤석열 대통령은 고인의 빈소를 찾아 조문했다.

정답 ①

07 탈레반에 대한 설명으로 옳지 않은 것은?

① 파슈툰족 언어로 '학생'이라는 뜻이다.
② 1994년 탈레반 성직자 무하마드 오마르가 민병대를 결성한 것이 탈레반의 시초다.
③ 1996년 아프가니스탄의 정권을 장악한 이후 줄곧 아프간을 통치하고 있다.
④ 현재 탈레반의 최고 지도자는 히바툴라 아쿤드자다이다.

해설 탈레반은 2001년 미국이 이끄는 연합군의 공격에 붕괴할 때까지 아프간을 통치했다. 그러나 지난 2021년 미군이 아프간에서 철수한 지 4개월 만에 탈레반은 아프간을 완전히 함락하고 재집권했다.

아프간 강진 참사로 1000명 이상 사망

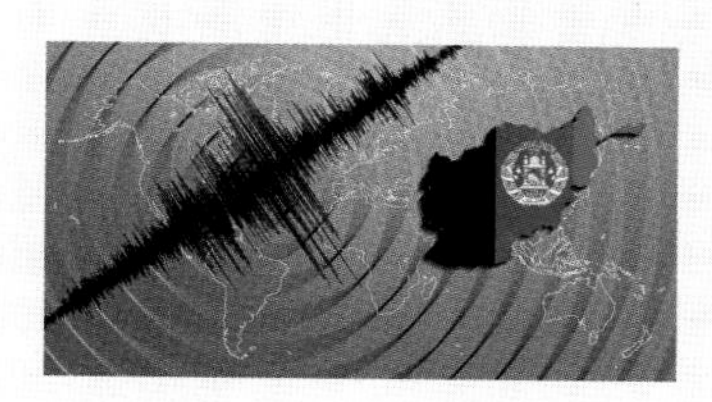

지난 6월 22일(현지시간) 아프가니스탄 남동부에서 규모 5.9의 강진이 발생해 1000명 이상이 사망하는 참사가 발생했다. 외신에 따르면 이날 오전 1시 24분 남동부 파키스탄 국경 인근인 파크티카주에 규모 5.9(유럽지중해지진센터 기준)의 지진이 엄습해 사망자 수가 1000명을 넘어섰다.

탈레반 최고 지도자 히바툴라 아쿤드자다는 성명을 내고 유족에게 위로의 뜻을 전했다. 또, 탈레반 정부 고위 관리인 아나스 하카니는 "국제사회와 구호단체가 심각한 상황에 처한 우리 국민을 도와주기를 바란다"고 호소했다. 이에 유엔(UN)과 유럽연합(EU) 등 국제사회와 이웃나라 파키스탄의 셰바즈 샤리프 총리는 피해 지역 주민을 위해 지원하겠다고 약속했다.

정답 ③

08 여러 남미 국가에서 온건한 사회주의를 표방하는 좌파 정당들이 연달아 집권한 기조를 일컫는 말은?

① 그린타이드
② 레드타이드
③ 블루타이드
④ 핑크타이드

해설 핑크타이드(pink tide·좌파 물결)에 대한 설명이다.

콜롬비아서 역사상 첫 좌파 정권 탄생...남미의 좌파화 거세져

▲ 콜롬비아 제34대 대통령 당선인 구스타보 페트로

외신의 보도에 따르면 지난 6월 19일(현지시간) 콜롬비아 대통령 선거 결선 투표 결과 좌파연합 '역사적 조약'의 대선 후보인 구스타보 페트로가 50.5%의 득표율을 얻어 제34대 콜롬비아 대통령에 당선됐다. 페트로 당선인의 경쟁자인 로돌포 에르난데스는 득표율 47.3%를 기록했다.

페트로가 대통령에 당선됨에 따라 콜롬비아 역사상 첫 좌파 정권이 탄생하게 됐다. 페트로 당선인은 이반 두케 현 콜롬비아 대통령의 뒤를 이어 오는 8월 취임한다. 페트로 당선인의 이번 승리는 2018년부터 멕시코, 아르헨티나, 페루, 칠레 등에서 줄줄이 좌파 정권이 탄생한 흐름 속에 나온 것이다. 이번 콜롬비아 대선 결과로 중남미의 핑크타이드(좌파 물결) 부활이 정점을 찍은 것으로 평가되고 있다.

정답 ④

09 주로 국지전에서 사용되는 것으로 전선에서 적을 궤멸시키기 위한 핵무기는?

① 전략폭격기
② 전략핵무기
③ 전략핵전력
④ 전술핵무기

해설 '전술핵무기(戰術核武器)'에 대한 설명이다. '전술핵'이라고도 한다.

북, "전방부대 작전임무 추가·작전계획 수정"

지난 6월 23일 조선중앙통신은 김정은 북한 국무위원장이 지난 6월 21일에 이어 6월 23일까지 노동당 중앙군사위원회 제8기 제3차확대회의를 주재하고 전선부대 작전임무 추가와 작전계획 수정안, 군사조직 개편 문제 등을 논의했다고 밝혔다. 통신은 "전선부대들의 작전능력을 높이기 위한 중요군사적 대책들을 취하고 있는 당 중앙의 전략적 견해와 결심을 피력했다"고 밝혔다. 다만 추가된 전선부대 작전임무와 작전계획 수정, 군사조직편제 개편 방향에 대해서는 구체적으로 공개하지 않았다.

전선 부대 작전 임무 추가 확정과 작전계획 수정 토의는 지난 4월 김 위원장 참관하에 시험 발사한 신형 전술유도무기 등 핵탄두 탑재 가능한 단거리 미사일 운용과 관련이 있는 것으로 분석된다. 김 위원장 참관하에 신형 전술유도무기를 시험 발사했을 당시 북한 매체는 "전술핵 운용의 효과성과 화력 임무 다각화를 강화"한다고 주장해 단거리 탄도미사일에 전술핵 탑재가 가능함을 시사했다.

정답 ④

10 실용 위성을 자력으로 발사할 수 있는 국가가 아닌 것은?

① 인도
② 일본
③ 영국
④ 대한민국

해설 현재 실용 위성을 자력으로 발사할 수 있는 나라는 우리나라를 포함해 ▲러시아 ▲미국 ▲프랑스 ▲중국 ▲일본 ▲인도 등 7개 국가다.

한국형 발사체 '누리호' 발사 성공

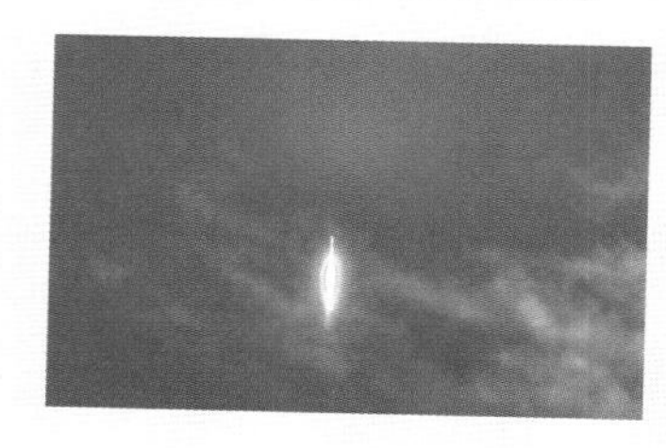

한국형 발사체 누리호(KSLV-Ⅱ)에 실린 성능검증 위성과 위성 모사체가 6월 21일 2차 발사에서 궤도에 안착했다. 누리호는 이날 오후 4시에 발사돼 성능검증 위성과 위성 모사체 분리를 성공적으로 마쳤다. 이로써 우리나라는 세계에서 7번째로 실용위성 발사 능력을 입증하며 우주 강국 반열에 올랐다.

누리호는 순수 국내 기술로 설계·개발된 최초의 우주 발사체다. 2차 발사에 성공해 궤도에 안착함에 따라 누리호 위성 모사체와 성능검증 위성은 지표면에서 700㎞ 안팎의 고도에서 초속 7.5km 안팎의 속도로 지구 주위를 돌고 있다. 한편, 현재 실용 위성을 자력으로 발사할 수 있는 나라는 우리나라를 포함해 러시아·미국·프랑스·중국·일본·인도 등 7개 국가다.

정답 ③

11 다음 중 성격이 다른 하나는?

① 야후
② 에지
③ 웨일
④ 사파리

해설 야후(Yahoo)는 '구글', '네이버', '다음'과 같은 검색 엔진(포털 사이트)으로, 가장 오래된 검색 엔진이다. ②에지, ③웨일, ④사파리는 모두 인터넷 웹페이지를 볼 수 있게 해주는 프로그램인 웹브라우저다.

'인터넷 익스플로러' 27년 만에 역사의 뒤안길로

한때 인터넷 세상을 이끌었던 웹브라우저 '인터넷 익스플로러(IE)'가 27년간의 여정을 마감하고 역사의 뒤안길로 사라졌다. 외신에 따르면 마이크로소프트(MS)가 6월 15일 IE 11 브라우저 버전 대부분 지원을 종료했다. 이에 따라 6월 15일 이후부터는 PC에 설치된 인터넷 익스플로러가 비활성화되고, 실행할 경우 자동으로 또 다른 웹브라우저 '에지'로 전환된다.

과학기술정보통신부와 한국인터넷진흥원(KISA)은 IE에 대한 MS의 기술지원이 종료됨에 따라 이용자들이 웹브라우저 이용에 보안상 문제가 없도록 주의해야 한다고 당부했다. IE 기술지원 종료는 IE에 대한 신규 보안취약점 및 오류 개선을 지원하는 보안 업데이트 제공 중단을 의미하기 때문이다. 웹브라우저 이용상 보안 우려를 줄이기 위해서는 크롬, 에지, 사파리, 웨일 등 보안이 지원되는 최신 웹브라우저를 사용하고 최신 운영체제(OS) 보안 업데이트를 진행하는 것이 중요하다.

정답 ①

12 물을 전기 분해해 얻은 수소를 이산화탄소나 질소 등과 결합해 만드는 연료는?

① 이퓨얼
② 2차 전지
③ 수소 연료
④ 전고체 전지

해설 이퓨얼(e-fuel)은 전기 기반 연료(electricity-based fuel)의 약자로, 글로벌 완성차 업체가 주목하는 신종 연료이다. 이퓨얼은 무색무취에 가까운 액체이지만, 화학적 구성(탄화수소)이 석유와 같아 가솔린·디젤차는 물론, 제트 엔진 연료로도 바로 쓸 수 있다. 이퓨얼은 물을 전기 분해해 얻은 수소를 이산화탄소나 질소 등과 결합해 만드는데 수소는 태양광이나 풍·수력 같은 재생에너지를 이용해 얻고, 이산화탄소와 질소는 대기 중에서 포집해 쓰므로 온실가스 저감 효과가 크다.

EU, 2035년부터 가솔린 · 디젤차 생산 금지 공식화

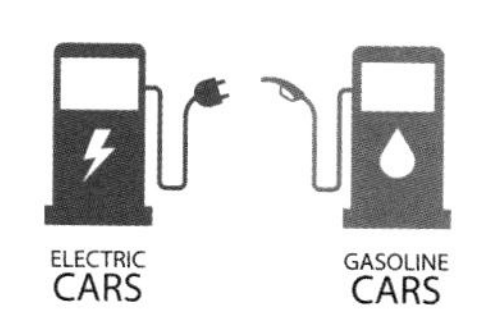

유럽에서 오는 2035년 이후 휘발유(가솔린)·경유(디젤) 등 내연기관 엔진을 장착한 자동차 운행이 전면 금지된다. 유럽연합(EU)이 탄소제로 계획 달성의 일환으로 가솔린·디젤차 생산·판매 금지를 공식화하면서다. 6월 30일 AFP통신에 따르면 EU 회원 27개국 환경부 장관들은 전날 룩셈부르크에서 모여 논의 끝에 이 같은 계획을 추진하기로 합의했다.

각 나라 환경장관들이 합의한 이번 계획은 유럽의회에서 통과되면 바로 효력이 발생한다. EU의 이번 결정은 유럽에서 가솔린·디젤차 판매를 2035년부터 중단하고 이를 전기차 등 친환경차로 완전히 전환하겠다는 것으로 해석된다. 앞서 6월 8일(현지시간) EU 의회는 내연기관 신차에서 배출되는 이산화탄소를 100% 감축해야 한다는 내용의 '이산화탄소 배출 성능 표준 개정안'을 통과시켰다. 한편, 이 개정안에는 이퓨얼로 구동되는 자동차도 금지한다는 내용이 있어 일부 국가가 강력히 반대했다.

정답 ①

13 예술에서 작품이나 예술가에 대한 존경의 표시로 일부러 모방하는 것은?

① 표절
② 오마주
③ 콜라주
④ 패러디

해설 '오마주(hommage)'에 대한 설명이다. 오마주는 불어에서 온 말로 '경의의 표시', '경의의 표시로 바치는 것'이라는 뜻을 가지고 있다.

유희열, 일본 음악 거장 사카모토 류이치 표절 논란

▲ 유희열 (안테나 페이스북 캡처)

유희열이 표절 논란에 휩싸였다. 유희열이 선보인 '생활음악' 프로젝트 두 번째 트랙 '아주 사적인 밤'이 일본 음악의 거장 사카모토 류이치의 '아쿠아'와 유사하다는 지적이 나오면서다. 원곡자 사카모토 류이치가 "표절이라는 범주에 부합하지 않는다"라는 답변을 했지만 후폭풍이 거세다. '내가 켜지는 시간', '넌 어떠니' 등 다른 곡도 표절 시비에 휘말렸기 때문이다.

한편, 유희열은 사카모토 류이치 표절 논란에 대해 "긴 시간 영향받고 존경하는 뮤지션이기에 무의식중 내 기억 속에 남아있던 유사한 진행 방식으로 곡을 쓰게 됐다. 충분히 살피지 못하고 많은 분께 실망을 드린 것에 대해 사과의 말씀을 드린다"며 표절을 인정하고 사과했다. 이에 따라 음반 발매도 취소했다.

정답 ②

14 해외에서 무대에 올린 공연을 계약을 맺어 한국어로 바꿔 올리는 공연은?

① 무비컬
② 커튼 콜
③ 리미티드런
④ 라이선스 뮤지컬

해설 '라이선스 뮤지컬(licence musical)'에 대한 설명이다. '엘리자벳', '레베카', '위키드' 등이 라이선스 뮤지컬에 속한다.

옥주현, 뮤지컬계 인맥 캐스팅 논란 일단락

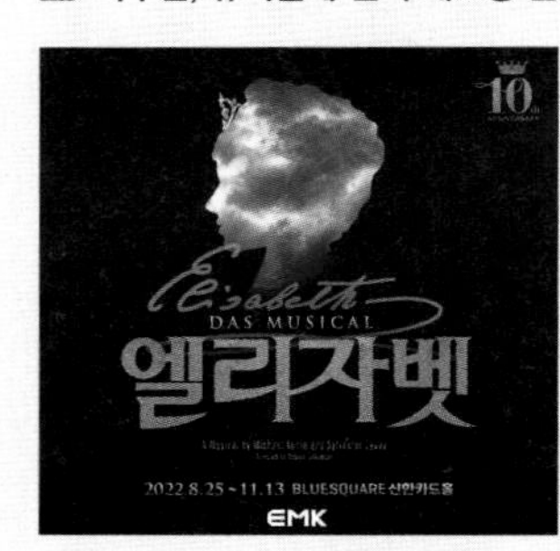

▲ 뮤지컬 '엘리자벳' 10주년 기념 공연 포스터 (자료 : EMK뮤지컬컴퍼니)

옥주현의 뮤지컬계 인맥 캐스팅 논란을 불러온 이른바 '옥장판 사건'이 뮤지컬 배우 옥주현과 김호영의 화해로 일단락됐다. 이번 논란은 뮤지컬 '엘리자벳' 10주년 기념 공연에서 상징적인 인물이었던 김소현이 빠지고 옥주현과 이지혜가 더블 캐스팅되면서 불거졌다. 여기에 김호영이 자신의 SNS에 "아사리판은 옛말이다. 지금은 옥장판"이라며 옥주현이 뮤지컬계에서 캐스팅 영향력을 행사했음을 암시하는 듯한 글을 올렸다.

옥주현은 김호영을 허위사실에 의한 명예훼손 등 혐의로 고소했다. 그러나 뮤지컬 '1세대'로 불리는 남경주, 박칼린 등이 "캐스팅은 제작사 고유 권한"이라는 호소문을 내자 옥주현은 소송을 취하했다. 다만 "엘리자벳 공연 캐스팅에 어떠한 관여도 하지 않았다"고 밝혔다.

정답 ④

15 생물학적 성과 정신적인 성이 일치하는 사람을 일컫는 말은?

① 시스젠더
② 젠더퀴어
③ 트랜스젠더
④ 논바이너리

해설 '시스젠더(cisgender)'에 대한 설명이다. 시스젠더와 다르게 자신의 생물학적 성과 정신적인 성이 반대라고 생각하는 사람을 '트랜스젠더(transgender)'라고 한다.

국제수영연맹, 트랜스젠더 선수 여성부 출전 사실상 금지

지난 6월 19일(현지시간) AP 통신의 보도에 따르면 국제수영연맹(FINA)이 성전환 선수의 여성부 출전을 사실상 금지하기로 한 것으로 알려졌다. 이날 열린 임시총회에서 회원국들은 성전환자 중 12세 이전에 수술을 받은 때에만 여성부 경기에 출전하도록 하는 새로운 '성별 포함 정책'을 채택했다.

FINA는 지난해 11월 성전환자 선수와 관련해 테스토스테론(남성 호르몬) 수치에 초점을 맞추는 대신 실제 비교우위가 발생하는 시점에 대해 입증하도록 한 국제올림픽위원회(IOC) 권고에 따라 이번 정책을 마련했다. 한편, FINA는 트랜스젠더 선수를 포함한 '열린 경쟁 부문' 신설을 제안하고 실무 그룹을 구성해 6개월간 관련 방안을 검토하기로 했다.

정답 ①

16 미국에서 2021년부터 노동자들의 자발적 퇴사가 급격히 늘어나면서 신조어는?

① 대퇴사
② 돌취생
③ 팸잼족
④ 퇴사러시

해설 '대퇴사(the great resignation)'에 대한 설명이다. 미국 노동부에 따르면 2021년 자발적으로 일을 그만둔 노동자는 4740만 명에 이른다. 코로나 이전인 2019년보다 530만 명 늘어난 수치다. 한편, 대퇴사는 '대공황'에 빗대 만든 신조어다.

6년 만에 정규 앨범 선보이는 비욘세 신곡 화제

▲ 팝스타 비욘세

6년 만에 정규 앨범으로 돌아오는 비욘세의 신곡이 화제다. 비욘세는 지난 6월 20일(현지시간) "방금 회사를 때려치웠어. 저녁 9시까지 일하고 5시간밖에 못 쉬었어. 회사는 날 정말 힘들게 해"라는 가사가 담긴 신곡 '브레이크 마이 소울(Break My Soul)'을 발표했다.

이 노래는 현재 미국의 '대퇴사' 현상과 맞물리며 큰 화제를 모았다. 미국인들은 온라인상에서 비욘세의 신곡이 '대퇴사를 위한 송가'라며 추앙했다. CNN 방송은 "비욘세 노래는 코로나19 이후 사회경제적 피로감에서 벗어나고자 하는 욕망을 담았다"며 "승진 등 직장 경력에 목을 매는 문화를 걷어차 버리려는 사람들이 비욘세의 메시지에 동조했다"고 전했다.

정답 ①

01 다음 중 어떤 한 쪽에도 불이익을 가져오지 않고서는 어떤 한 쪽에 이득이 되는 변화를 만들어내는 것이 불가능할 때 이 배분상태를 말하는 것은?

① 슈바베의 법칙
② 그레샴의 법칙
③ 파레토 최적
④ 부메랑 현상

해설 '파레토 최적(Pareto optimum)'에 대한 설명이다.

① 슈바베의 법칙(Schwabe's law) : 소득이 상승함에 따라 주거비 지출액은 증대하나, 소비 지출에서 차지하는 비율은 점점 저하된다는 경험법칙을 말한다.
② 그레샴의 법칙(Gresham's law) : 소재의 가치가 서로 다른 화폐가 동일한 명목 가치를 가진 화폐로 통용되면, 소재 가치가 높은 화폐(good money)는 유통 시장에서 사라지고 소재 가치가 낮은 화폐(bad money)만 유통되는 현상을 말한다.
④ 부메랑 현상(boomerang effect) : 선진국의 경제 원조나 자본 투자를 통하여 개발 도상국에서 생산된 제품이 선진국에 역수출됨으로써 선진국의 산업과 경쟁을 벌이는 현상을 부메랑 현상이라고 한다.

정답 ③

02 간접세 중심으로 한 국가의 조세정책이 이루어질 경우 국민 경제는?

① 저소득층에 대한 과세 부담 증가로 빈부의 격차를 심화시킨다.
② 물가 하락을 조장한다.
③ 국민의 조세 저항이 커진다.
④ 직접세보다 조세의 징수가 힘들어진다.

해설 간접세(間接稅)는 세금을 납부하는 사람과 실제로 부담하는 사람이 다른 세금으로, 이에 속하는 조세로는 부가가치세·특별 소비세·주세·관세 등이 있다. 납세자로부터 담세자에게 부담이 옮겨지는 간접적인 징수방법으로 인하여 조세의 징수가 용이하고 조세 저항이 적은 특징이 있다. 그러나 저소득층에 대한 과세 부담 증가로 빈부의 격차를 심화시키고 물가 인상을 자극하는 단점이 있다.

정답 ①

03 A의 가격이 올라 A의 소비가 감소할 때, B의 수요도 감소하였다면 두 재화의 관계는?

① 독립재
② 보완재
③ 기펜재
④ 단용재

해설 보완재에 대한 설명이다. 펜과 잉크, 커피와 설탕처럼 상호 보완하는 관계에 있어서 두 재화를 함께 소비할 때 효용이 큰 재화이다.

정답 ②

04 **경기 불황이 심해짐에 따라 물가가 급속히 하락하고 경제 주체들이 보유한 화폐량의 실질가치가 증가하게 되어 민간의 부가 증가하고 그에 따라 소비 및 총수요가 증대되는 것을 무엇이라 하는가?**

① 구축 효과
② 애그플레이션
③ 전시 효과
④ 피구 효과

해설 피구 효과(Pigou effect)는 케인스 학파의 유동성함정 논리에 대항하기 위하여 일부 고전학파가 사용하는 논리이다.
① 구축 효과(驅逐效果) : 정부의 지출이 증가하면 민간 부문의 소비 및 투자가 감소하는 것을 말한다.
② 애그플레이션(agflation) : 농산물 가격이 급등함에 따라 물가가 상승하는 현상을 말한다.
③ 전시 효과(展示效果) : 사회의 일반적인 소비 성향에 영향을 받아 개인의 소비 행동이 타인의 소비 행동을 모방하려는 사회적 현상을 말한다.

정답 ④

05 **100만 개 중 3~4개의 불량이 발생하는 것을 목표로 하는 품질경영 기법은?**

① 3S
② 6시그마
③ 100PPM
④ 싱글PPM

해설 시그마는 원래 정규분포에서 표준편차를 나타내는 것으로 6표준편차인 100만 개 중 3~4개의 불량률을 추구한다는 의미에서 붙여진 명칭이다.

정답 ②

06 **전문가의 경험적 지식을 통한 미래 예측 기법은?**

① 명목 집단법
② 브레인라이팅
③ 델파이 기법
④ 브레인스토밍

해설 전문가의 경험적 지식을 통한 문제 해결 및 미래 예측을 위한 기법은 델파이 기법(delphi technique)이다. 이는 자료가 부족한 문제에 관해 전문가들의 견해를 통해 집단적 판단으로 정리하는 절차다.

정답 ③

07 **다음 중 세계 3대 유종이 아닌 것은?**

① 아랍라이트
② 브렌트유
③ 서부 텍사스 중질유
④ 두바이유

해설 세계 3대 유종으로 국제 원유 가격의 기준이 되는 유종은 미국 서부 텍사스 중질유, 북해산 브렌트유, 아랍에미리트의 두바이유이다.

정답 ①

08 **어떤 사람이나 사물을 평가할 때 어느 한 측면의 특질이 다른 특질에까지 영향을 미치는 것을 무엇이라고 하는가?**

① 스프롤 현상
② 고착관념
③ 헤일로 효과
④ 기저 효과

해설 헤일로 효과란 사람이나 사물 등 일정한 대상을 평가하면서 그 대상에 대한 일반적인 견해가 대상의 구체적인 특성을 평가하는 데 영향을 미치는 현상을 말하며, 이를 후광 효과라고도 한다.

정답 ③

09 **노동3권의 하나로 노동조합이 사용자와 근로 조건의 유지·개선에 관하여 교섭할 수 있는 권리를 무엇이라고 하는가?**

① 단결권
② 단체 결정권
③ 단체 행동권
④ 단체 교섭권

해설 단체 교섭권이란 노동조합이 사용자와 근로 조건의 유지·개선에 관하여 교섭할 수 있는 권리를 말한다.

정답 ④

10 확정 판결에 두 번 이상 공소의 제기를 허용하지 않는다는 원칙은?

① 회의 공개의 원칙
② 일사부재의의 원칙
③ 회기 계속의 원칙
④ 일사부재리의 원칙

해설 일사부재리의 원칙은 「형사소송법」상 판결이 내려진 확정 판결에 대해 두 번 이상 공소의 제기를 허용하지 않는다는 원칙이다.

정답 ④

11 기소편의주의란?

① 모든 심증을 공판 과정에서 형성된 심증만을 기초로 사건의 실체를 심판하는 원칙
② 검사만이 공소를 제기할 수 있는 권한을 가진다는 원칙
③ 기소·불기소에 있어 검사에게 재량의 여지를 인정하는 제도
④ 검사의 공소 제기가 있을 때에만 법원이 심판할 수 있다는 형사소송의 원칙

해설 ①은 공판중심주의, ②는 기소독점주의, ④는 불고불리의 원칙에 대한 설명이다.

정답 ③

12 본래 채무자를 대신해 변제를 한 사람이 그 본래 채무자에 대하여 가지는 상환 청구권은?

① 구상권
② 신원권
③ 청원권
④ 자연권

해설 구상권은 연대 채무자가 변제 기타 자기의 출재로 면책되었을 때 다른 연대 채무자의 부담부분에 대하여 행사할 수 있다.

정답 ①

2022년 한국주택금융공사

01 〈보기〉에서 설명하는 이것에 해당하는 것은?

보기

이것은 동일한 상품에 대해 두 시장에서 서로 가격이 다른 경우 가격이 낮은 시장에서 그 상품을 사고 가격이 높은 시장에 팔아 이익을 얻고자 하는 거래다.

① 아비트리지
② 블록딜
③ 스와프
④ 트랑쉐

해설 아비트리지(arbitrage)에 대한 설명이다. 아비트리지는 재정거래, 또는 차익거래라고도 한다. 차익거래는 매입 및 매도 가격이 이미 결정돼 있어 가격 변동 위험에 노출되지 않는다.
② 블록딜 : 증권시장에서 기관 등의 주식 대량 매매
③ 스와프 : 미래 자산을 계약 상대자와 교환하기로 약정하는 계약
④ 트랑쉐 : 금융기관이 개별 대출들을 모아 이를 기반으로 다시 발행한 채권

02 DTI를 구하는 공식으로 옳은 것은?

① (부동산 담보 가격) ÷ (주택담보대출 금액) × 100
② {(주택담보대출의 연간 원리금 상환액) + (기타부채 연간 원리금 상환액)} ÷ (세전소득) × 100
③ {(주택담보대출의 연간 원리금 상환액) + (기타부채 연간 이자 상환액)} ÷ (세전소득) × 100
④ {(주택담보대출의 연간 원리금 상환액) + (주택담보 이외 기타 대출 이자 상환액)} ÷ (세전소득) × 100

해설 총부채상환비율(DTI)이란 총소득에서 주택담보대출 원리금 상환액과 기타부채의 연간 이자 상환액이 차지하는 비율이다. 예를 들면 연간 소득이 5000만원이고 DTI를 40%로 설정할 경우에 총부채의 연간 원리금 상환액이 2000만원을 초과하지 않도록 대출 규모를 제한하는 것이다.

03 〈보기〉는 무엇에 대한 설명인가?

보기

누구나 이용할 수 있는 목초지에서는 축산업자들이 계속 양을 풀어놓으므로 결국 목초지에서 풀이 고갈되고 양을 기를 수 없어 축산업자들 전체가 손해를 보게 된다. 개인들이 이익을 극대화한 결과에 의해 전체의 이익이 파괴돼 공멸을 자초하는 것이다.

① 치킨게임
② 제로섬 게임
③ 죄수의 딜레마
④ 공유지의 비극

해설 공유지의 비극은 지하자원, 공기, 물 등 공동체가 함께 사용해야 할 자원을 시장경제에 맡겨놓으면 모든 사람의 이기심 때문에 큰 위기에 봉착한다는 이론이다. 무책임한 이기주의를 비판하거나 공동체적 가치를 역설할 때에 자주 사용되고 있다. 모든 이가 제한 없이 사용할 수 있지만 누구도 자발적으로 그 재화를 공급하려 하지는 않으며, 또 공급에 따른 비용을 부담한다고 해도 혜택에 상응하는 비용 부담을 꺼린다는 걸 지적한다.

04 다음 중 적대적 인수합병(M&A)에 대한 방어 수단이 아닌 것은?

① 백기사　② 그린메일
③ 포이즌필　④ 황금낙하산

해설 그린메일(green mail)은 기업사냥꾼(greenmailer·그린메일러)이 대주주에게 주식을 팔기 위해 보낸 편지라는 뜻이다. 기업사냥꾼이 상장기업의 주식을 대량으로 사들인 뒤 경영진을 위협해 적대적 M&A를 포기하는 대가로 자신들이 확보한 주식을 시가보다 훨씬 높은 값에 되사들이도록 강요하는 행위이다.
① 백기사 : 적대적 M&A 대상이 된 기업이 적당한 방어 수단이 없을 경우 우호적이고 자금력이 있는 기업에 도움을 청하는 행위
③ 포이즌필 : 경영권 침해 시도가 있을 때 기존 주주들에게 회사의 신주를 시가보다 훨씬 싼 가격으로 매입할 수 있는 콜옵션을 부여함으로써 적대적 M&A 시도자의 지분 확보를 어렵게 하는 것
④ 황금낙하산 : 적대적 M&A 시도가 있을 때 피인수기업 경영진에게 막대한 퇴직금을 지급하도록 회사 정관에 명기해 인수 기업의 부담을 가중시키는 방법

05 다음 용어에 대한 설명이 옳지 않은 것은?

① ELS : 개별 주식 가격이나 주가지수, 종목에 연계돼 투자 수익이 결정되는 유가증권
② ELD : 주가지수의 변동과 연계해 수익이 결정되는 은행 판매 예금
③ ELF : 주가연계펀드로서 ELS를 펀드로 만든 수익 증권
④ DLS : 특정 주식이나 주가지수 등 기초 자산을 미리 정한 조건에 따라 미래에 사거나 팔 수 있는 권리가 붙은 증권

해설 특정 주식이나 주가지수 등 기초 자산을 미리 정한 조건에 따라 미래에 사거나 팔 수 있는 권리가 붙은 증권은 ELW(Equity Linked Warrant·주식워런트증권)이다. DLS(Derivatives-linked securities·파생결합증권)는 유가증권과 파생금융상품이 결합한 형태의 증권으로 기초자산의 가치변동에 따라 수익이 결정된다.
① ELS(Equity Linked Securities) : 주가연계증권
② ELD(Equity Linked Deposit) : 주가지수연동예금
③ ELF(Equity Linked Fund) : 주가연계펀드

06 다음 중 부담금에 관련한 설명으로 옳지 않은 것은?

① 부담금 불복에 대한 쟁송은 행정쟁송에 의한다.
② 자발적 부담이 아니라는 점에서 조세로 인식된다.
③ 환경개선부담금, 폐기물부담금 등이 대표적인 부담금이다.
④ 공익사업경비를 그 사업의 이해관계자에게 부담시키기 위해 부과한다.

해설 부담금은 일반재정수입 충당을 목적으로 담세능력을 고려하여 부과되는 조세와는 다르지만, 법정기부금, 성금 등 자발적 부담이 아니라는 점에서 준조세로 인식된다.

07 RBC에 대한 설명으로 옳지 않은 것은?

① 가용자본을 요구자본으로 나눈 값이다.
② 보험·금리·시장·신용·운용 리스크 등이 요구자본에 포함된다.
③ 금융감독원은 RBC가 100%를 넘도록 권고한다.
④ 금융기관의 수익성과 자본적정성을 판별하는 중요한 근거가 된다.

해설 RBC(Risk Based Capital·위험기준 자본)는 금융기관의 각종 리스크를 파악해 적정 수준의 자기자본을 보유하도록 하는 제도다. 금융감독원은 금융기관의 RBC가 150%를 넘도록 권고한다. RBC 비율이 100% 미만이면 적기시정조치를 받고, 100~50%이면 경영개선권고, 50~0%이면 경영개선요구를 진행할 수 있으며, 0% 미만이면 경영개선명령이 내려진다.

08 〈보기〉는 무엇에 대한 설명인가?

보기

선물 거래를 중개하는 회사가 계약 이행을 보증하고 채권을 담보하기 위해 고객으로부터 예치 받은 증거금이 선물 가격 하락으로 부족해지거나, 펀드 투자자의 투자 원금에 손실이 발생해 계약 당시 설정한 유지증거금 이하로 밑돌게 될 경우 이를 보전하도록 요구하는 것

① 풋옵션 ② 콜옵션
③ 마진콜 ④ 콘탱고

해설 〈보기〉는 마진콜(margin call)에 대한 설명이다. 마진콜을 받게 되면 자금을 (일반적으로 최초증거금까지) 즉시 보충해야 하며 이에 응하지 못할 경우 거래소의 자동반대매매(청산)를 통해 거래계약 관계가 종결된다.
① 풋옵션 : 미래 자산을 판매할 수 있는 권리
② 콜옵션 : 미래 자산을 구입할 수 있는 권리
④ 콘탱고 : 선물 가격이 현물 가격보다 비싼 상황

정답 01 ① 02 ③ 03 ④ 04 ② 05 ④ 06 ② 07 ③ 08 ③

09 **마이클 포터가 5-Forces 모형에서 제시한 산업 경쟁 강도를 결정짓는 5가지 경쟁 요소가 아닌 것은?**

① 물적 자원의 한정성
② 신규 진입자의 위협
③ 공급자의 교섭력
④ 구매자의 교섭력

해설 5-Forces 모형은 마이클 포터가 제안한 산업 분석 모델로써 산업 환경에 영향을 미치는 5가지 압력(5-Forces)으로 ▲신규 진입자의 위협 ▲공급자의 교섭력 ▲구매자의 교섭력 ▲대체재의 위협 ▲산업 내 경쟁자를 들고 있다.

10 **인력, 생산설비 등 생산능력을 필요한 만큼만 유지하면서 생산효율을 극대화하는 생산 시스템은?**

① 포드 시스템
② 린 생산방식
③ 모듈러 생산 시스템
④ 유연 생산 시스템

해설 린(lean) 생산방식에 대한 설명이다. 린 생산방식은 이를 창안한 도요타 자동차의 이름을 따서 도요타 생산 시스템(TPS, Toyota Production System)이라고도 한다. 린 생산방식은 종전에 재고 비용과 과잉 생산을 낳는 대량 생산 시스템의 부작용을 극복하면서 생산 품질까지 높이는 생산방식으로 개선돼 나갔다. 도요타 자동차는 린 생산방식을 통해 1970년대 오일 쇼크로 인한 불황 속에서도 원가 절감과 생산성 향상을 기록하였다.

2021년~2022년 신용보증기금

01 **민간 가상화폐와 달리 각국 중앙은행이 발행한 디지털 화폐를 의미하는 것은?**

① 스테이블 코인
② CBDC
③ NFT
④ P2E

해설 CBDC(Central Bank Digital Currency)는 디지털 형태로 중앙은행이 발행하는 화폐를 말한다. 국제결제은행(BIS) 산하 지급결제·시장인프라위원회(CPMI)는 CBDC를 '전통적인 지급준비금이나 결제계좌상 예치금과는 다른 전자적 형태의 중앙은행 화폐'로 정의하고 있다. CBDC는 실물이 없을 뿐 법정화폐와 똑같은 기능을 한다. 디지털 기반이기 때문에 지급과 결제, 관리가 일반 종이 화폐보다 뛰어나다는 평가를 받기도 한다. 이는 탈중앙화 방식으로 관리되는 비트코인과 같은 가상화폐와 다르다.
① 스테이블 코인 : 법정화폐와 연동돼 가격 변동성을 최소화하도록 설계된 가상화폐
③ NFT : 대체불가능토큰의 줄임말로, 블록체인 기술로 그림이나 영상 등 디지털 파일에 원본이라고 인증하는 토큰을 붙인 것
④ P2E : '게임을 하면서 돈을 번다'라는 의미로 게임 내에서 통용되는 게임머니를 NFT로 교환할 수 있도록 만든 시스템

02 **가격이 내릴 때 그 수요가 오히려 줄어드는 재화는?**

① 기펜재 ② 보완재
③ 독립재 ④ 생산재

해설 수요의 법칙에 따르면 어떤 재화의 가격이 떨어지면 그 재화의 수요량은 늘어나고 가격이 오르면 줄어드는 것이 보통이다. 그러나 가격이 떨어졌는데도 그 재화를 소비하는 대신 그 재화보다 우등한 재화를 소비함으로써 오히려 그 재화의 수요가 감소하게 되는 현상을 기펜의 역설이라 하고, 이러한 재화(열등재)를 기펜재라 한다.
② 보완재 : 펜과 잉크, 커피와 설탕처럼 두 재화를 함께 소비할 때 효용이 큰 재화
③ 독립재 : 따로 소비할 때나 함께 소비할 때 효용의 차이가 없는, 즉 서로 연관이 없는 두 재화
④ 생산재 : 원료나 기계, 반제품 등 기업이 생산하기 위해 필요로 하는 모든 재화

03 〈보기〉는 무엇에 대한 설명인가?

보기

재화의 상대가격이 변하지 않을 때 한 나라에서 특정한 생산 요소의 부존량이 증가할 때 그 생산 요소를 사용하는 재화의 생산량이 절대적으로 증가하고 다른 재화의 생산은 절대적으로 감소한다.

① 솔로우-스완 성장모형
② 애로우의 불가능성 정리
③ 코즈의 정리
④ 립진스키의 정리

해설 〈보기〉는 립진스키의 정리에 대한 설명이다. 립진스키의 정리는 자본 도입이 산업 구조의 개선에 미치는 영향을 설명하는 이론으로써 어떤 생산 요소의 부존량이 증가하면 그 요소를 집약적으로 사용해서 만든 상품의 생산량은 증가하지만 공급이 불변인 다른 요소를 집약적으로 사용해 만든 상품의 생산량은 감소한다고 립진스키는 주장했다.
① 솔로우-스완 성장모형 : 경제성장이 균형상태에 도달한 이후부터는 기술진보에 의해서만 성장이 가능하다는 모형
② 애로우의 불가능성 정리 : 여러 조건을 동시에 만족하는 사회적 선호관계란 결코 존재할 수 없다는 정리
③ 코즈의 정리 : 경우에 따라서 시장의 기능이 외부효과로 인해 초래되는 비효율성을 해소할 수 있다는 이론

04 다음 중 국가 재정건전성 강화와 관련이 있는 것은?

① 페이고　　② 금산분리
③ 렛잇고　　④ 추가경정예산

해설 페이고(pay go)는 'Pay as you go(번 만큼 쓴다)'의 줄임말로써 새로운 재정 지출 사업을 추진할 때 기존 사업의 지출을 줄이거나 재원 대책을 의무적으로 마련해야 하는 시스템이다. 페이고 원칙은 재정 지출을 엄격히 통제함으로써 재정건전성을 강화할 수 있다는 장점이 있지만 일부 정책의 유연성을 떨어뜨린다는 단점도 있다.

05 거래적 동기의 화폐 수요도 이자율의 영향을 받는다는 이론은?

① 고전적 화폐수량설
② 현대화폐이론
③ 보몰-토빈 모형
④ 케인스의 유동성 선호설

해설 보몰-토빈(Baumol-Tobin model) 모형은 윌리엄 보몰과 제임스 토빈이 각각 만들어낸 화폐의 보유량에 대한 경제이론으로써 은행에서 받는 이자와 은행에서 거래하기 위해 드는 거래비용이 화폐 보유에 대한 수요를 결정한다는 내용이다.
① 고전적 화폐수량설 : 화폐 공급량의 변화는 물가 변화를 가져오므로 통화량과 물가는 정비례한다는 주장
② 현대화폐이론 : 정부가 통화를 독점하고 있으며, 납세와 저축을 위해 필요한 금융 자산을 정부가 충분히 공급하지 않기 때문에 그 증거로 실업이 발생한다고 설명하는 비주류 거시경제 이론
④ 케인스의 유동성 선호설 : 화폐는 수익을 가져오는 자산은 아니나 다른 자산과 달라서 유동성을 지니고 있기 때문에 사람들이 자산의 일부를 유동성 있는 화폐 형태로 가지려 한다는 주장

06 ESG 개선에 투자하기 위한 자금 조달 중에서 기후 변화 등 환경성과 개선에 사용될 자금조달을 일컫는 말은?

① 엔젤 펀드
② 어스 펀드
③ 녹색 금융
④ 그라민 펀드

해설 ESG는 비재무적 요소인 환경(Environment)·사회(Social)·윤리경영(Governance·지배구조)을 뜻하는 말이다. 이 중에서 환경(E)성과 개선에 사용될 자금조달을 녹색 금융이라고 한다. 녹색 금융은 자본조달 행위뿐 아니라 환경 목적을 달성하거나 에너지 전환을 가능하게 해 주는 규제, 기준, 규범 및 금융상품 등을 포괄하는 개념이다. 지속가능금융과 같은 의미로 사용되기도 한다. 대표적인 녹색 금융 상품으로 녹색 채권을 들 수 있다. 최근 ESG 투자가 확산됨에 따라 녹색 금융의 규모도 급증하고 있다.

정답 09 ① 10 ② / 01 ② 02 ① 03 ④ 04 ① 05 ③ 06 ③

07 다음 중 효율적 시장 가설에 대한 설명으로 옳지 않은 것은?

① 1월 효과는 효율적 시장 가설을 입증하는 사례이다.
② 투자자는 가능한 한 모든 정보를 활용해 주가를 예측한다.
③ 현재 주식 가격이 기업 이윤에 대한 모든 정보를 포함하고 있다고 본다.
④ 이용 가능한 정보를 기초로 한 거래에서 시장 평균을 웃도는 초과 수익을 얻을 수 없다.

해설 효율적 시장 가설은 금융시장에서 모든 정보가 금융자산 가격에 충분하고 신속하게 반영된다고 보는 가설이다. 따라서 어떤 투자자도 이용 가능한 정보로 거래할 때 평균 이상의 수익을 얻을 수 없다. 1월 효과는 일반적으로 한 해가 지나가고 새로운 해가 시작되면 주가 상승의 기대 심리에 따라 주식시장에 돈이 몰림으로써 1월의 주가가 상승하는 경우가 많다는 현상이다. 이는 투자자의 비합리적인 기대 심리가 과민하게 반영된 것이므로, 초과 수익은 내재 가치의 변화와 관련된 정보가 반영될 때만 가능하다고 보는 효율적 시장 가설의 반론에 해당한다.

08 다음 연대보증 사례 중 불법이 아닌 것은?

① 제2금융권이 영업용 차량에 대출을 할 때의 연대보증
② 제1금융권이 개인에 하는 대출에 대한 연대보증
③ 대부업체가 개인에 대출할 때의 연대보증
④ 개인 간 거래에서의 연대보증

해설 연대보증은 보증인이 채무자와 연대해 채무를 이행할 것을 약속하는 보증을 뜻한다. 연대보증제도는 계약과 직접적 관계가 없는 연대보증인에게 과도한 책임을 부과하는 악법이란 지적에 따라 2012년에는 제1금융권에서, 2013년에는 제2금융권에서 폐지됐고 2021년에는 제2금융권에서 예외적으로 허용됐던 장애인 및 영업용 차량 대출에 대해서도 폐지됐다. 그러나 개인끼리의 거래에서 연대보증은 여전히 사라지지 않았다.

09 럭커 플랜에 대한 설명으로 옳지 않은 것은?

① 성과 배분의 기준을 생산 재화의 시장판매가치에 둔다.
② 생산 가치의 공정한 분배로 노사협력에 의한 생산성 향상과 참여의식을 통해 부가가치 증대를 가져온다.
③ 종업원 개인에게 분배하는 계산 방식이 명확하지 않으며 과거 자료에 따라 임금이 도출되므로 변화 가능성이 크다.
④ 생산성 향상을 전제로 부가가치의 증감에 따라 자동적으로 임금 배분 금액을 정한다.

해설 럭커 플랜(Rucker plan)은 1932년 럭커에 의해 개발된 성과 배분 방식으로써 기업이 창출한 부가가치에서 인건비가 차지하는 비율을 기준으로 임금 배분액을 결정하는 제도다. 스캔론 플랜과 더불어 대표적인 성과 배분 제도이다. 성과 배분의 기준을 생산 재화의 시장판매가치(SVOP, Sales Value of Production)에 두는 것은 스캔론 플랜이다.

10 리카도 대등정리에 관한 설명으로 가장 옳은 것은?

① 경기 침체를 억제하기 위해서 확장재정 정책이 효과적이다.
② 정부가 조세를 감면하고 유동성을 늘려도 소비에 영향을 미치지 않는다.
③ 경제활동인구가 매년 증가한다는 가정을 전제로 한다.
④ 국채 발행을 통해 자금 조달이 늘어나면 국채 금리가 상승한다.

해설 리카도 대등정리(Ricardian equivalence theorem)는 정부지출 수준이 일정할 때, 정부지출의 재원조달 방법(조세 또는 채권)의 변화는 민간의 경제활동에 아무 영향도 주지 못한다는 이론이다. 정부가 세금을 삭감하고 이에 따른 재정적자를 국채를 발행하여 조달한다고 할 때 국채이자율과 시장이자율이 동일하다면, 사람들은 미래에 조세가 늘어날 것을 대비하여 현재 소비를 줄이고 저축하여 소비 진작이 되지 않는다는 이론이다.

2022년 기업은행

01 결제 자금을 보유하지 않고도 정보만으로 결제 서비스를 제공하는 서비스는?

① 마이데이터
② 마이페이먼트
③ 로보어드바이저
④ P2P 대출

해설 마이페이먼트(My Payment)는 지급지시서비스업이라고 불리는 사업으로서 결제 자금을 보유하지 않고도 정보만으로 결제 서비스를 제공하는 서비스를 의미한다. 현재 우리나라는 신용카드를 이용한 거래가 주를 이루고 있어 고객이 결제를 하기 위해서는 가맹점이 카드사에 전표를 제출하고 카드사가 매입 후 은행을 통해 대금을 청구한다. 마이페이먼트가 도입되면 이러한 과정을 거치지 않고 은행을 통해 바로 대금이 결제되므로 송금·결제 서비스가 더 간편해진다. 토스나 카카오페이와 같은 송금 서비스를 이용할 때 선불로 금액을 충전해야 하는 절차도 사라진다.

① 마이데이터 : 개인이 직접 금융기관과 통신사, 병원 등이 보유한 자신의 개인정보를 제3의 업체에 전달해 새로운 서비스를 받을 수 있도록 하는 사업
③ 로보어드바이저 : 투자자가 입력한 투자성향정보를 토대로 알고리즘을 활용해 투자자문 및 관리서비스를 자동으로 제공하는 서비스
④ P2P 대출 : 중개업체가 온라인·모바일 플랫폼을 활용해 불특정 다수로부터 투자금을 모아 돈이 필요한 사람에게 빌려주는 개인 간(Peer to Peer) 대출 서비스

02 재무상태표에서 비유동자산에 속하는 것은?

① 현금
② 투자자산
③ 재고자산
④ 당좌자산

해설 재무상태표는 왼편(차변)에 기업의 자산을, 오른편(대변)에 부채와 자본을 표시하며 차변과 대변이 같아야 한다. 자산은 유동자산과 비유동자산으로 구분한다. 유동자산은 당좌자산(판매 과정을 거치지 않고 1년 이내 현금화가 가능한 자산)과 재고자산으로 구분하고 비유동자산은 투자자산, 유형자산, 무형자산, 기타비유동자산으로 구분한다.

❖ 자산의 분류

유동자산	당좌자산	현금 및 현금성 자산, 단기투자자산, 매출채권, 선급비용, 이연법인세자산
	재고자산	상품, 제품, 반제품, 재공품, 원재료, 저장품
비유동자산	투자자산	투자이윤이나 타기업을 지배하는 목적으로 소유하는 자산 (매도가능금융자산, 만기보유금융자산, 관계기업투자주식, 투자부동산, 장기투자증권, 지분법적용 투자주식)
	유형자산	장기간 영업활동에 사용하는 자산으로 물리적 형태가 있는 자산 (토지, 건물, 기계장치, 비품)
	무형자산	사의 수익 창출에 기여하거나 형체가 없는 자산 (영업권, 산업 재산권, 개발비, 특허권, 저작권)
	기타비유동자산	이연법인세자산, 임차보증금, 장기매출채권, 당좌개설보증금

정답 07 ① 08 ④ 09 ① 10 ② / 01 ② 02 ②

03 〈보기〉에서 이것에 해당하는 용어는?

보기

이것은 컴퓨터가 사람처럼 스스로 학습할 수 있도록 인공 신경망을 기반으로 한 기계 학습 기술이다. 인간의 뇌를 모방해 '학습' 기능에 역점을 둔 인공지능 기술로서 기계가 후천적인 노력으로 수많은 데이터 속에서 패턴을 발견해 새로운 지식을 끊임없이 습득하려 든다는 것이 특징이다.

① 머신비전 ② 머신러닝
③ 딥러닝 ④ 알고리즘

해설 딥러닝(deep learning)에 대한 설명이다.
① 머신비전 : 사람이 눈으로 보고 판단하는 것을 카메라와 영상인식 알고리즘으로 대체한 시스템을 말한다. 스마트팩토리에서 불량 검수와 CCTV 모니터링, 유동인구 분석, 안면인식 등 다양한 분야에서 활용되고 있다.
② 머신러닝 : 경험적 데이터를 기반으로 학습을 하고 예측을 수행하고 스스로의 성능을 향상시키는 인공지능(AI) 시스템 및 이를 위한 알고리즘을 연구하고 구축하는 기술을 말한다.
④ 알고리즘 : 어떤 문제를 해결하기 위한 명령어들의 집합체를 의미한다.

04 다음 중 누진세가 아닌 것은?

① 소득세
② 상속세
③ 증여세
④ 부가가치세

해설 누진세는 소득금액이 커질수록 높은 세율을 적용하도록 정한 세금이다. 누진세는 경제력의 격차를 야기하는 소득 간 불평등을 보정하기 위한 것으로 고소득자에게는 높은 세금을, 저소득자에게는 낮은 세금을 거두자는 의도에서 실시되었다. 누진세에는 ①소득세 ②상속세 ③증여세 등이 있다.
누진세와 달리 모든 사람이 소득과 관계없이 동일하게 부담하는 세금은 역진세라고 한다. 주로 부가가치세(VAT), 주세, 담배세 등 간접세에서 역진세의 성격이 나타난다.

05 다음 자료에 따르면 실질GDP는 전년도에 비해 얼마나 변동했는가?

- 전년도 명목GDP : 200억원
- 전년도 GDP 디플레이터 100
- 올해 명목GDP : 260억원
- 올해 GDP 디플레이터 130

① 변화 없음
② 30억원 증가
③ 30억원 감소
④ 60억원 증가

해설 GDP 디플레이터는 명목GDP를 실질GDP로 나눈 뒤 100을 곱한 것으로서 물가 수준의 지표로 사용된다. 자료에서 전년도 GDP 디플레이터는 100, 명목GDP는 200억원이므로 전년도 실질GDP는 200억원이 된다. 올해 GDP 디플레이터는 130, 명목GDP는 260억원이므로 올해 실질GDP도 200억원이 되어 전년도에 비해 변화가 없다.

06 M_2(광의통화)에 포함되지만 M_1(협의통화)에는 포함되지 않는 것은?

① 보통예금
② 요구불예금
③ 저축성예금
④ 은행 당좌예금

해설 M_1(협의통화)은 화폐의 기능 중 지급수단에 초점을 맞춘 지표로 민간이 보유하고 있는 현금과 은행 당좌예금, 보통예금 등 요구불예금을 합친 것이다. 요구불예금은 수표발행을 통해 현금과 마찬가지로 사용된다. M_2(광의통화)는 M_1(협의통화)에 정기예금과 정기적금 등 저축성예금과 거주자 외화예금을 추가한 지표다. M_2에 양도성예금증서(CD)와 은행 신탁계정의 금전신탁, 2금융권의 각종 예수금과 금융기관이 발행하는 금융채, 표지어음과 상업어음 매출, 환매조건부채권(RP) 매도 등을 합하면 가장 넓은 의미의 통화지표인 M_3(총유동성)이 된다.

07 **게임 이론에서 경쟁자 대응에 따라 최선의 선택을 하면 서로가 자신의 선택을 바꾸지 않는 균형상태를 말하는 것은?**

① 치킨 게임
② 내쉬 균형
③ 조하리의 창
④ 일반균형이론

해설 내쉬 균형(Nash equilibrium)은 경쟁자의 대응에 따라 각자 제일 합리적인 선택을 했을 때, 서로가 자신의 선택을 더는 바꿀 필요를 느끼지 않는 상태에 도달한 상황을 의미한다. 상대방이 현재 전략을 유지한다는 전제 하에 나 자신도 현재 전략을 바꿀 유인이 없는 상태를 말하는 것으로 '죄수의 딜레마'와 밀접한 관계가 있다.

08 **다음 중 옳지 않은 설명은?**

① 유가가 상승하면 총공급곡선이 좌측으로 이동한다.
② 신기술 개발로 더 많은 생산이 가능해지면 총공급곡선이 우측으로 이동한다.
③ 물가가 올라가면 가계소비가 줄어 총수요곡선이 좌측으로 이동한다.
④ 정부가 환율을 올리는 정책을 취하면 총수요곡선이 우측으로 이동한다.

해설 물가가 올라가면 해외 재화에 비해 국내 재화의 가격이 비싸져 수출이 줄고 수입은 늘어나 총수요가 감소한다. 가계소비와 기업 투자자가 줄어 총수요가 감소하고 총수요곡선은 우하향한다.
①유가가 상승하면 기업의 생산비용이 올라가 총공급곡선이 좌측으로 이동한다. ②같은 노동과 자본으로 더 많은 생산이 가능해지면 총공급곡선은 우측으로 이동한다. ④정부가 환율을 올리는 정책을 취하면 수출이 늘고 수입이 감소해 총수요가 증가하고 총수요곡선이 우측으로 이동한다.

09 **환율 상승 초기 무역수지가 오히려 악화되다가 상당 기간이 지난 후에야 개선되는 현상은?**

① S커브효과
② 톱니효과
③ J커브효과
④ M커브효과

해설 J커브효과는 무역수지 개선을 위해 환율 상승을 유도할 때 초기에는 무역수지가 오히려 악화되다가 어느 정도의 시간이 지난 후에야 개선되는 현상을 말한다. 이를 그래프로 나타내면 J자형 곡선이 된다.
① S커브효과 : 기술 개발의 성과가 초반에는 드러나지 않다가 갑자기 폭발적인 성장 궤도를 그리고 어느 시점에 정체되어 사라지는 것
② 톱니효과 : 특정 수준에 도달한 소비 수준이 이전으로 되돌아가기 어려운 현상
④ M커브효과 : 여성들이 20대 후반에서 30대 중후반 사이 임신·출산·육아로 노동시장에서 이탈한 뒤 재취업하는 현상

10 **주택가격에 비해 주택담보대출금액이 어느 정도를 차지하는지 나타내는 비율은?**

① LTI
② RTI
③ DTI
④ LTV

해설 LTV(Loan to Value ratio)는 주택담보대출비율이다.
① LTI : 소득대비대출비율이라고 하며 개인사업자(자영업자)의 원리금 상환능력을 감안해 대출 한도를 설정하기 위해 도입된 규제 비율이다.
② RTI : 임대업이자상환비율이라고 하며 연간 부동산 임대소득을 연간 이자비용으로 나누어 계산한 값이다.
③ DTI : 총부채상환비율이라고 하며 총소득에서 주택담보대출 원리금 상환액과 기타부채의 이자 상환액이 차지하는 비율이다.

정답 **03** ③ **04** ④ **05** ① **06** ③ **07** ② **08** ③ **09** ③ **10** ④

01 (가) 시대의 생활 모습으로 옳은 것은?

○○신문

제△△호 2018년 ○○월 ○○일

연천 전곡리 유적 발견 40주년, 그 고고학적 의의

올해는 경기도 연천 전곡리에서 (가) 시대의 주요 유물인 아슐리안형 주먹도끼가 발견된 지 40주년이 되는 해이다. 이 발견은 동아시아에는 찍개 문화만 존재하였고 주먹도끼 문화는 없었다는 모비우스(Hallam L. Movius)의 학설을 뒤집는 증거가 되었다. 이곳은 현재 사적 제268호로 지정되어 있다.

발굴 현장

① 거푸집을 이용하여 도구를 제작하였다.
② 지배자의 무덤으로 고인돌을 축조하였다.
③ 반달 돌칼을 이용하여 곡식을 수확하였다.
④ 가락바퀴와 뼈바늘을 이용하여 옷을 지었다.
⑤ 주로 동굴이나 강가의 막집에서 거주하였다.

해설 제시된 자료에서 '연천 전곡리', '주먹도끼', '찍개' 등을 통해 (가) 시대가 구석기 시대임을 알 수 있다. 주먹도끼는 구석기 시대를 대표하는 뗀석기로 짐승 사냥, 가죽 가공, 나무뿌리 채취 등 여러 용도로 사용되었다.

⑤ 구석기 시대 사람들은 이동 생활을 하면서 동굴이나 바위 그늘, 강가의 막집 등에서 살았다.

오답 피하기

① 거푸집은 금속 제품을 만드는 틀로 청동기 시대부터 사용되었다.
② 고인돌은 청동기 시대에 제작된 지배층의 무덤이다.
③ 반달 돌칼은 청동기 시대에 곡식의 이삭을 자르는 데 사용된 추수용 도구이다.
④ 가락바퀴와 뼈바늘은 옷이나 그물을 만들기 위해 신석기 시대에 사용된 도구이다.

02 다음 사건이 일어난 시기를 연표에서 옳게 고른 것은?

> 여러 대인(大人)과 왕은 몰래 [연개소문을] 죽이고자 논의하였는데 일이 새어나갔다. [연개]소문은 부병(部兵)을 모두 모아놓고 마치 군대를 사열할 것처럼 꾸몄다. …… 손님이 이르자 모두 살해하니, 1백여 명이었다. [그리고] 말을 달려 궁궐로 들어가 왕을 시해하였다. …… [연개소문은] 왕제(王弟)의 아들인 장(臧)을 세워 왕으로 삼고 스스로 막리지가 되었다.
>
> -『삼국사기』-

589		612		618		645		660		676
	(가)		(나)		(다)		(라)		(마)	
수의 중국 통일		살수 대첩		당의 건국		안시성 전투		황산벌 전투		기벌포 전투

① (가) ② (나) ③ (다)
④ (라) ⑤ (마)

해설 제시된 자료에서 '연개소문', '궁궐로 들어가 왕을 시해', '장을 세워 왕으로 삼고', '막리지' 등을 통해 7세기 전반 고구려 연개소문의 정변과 관련된 내용임을 알 수 있다.

③ 7세기 전반 연개소문은 천리장성 축조를 감독하면서 요동 지방의 군사력을 장악하였고, 이를 기반으로 정변을 일으켜 영류왕의 조카를 보장왕으로 세우고 막리지에 올라 정권을 장악하였다. 당 태종은 연개소문의 정변을 구실 삼아 직접 대군을 이끌고 고구려를 침략하였다. 고구려는 요동성, 개모성, 비사성, 백암성 등 여러 성이 함락되는 어려움을 겪었으나, 당의 군대를 안시성 전투에서 물리쳤다(645).

03 (가), (나) 나라에 대한 설명으로 옳은 것은?

(가) 동이 지역 중에서 가장 평탄하고 넓은 곳으로 토질은 오곡이 자라기에 알맞다. …… 12월에 지내는 제천 행사에는 연일 크게 모여서 마시고 먹으며 노래하고 춤추는데, …… 이때에는 형옥(刑獄)을 중단하고 죄수를 풀어 준다. 전쟁을 하게 되면 그때에도 하늘에 제사를 지내고, 소를 잡아서 그 발굽으로 길흉을 점친다.

-『후한서』-

(나) 그 나라의 넓이는 사방 2천 리인데, 큰 산과 깊은 골짜기가 많으며 사람들은 산골짜기에 의지하여 산다. …… 혼인에 있어서는 [신랑이] 신부의 집에 가서 살다가 자식을 낳아 장성한 뒤에야 남자의 집으로 돌아온다. …… 금과 은, 재물을 모두 써 성대하게 장례를 치르며, 돌을 쌓아 봉분을 만들고 소나무와 잣나무를 심는다.

-『후한서』-

① (가) - 여러 가(加)들이 별도로 사출도를 주관하였다.
② (가) - 박, 석, 김의 3성이 교대로 왕위를 계승하였다.
③ (나) - 10월에 무천이라는 제천 행사를 열었다.
④ (나) - 읍락 간의 경계를 중시하는 책화가 있었다.
⑤ (가), (나) - 제사장인 천군과 신성 지역인 소도가 있었다.

해설 제시된 자료에서 '동이', '12월에 지내는 제천 행사' 등을 통해 (가)가 12월에 영고를 거행하는 부여임을 알 수 있다. '큰 산과 깊은 산골짜기가 많으며', '신랑이 신부의 집에 가서 살다가' 등을 통해 (나)가 서옥제라는 혼인 풍습이 있었던 고구려임을 알 수 있다.
① 부여에는 왕 아래에 가축의 이름을 딴 마가, 우가, 저가, 구가가 있어, 이들이 사출도를 관장하였다.

오답 피하기
② 신라 초기에는 박, 석, 김의 3성이 돌아가면서 왕위를 차지하였다.
③ 동예에서는 10월에 무천이라는 제천 행사를 열었다.
④ 책화는 철기 문화를 바탕으로 성립된 동예의 풍습에 해당한다.
⑤ 천군은 삼한에서 신성 지역인 소도를 주관한 제사장이다.

04 (가) 인물에 대한 설명으로 옳은 것은?

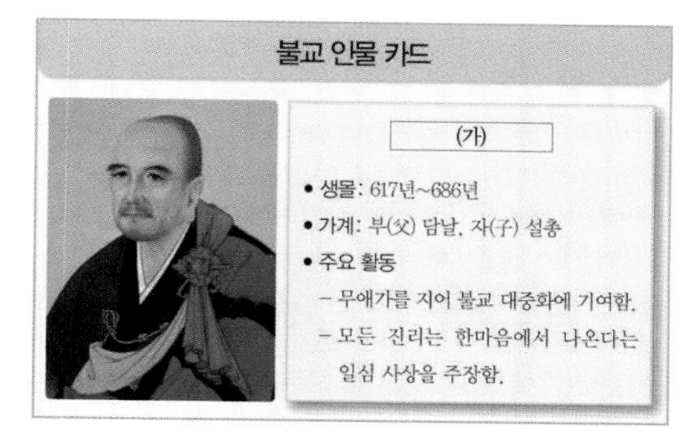

① 대승기신론소, 십문화쟁론을 저술하였다.
② 화랑도의 규범으로 세속 5계를 제시하였다.
③ 화엄일승법계도를 지어 화엄종을 정리하였다.
④ 인도와 중앙아시아를 여행하고 왕오천축국전을 지었다.
⑤ 당에서 귀국하여 황룡사 구층 목탑의 건립을 건의하였다.

해설 제시된 자료에서 '무애가', '불교 대중화', '일심 사상' 등을 통해 (가) 인물이 신라의 승려 원효임을 알 수 있다. 원효는 '나무아미타불'을 염불하면 극락에 갈 수 있다는 아미타 신앙을 전파하여 불교 대중화의 길을 열었다.
① 원효는 『대승기신론소』, 『십문화쟁론』을 저술하여 화쟁 사상을 바탕으로 종파 간 논쟁을 조화롭게 승화시키려 하였다.

오답 피하기
② 신라의 원광은 세속 5계를 지어 화랑도가 지켜야 할 행동의 규범을 제시하였다.
③ 신라의 의상은 『화엄일승법계도』를 저술하여, 모든 존재는 상호 의존적인 관계에 있으면서 서로 조화를 이루고 있다는 화엄 사상을 정립하였다.
④ 통일 신라의 혜초는 인도와 서역을 순례한 뒤 여러 나라의 풍물을 기록한 『왕오천축국전』을 남겼다.
⑤ 황룡사 구층 목탑은 신라 선덕 여왕 때 승려 자장의 건의로 세워졌다.

정답 01 ⑤ 02 ③ 03 ① 04 ①

05 (가), (나) 무덤 양식에 대한 설명으로 옳은 것은?

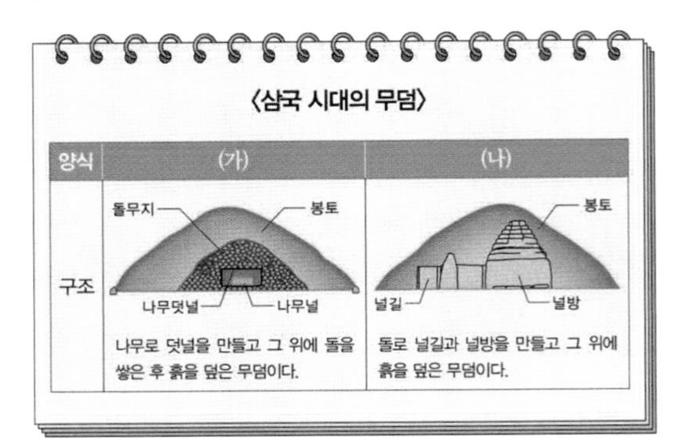

〈삼국 시대의 무덤〉

양식	(가)	(나)
구조	돌무지, 봉토, 나무덧널, 나무널 나무로 덧널을 만들고 그 위에 돌을 쌓은 후 흙을 덮은 무덤이다.	봉토, 널길, 널방 돌로 널길과 널방을 만들고 그 위에 흙을 덮은 무덤이다.

① (가) – 모줄임천장 구조로 되어 있다.
② (가) – 무덤의 둘레돌에 12지 신상을 새겼다.
③ (나) – 대표적인 무덤으로 황남 대총이 있다.
④ (나) – 내부의 천장과 벽에 그림을 그리기도 하였다.
⑤ (가), (나) – 중국 남조의 영향을 받아 만들어졌다.

해설 (가)는 돌무지덧널무덤으로 통일 전 신라에서 유행한 무덤 양식이다. 거대한 규모가 특징이며 나무로 덧널을 짜고 그 위에 돌을 쌓은 뒤 흙으로 봉분을 덮은 무덤이다. (나)는 굴식 돌방무덤으로 삼국 모두에서 나타나는 무덤 양식이다.

④ 굴식 돌방무덤은 돌로 널길과 널방을 짜고 그 위에 흙을 덮어 봉분을 만든 무덤으로, 널방의 벽과 천장에 벽화를 그리기도 하였다.

오답 피하기

① 모줄임천장 구조는 네모난 여러 층의 천장을 엇갈리게 하여 위로 올라갈수록 줄어들게 한 모습의 천장으로 고구려와 발해의 굴식 돌방무덤에서 볼 수 있다.
② 통일 신라의 굴식 돌방무덤에서 무덤에 둘레돌을 두르고 그 위에 12지 신상을 조각하는 양식이 나타났다.
③ 황남 대총은 신라의 돌무지덧널무덤 중에서 가장 큰 고분이다.
⑤ 백제의 무령왕릉은 널방을 벽돌로 쌓은 무덤으로, 중국 남조의 벽돌무덤 양식에 따라 축조되었다.

06 (가) 나라의 문화유산으로 옳은 것은?

> (가) 의 왕인 김구해가 왕비와 세 명의 아들, 즉 큰 아들인 노종, 둘째 아들인 무덕, 막내 아들인 무력을 데리고 나라의 창고에 있던 보물을 가지고 와서 항복하였다. [법흥]왕이 예로써 대접하고 상등(上等)의 벼슬을 주었으며, 본국을 식읍으로 삼게 하였다. 아들인 무력은 벼슬이 각간(角干)에 이르렀다.
>
> –『삼국사기』–

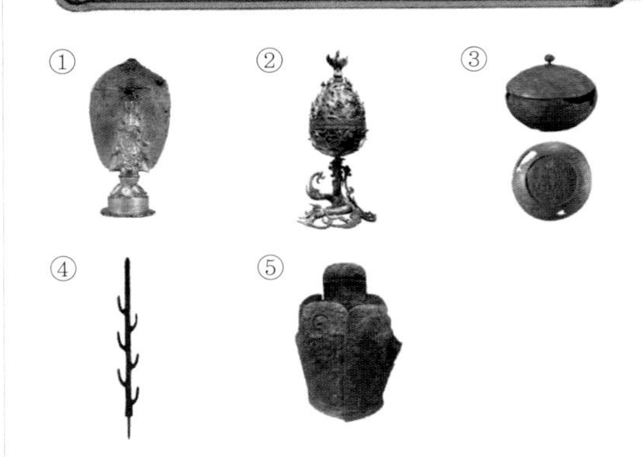

①　②　③　④　⑤

해설 제시된 자료에서 '왕인 김구해', '막내 아들인 무력', '항복', '법흥왕' 등을 통해 (가) 나라가 금관가야임을 알 수 있다. 금관가야는 6세기 신라 법흥왕 때 신라에 병합되었다(532).

⑤ 금관가야는 품질이 좋은 철을 많이 생산하였는데, 대표적인 철 제품으로 김해 대성동 고분군 출토 판갑옷이 있다.

오답 피하기

① 연가 7년명 금동 여래 입상은 중국 북조의 영향을 받은 고구려의 불상이다.
② 백제의 마지막 수도였던 부여에서 출토된 백제 금동 대향로이다.
③ 경주의 호우총에서 발굴된 호우명 그릇은 5세기 신라와 고구려와의 긴밀한 관계를 보여 주는 대표적인 유물이다.
④ 칠지도는 백제에서 일본으로 전해진 유물이다.

07 (가), (나) 사이의 시기에 있었던 사실로 옳은 것은?

> (가) [장수왕] 15년, 평양으로 도읍을 옮겼다.
>
> -『삼국사기』-
>
> (나) 고구려왕 거련이 몸소 군사를 거느리고 백제를 공격하였다. 백제왕 경(慶)이 아들 문주를 [신라에] 보내 구원을 요청하였다. 왕이 군사를 내어 구해 주려 하였으나 미처 도착하기도 전에 백제가 이미 [고구려에] 함락되었고, 경(慶) 역시 피살되었다.
>
> -『삼국사기』-

① 광개토 대왕이 신라에 침입한 왜를 물리쳤다.
② 진흥왕이 화랑도를 국가 조직으로 개편하였다.
③ 소수림왕이 태학을 설립하고 율령을 반포하였다.
④ 개로왕이 고구려를 견제하고자 북위에 국서를 보냈다.
⑤ 근초고왕이 평양성을 공격하여 고국원왕을 전사시켰다.

해설 제시된 자료에서 (가)는 고구려 장수왕의 평양 천도(427)이고, (나)는 고구려 장수왕이 백제의 수도 한성을 공격해서 백제 개로왕이 피살된 상황(475)이 나타나 있다.
④ 백제의 개로왕은 고구려를 견제하고자 472년 북위에 국서를 보냈다.

오답 피하기
① 4세기 말~5세기 초 고구려의 광개토 대왕은 신라에 침입한 가야·왜 세력을 격퇴하였다.
② 6세기 신라 진흥왕 때 화랑도가 국가 조직으로 개편되었다(576).
③ 4세기 후반 고구려 소수림왕은 인재 양성을 목적으로 중앙에 태학을 설립하였고(372), 체제 정비를 위해 율령을 반포하였다(373).
⑤ 4세기 후반 백제 근초고왕이 평양성을 공격하여 고구려 고국원왕이 전사하였다(371).

08 (가)~(라)를 시행한 순서대로 옳게 나열한 것은?

> **삼국사기로 보는 통일 신라의 토지 제도**
>
> (가) 교서를 내려 문무 관료전을 지급하되 차등을 두었다.
> (나) 내외(內外) 관료의 녹읍을 폐지하고, 해마다 조(租)를 차등있게 하사하고 이를 항식(恒式)*으로 삼았다.
> (다) 처음으로 백성에게 정전을 나누어 주었다.
> (라) 내외(內外) 관료에게 매달 지급하던 녹봉을 없애고 다시 녹읍을 주었다.
>
> * 항식(恒式): 항상 따라야 하는 형식이나 정해진 법식

① (가) - (나) - (다) - (라)
② (가) - (다) - (라) - (나)
③ (나) - (라) - (가) - (다)
④ (다) - (나) - (가) - (라)
⑤ (라) - (가) - (나) - (다)

해설 (가) 통일 신라의 신문왕은 687년 문무 관리에게 차등을 두어 관료전을 지급하였다.
(나) 신문왕은 689년 귀족의 경제 기반인 녹읍을 폐지하고 식읍을 제한하였다.
(다) 통일 신라의 성덕왕은 722년 일반 백성에게 정전을 지급하였는데, 이는 귀족이 백성을 사적으로 지배하는 것을 막고 국가가 백성을 직접지배하려는 의도라고 볼 수 있다.
(라) 통일 신라 경덕왕 때 진골 귀족의 반발이 심해져 757년에는 녹읍이 부활되었다.
① 따라서 (가) – (나) – (다) – (라)의 순으로 전개되었다.

정답 05 ④ 06 ⑤ 07 ④ 08 ①

01 〈보기〉를 참고할 때, '학교[학꾜]', '입히다[이피다] '에 나타나는 음운 변동을 바르게 묶은 것은?

보기

음운 변동에는 한 음운이 다른 음운으로 바뀌는 현상인 '교체', 있던 음운이 없어지는 현상인 '탈락', 없던 음운이 새로 생기는 현상인 '첨가', 두 음운이 하나의 음운으로 합쳐지는 현상인 '축약'이 있다.

	학교	입히다
①	첨가	교체
②	첨가	축약
③	첨가	탈락
④	교체	탈락
⑤	교체	축약

해설 국어학

⑤ '학교[학꾜]'에서는 평음이 경음으로 교체되고, '입히다[이피다]'에서는 받침 'ㅂ'과 뒤 음절의 초성 자음 'ㅎ'이 결합하여 'ㅍ'으로 축약된다.

정답 ⑤

02 다음 중 불규칙 활용 용언이 아닌 것은?

① 내놓다
② 하얗다
③ 어떻다
④ 파랗다
⑤ 그렇다

해설 국어학

① 자음 어미나 모음 어미를 만나 형태가 변하지 않는 규칙 활용 용언이다. ②, ③, ④, ⑤는 ㅎ 불규칙 활용 용언이다.

정답 ①

03 〈보기〉에서 설명하는 작가로 적절한 것은?

보기

주로 정치, 사회적인 부분과 그 횡포에 대한 인간 정신의 대결 관계를 그려 냈다. 특히 언어의 진실과 말의 자유에 관심을 가지고 지적 방법으로 현실 세계의 부조리와 불합리를 정밀하게 해부하여 서술했다. 대표작으로는 〈매잡이〉, 〈당신들의 천국〉, 〈낮은 데로 임하소서〉, 〈소문의 벽〉 등이 있다.

① 이청준
② 김승옥
③ 박경리
④ 이문구
⑤ 황석영

해설 국문학

소설가 이청준에 대한 설명이다.

정답 ①

04 〈보기〉의 용례가 적절하지 않은 것은?

보기

의「조사」
① 앞 체언이 뒤 체언에 대하여 비유의 대상임을 나타내는말. 예 무쇠의 주먹
② 앞 체언이 뒤 체언이 나타내는 속성의 보유자임을 나타내는 격 조사. 예 예술의 아름다움
③ 앞 체언이 뒤 체언의 과정이나 목표 따위의 대상임을 나타내는 격 조사. 예 승리의 길
④ 앞 체언이 뒤 체언이 나타내는 행동이나 작용의 주체임을 나타내는 격 조사. 예 철의 여인
⑤ 앞 체언이 뒤 체언이 나타내는 사물이 일어나거나 위치한 곳을 나타내는 격 조사. 예 옷의 때

해설 문법

④ '철의 여인'은 ①의 용례로 적절하다. ④의 용례로는 '국민의 단결', '너의 부탁' 등이 적절하다.

정답 ④

05 문장의 의미가 두 가지 이상으로 해석되지 않는 것은?

① 그는 시험의 답을 몇 개 쓰지 못했다.
② 회의에 사람들이 한 명도 오지 않았다.
③ 나영이와 원빈은 어제 결혼식을 올렸다.
④ 지혜는 누구나 다 사랑할 수 있는 사람이다.
⑤ 그는 기쁜 마음으로 떠나는 그녀를 바라보았다.

해설 올바른 문장 사용 능력

① '그가 시험의 답을 거의 다 작성했으나, 몇 문제의 답만 쓰지 못했다.'라는 의미와 '시험의 답을 작성한 것이 몇 개 되지 않는다.'의 의미로 해석된다.
③ '나영이와 원빈이 서로의 배우자가 되는 결혼'과 '나영이와 원빈이 서로 다른 배우자와 결혼하는 것' 두 가지의 의미로 해석된다.
④ '지혜가 사람을 가리지 않고 누구든지 사랑하는 사람'이거나 '누구나가 지혜를 사랑할 수 있다.'라는 의미로 해석된다.
⑤ '기쁜 마음'의 주체가 '그'인지 '그녀'인지 불분명하다.

정답 ②

06 다음 관용구의 의미가 적절하지 않은 것은?

① 바닥을 기다 – 정도나 수준이 형편없다.
② 태깔이 나다 – 맵시 있는 태도가 보이다.
③ 손을 끊다 – 교제나 거래 따위를 중단하다.
④ 코를 빠뜨리다 – 못 쓰게 만들거나 일을 망치다.
⑤ 산통을 깨다 – 사회적 문제를 만들거나 소란을 일으키다.

해설 관용구

⑤ 산통을 깨다 : 다 잘되어 가던 일을 이루지 못하게 뒤틀다.
바람을 일으키다 : 사회적 문제를 만들거나 소란을 일으키다.

정답 ⑤

자주 출제되는 고유어		자주 출제되는 외래어 표기법	
괄괄하다	성질이 세고 급하다.	placard	플래카드
내처	어떤 일 끝에 더 나아가.	jacket	재킷
노량	어정어정 놀면서 느릿느릿.	buzzer	버저
바투	두 대상이나 물체의 사이가 썩 가깝게.	dessin	데생
지지재재하다	이러니저러니 하고 자꾸 지껄이다.	target	타깃

01 다음 글의 내용과 일치하는 것은?

Sharks are covered in scales made from the same material as teeth. These flexible scales protect the shark and help it swim quickly in water. A shark can move the scales as it swims. This movement helps reduce the water's drag. Amy Lang, an aerospace engineer at the University of Alabama, studies the scales on the shortfin mako, a relative of the great white shark. Lang and her team discovered that the mako shark's scales differ in size and in flexibility in different parts of its body. For instance, the scales on the sides of the body are tapered – wide at one end and narrow at the other end. Because they are tapered, these scales move very easily. They can turn up or flatten to adjust to the flow of water around the shark and to reduce drag. Lang feels that shark scales can inspire designs for machines that experience drag, such as airplanes.

① A shark has scales that always remain immobile to protect itself as it swims.
② Lang revealed that the scales of a mako shark are utilized to lessen drag in water.
③ A mako shark has scales of identical size all over its body.
④ The scientific designs of airplanes were inspired by shark scales.

유형 **독해**

어휘 scale 비늘 / flexible 신축성 있는, 유연한 / drag 항력, 끌림 / aerospace 항공우주산업 / shortfin mako 청상아리 / taper 점점 가늘어지다 / flatten 납작해지다 / inspire 영감을 주다, 고무시키다 / immobile 움직이지 않는 / utilize 활용하다, 이용하다

해설 ② "This movement helps reduce the water's drag."와 "They can turn up or flatten ~ to reduce drag."를 통해 글의 내용과 일치함을 알 수 있다.
① 상어의 비늘은 움직일 수 있다고 했다.
③ 몸의 위치에 따라 크기가 다른 비늘을 갖는다고 했다.
④ 마지막 문장에서 상어의 비늘이 비행기의 디자인에 영향을 줄 수 있는 가능성이 제시되고 있으나 실제로 영향을 주었는지 여부는 본문을 통해서는 알 수 없다.

해석 상어는 이빨과 같은 재질로 만들어진 비늘로 덮여있다. 이러한 신축성이 좋은 비늘은 상어를 보호하고 물 속에서 빨리 헤엄칠 수 있도록 돕는다. 상어는 수영하며 비늘들을 움직일 수 있다. 이러한 움직임은 물의 저항력을 감소시키도록 돕는다. 앨라배마 대학교의 항공우주 엔지니어인 Amy Lang은 백상아리의 친척인 청상아리의 비늘을 연구한다. Lang과 그녀의 팀은 청상아리의 비늘이 몸의 위치에 따라 크기와 신축성이 다름을 발견했다. 예를 들어, 몸통 옆에 있는 비늘은 점점 가늘어진다. 즉, 한 쪽 끝에서는 넓고 다른 한 쪽 끝에서는 가늘다. 그것들이 가늘어지기 때문에, 그러한 비늘들은 아주 쉽게 움직인다. 그것들은 상어 주변의 수면의 흐름을 따르고 물의 저항력을 감소시키기 위해 접어 올리거나 납작해질 수도 있다. Lang은 상어의 비늘이 비행기와 같은 저항력을 받는 기계의 디자인에 영감을 줄 수 있다고 느낀다.
① 상어는 헤엄치며 자신을 보호하기 위해 항상 움직이지 않는 상태를 유지하는 비늘을 가졌다.
② Lang은 물 속 저항력을 낮추기 위해 청상아리의 비늘이 이용됨을 밝혀냈다.
③ 청상아리는 몸 전체에 동일한 크기의 비늘을 가졌다.
④ 비행기의 과학적인 디자인은 상어 비늘에 의해 고안되었다.

정답 ②

02 밑줄 친 부분 중 어법상 옳지 않은 것은?

Focus means ① getting stuff done. A lot of people have great ideas but don't act on them. For me, the definition of an entrepreneur, for instance, is someone who can combine innovation and ingenuity with the ability to execute that new idea. Some people think that the central dichotomy in life is whether you're positive or negative about the issues ② that interest or concern you. There's a lot of attention ③ paying to this question of whether it's better to have an optimistic or pessimistic lens. I think the better question to ask is whether you are going to do something about it or just ④ let life pass you by.

(유형) **문법**

어휘 entrepreneur 기업가 / ingenuity 독창성 / execute 실행하다 / dichotomy 양분, 이분

해설 ③ attention과 pay는 서로 수동의 관계이다. 따라서 attention (which is) paid의 구조가 되도록 현재분사인 paying을 과거분사인 paid로 고쳐야 한다.
① means의 목적어로 동명사 getting이 사용되었고, 「get + 목적어(stuff) + 목적격 보어(done)」의 구조도 올바르다.
② the issues를 선행사로 하는 주격 관계대명사 that이 사용되었다.
④ do와 동사원형인 let이 병렬 구조를 이루고 있다. 「let + 목적어(life) + 목적격 보어(pass)」의 쓰임도 알맞다.

해석 집중은 어떤 일들을 해내는 것을 의미한다. 많은 사람들이 좋은 아이디어를 가지고 있지만 그것들을 실행에 옮기지는 않는다. 내게 있어서, 예를 들어, 기업가의 정의는 혁신과 독창성을 그 새로운 아이디어를 실행하는 능력과 결합시키는 사람이다. 어떤 사람들은 삶의 중심이 되는 이분법은 당신에게 흥미를 주거나 심려를 끼치는 문제들에 대해 긍정적인 태도를 지니거나 부정적인 태도를 지니는 것이라고 생각한다. 낙관적인 시점을 가지는 것이 나은지 비관적인 시선을 가지는 것이 나은지에 대한 이 질문에 많은 관심을 가진다. 내 생각에 더 나은 질문은 당신이 그것에 대해 뭔가를 할 것인지 혹은 그저 시간이 지나가버리도록 만들 것인지 묻는 것이다.

정답 ③

언 / 어 / 논 / 리

01 다음 [보기]의 뒤에 이어질 문단 순서로 가장 적절한 것을 고르면?

보기

모든 운동은 유산소 운동 또는 무산소 운동 둘 중 하나로 분류할 수 있지만 이를 혼합한 운동의 유형도 존재한다. 그것은 무산소적 에너지와 유산소적 에너지를 모두 사용하는 복합 트레이닝으로서, 축구나 럭비 등의 운동은 전력으로 질주하는 상황과 조깅 정도의 운동 상황이 혼합된 대표적인 복합 운동에 해당한다. 또한 유산소 운동과 무산소 운동을 서로 병행하여 실시하는 경우도 유·무산소 혼합 유형의 운동이라고 할 수 있다.

[가] 이처럼 무산소 운동과 유산소 운동은 상반된 성격을 띠고 있다. 따라서 이를 병행하는 다양한 운동 프로그램이 개발되고 있으며, 그 효과를 규명하기 위해 지속적인 연구가 진행되고 있다.

[나] 결과적으로 유·무산소성 복합 에어로빅댄스 훈련 집단이 유산소성 에어로빅댄스 훈련 집단보다 체지방률 감소, 근지구력 향상 등 상대적으로 더 유의미한 훈련 효과가 있음이 확인되었다.

[다] 일반인의 건강 증진을 위한 대표적인 무산소 운동인 저항성 운동을 하면 근력이 향상되고 근 비대가 일어나는 반면, 모세혈관의 밀도와 미토콘드리아의 수는 오히려 감소하게 된다.

[라] 버킹엄 대학 연구진은 건강한 여대생 15명을 유산소성 에어로빅댄스 훈련 집단과 유·무산소성 복합 에어로빅댄스 훈련 집단으로 나누어 12주간 훈련을 실시하였다. 그 결과 유산소성 훈련 집단은 삼두근 부위, 성장골 부위의 피하지방 두께 감소에서만 유의한 변화를 보였으며, 유·무산소성 복합 훈련 집단은 성장골 부위 피하지방 두께 감소, 체지방률 감소, 근지구력 향상에 유의한 변화가 나타났다.

[마] 반면 유산소 운동은 최대산소섭취량, 모세혈관의 밀도, 미토콘드리아의 수와 크기를 증가시키고 산소 효소도 활성화시키는 반면, 근력과 근섬유의 크기는 감소시킨다.

① [다]–[가]–[마]–[라]–[나]　② [다]–[마]–[가]–[나]–[라]　③ [다]–[마]–[가]–[라]–[나]
④ [라]–[다]–[가]–[마]–[나]　⑤ [라]–[마]–[다]–[가]–[나]

해설 [보기]에서는 유산소 운동, 무산소 운동, 그리고 이 둘을 병행하는 유·무산소 혼합 유형을 언급하며 이후 내용에서 유·무산소 혼합 유형에 대한 내용이 비중 있게 다루어질 것을 암시하고 있다. 그 후 선택지를 보면 [보기] 바로 뒤의 문단으로 [다] 또는 [라]가 올 것을 알 수 있는데, 실험을 통한 구체적인 사례를 제시하는 [라]보다 무산소 운동의 효과를 설명하는 일반론을 먼저 제시하는 [다]가 먼저 위치하는 것이 적절하다고 볼 수 있다. [라]는 "지속적인 연구가 진행되고 있다."라고 주제와 연관된 연구 및 실험이 있었음을 암시하는 [가]의 뒤에 오는 것이 더 적절할 것이다. [다]의 뒤엔 무산소 운동에 이어 유산소 운동의 효과를 언급하는 [마]가 오는 것이 적절하며, 둘의 상반된 성격을 설명하면서 지속적인 연구가 진행됨을 언급한 [가]가 연이어 위치하는 것이 자연스럽다. 그리고 진행된 연구의 구체적인 사례가 언급되는 [라]가 이어지고, 연구 결과를 적절하게 평가하는 [나]가 가장 마지막에 위치하여 [다]–[마]–[가]–[라]–[나]가 올바른 순서가 된다.

정답 ③

02 다음 글의 제목으로 가장 적절한 것을 고르면?

소설가는 자신이 인생에서 발견한 것을 이야기로 풀어 쓰는 사람이다. 그가 발견하는 것은 사회의 모순일 수도 있고 본능의 진실이거나 영혼의 전율일 수도 있다. 어쨌든 소설가는 그것을 써서 발견자로서의 책임을 짊어진다.
인터넷 시대의 디지털 환경은 이 같은 발견자의 자신감을 뒤흔들어 놓았다. 심란한 얼굴로 소설의 위기를 말하는 작가들이 늘어났다. 멀티미디어의 등장으로 독자들의 관심이 문학에서 멀어져가는 현상은 차라리 표면적인 위기에 지나지 않는다. 정보 혁명이 초래한 현실의 복잡성 때문에 인생을 관찰하고 뭔가를 발견하기 힘들다는 무력감이야말로 한층 더 심층적인 위기라는 것이다.
누구나 자유롭게 자기를 표현할 수 있는 인터넷의 쌍방향성은 독자와 작가의 구별을 없애버렸다. 또 독자 스스로 이야기의 중요 지점에 개입하여 뒷이야기를 선택할 수 있는 하이퍼텍스트 픽션이 등장했다. 미국에서 CD로 출판된 셸리 잭슨의 하이퍼텍스트 픽션 '패치워크 걸(Patchwork Girl)'은 상업적으로 성공했을 뿐만 아니라 다중 인격의 역동성과 여성적인 몸의 상징성을 잘 표현한 걸작이라는 찬사를 받고 있다. 소설은 빠른 속도로 시뮬레이션 게임에 가까워지고 있는 것이다.
언어에 대한 날카로운 감수성으로 삶의 궁극적인 의문들을 다뤄온 소설가들에게 작품이 네트워크 위에 떠서 음악, 사진, 동영상과 결합돼 가는 이런 변화는 확실히 당혹스럽다. 그러나 이것이 과연 소설가의 존재 이유를 뒤흔들 만큼 본질적인 변화일까? 단연코 아니라고 말하고 싶다.

〈후략〉

① 하이퍼텍스트 픽션의 등장
② 디지털 시대와 소설가의 변화
③ 흔들리는 소설가들의 존재 가치
④ 인터넷의 쌍방향성으로 인한 출판 시장의 변화
⑤ 멀티미디어 등장으로 인한 소설 독자층의 감소

해설 중심 내용을 빠르게 찾기 위해 속독을 하자. 첫 번째 문단에서 '소설가 = 발견자'라는 나름의 정의를, 두 번째 문단에서 '인터넷 시대 → 현실의 복잡성 → 무엇인가를 발견하기 힘듦 → 소설가≠발견자'라는 위기를 말하고 있다. 세 번째 문단에서는 '인터넷의 쌍방향성 → 소설의 변질'을 말하고 있으며 예시로 '패치워크 걸'을 들고 있다. 여기까지 본다면 ②뿐만 아니라 ③도 제목으로 적절하다고 볼 수 있다. 하지만 마지막 문단에서 '그러나'가 등장하며 글의 반전을 예고하고 있다. 첫 번째, 두 번째, 세 번째 문단에서 다룬 '시대의 변화에 따른 소설의 변화'가 소설가의 존재 이유를 뒤흔들 만큼 본질적인 변화는 아니라고 선을 그으며 '흔들리는 소설가들의 존재 가치'를 극복하는 내용이 뒤따를 것임을 암시하고 있다. 따라서 '시대의 변화에 따른 소설가들의 위기'와 '그 극복'까지를 모두 포괄할 수 있는 '디지털 시대와 소설가의 변화'가 글의 제목으로 가장 적절하다.
①, ④, ⑤는 모두 글에서 언급되는 내용이지만 글의 중심적인 내용이라고 보기 어렵다.

정답 ②

문 / 제 / 해 / 결 / 능 / 력

01 **다음 ㉠~㉤ 중 문제의 유형에 대한 설명으로 옳은 것을 모두 고르면?**

㉠ 보이는 문제에는 예측문제, 발견문제가 포함된다.
㉡ 경쟁사의 기술 수준이 자사보다 높아 경쟁사의 기술에서 정보를 얻을 수 있는 문제는 미래 문제이다.
㉢ K사가 개발한 애플리케이션 S에서 출시 후 계속해서 오류가 나오고 있는 문제는 보이는 문제이다.
㉣ 설정형 문제는 미래의 전략을 계획해야 하는 문제이기 때문에 창의력이 요구되어 창조적 문제라고도 한다.
㉤ 다음 분기 구매율이 얼마나 상승할지를 예측하는 등 앞으로 일어날 가능성이 있는 문제는 찾는 문제이다.

① ㉠, ㉡
② ㉡, ㉢
③ ㉢, ㉣
④ ㉡, ㉢, ㉤
⑤ ㉢, ㉣, ㉤

해설 ㉢ 보이는 문제(발생형 문제)는 우리가 바로 직면하여 해결을 위해 고민하는 문제로, 어떤 기준을 일탈하거나(일탈 문제), 기준에 미달하는 경우(미달 문제)가 해당한다.
㉣ 미래 문제(설정형 문제)는 문제해결에는 지금까지 경험한 바가 없기 때문에 문제해결에 창조적인 노력이 요구되므로 창조적 문제라고 부른다.
㉤ 찾는 문제(탐색형 문제)는 진행 상황 예측, 앞으로 일어날 수 있는 문제를 의미한다.

정답 ⑤

02 **A, B, C, D 4명은 사내 행사의 참여 여부에 대해 이야기하고 있다. 4명 중 1명만 거짓을 말하고 남은 3명은 모두 진실을 말하였을 때, 다음 [보기]를 보고 행사에 참여하는 사람은 모두 몇명인지 고르면?(단, 거짓을 말하는 사람의 진술은 모두 거짓이고, 진실을 말하는 사람의 진술은 모두 진실이다.)**

보기

- A : C는 참여하고, B는 참여하지 않는다.
- B : A는 참여하고, D도 참여한다.
- C : B는 참여하고, D는 참여하지 않는다.
- D : A는 참여하고, C도 참여한다.

① 1명
② 2명
③ 3명
④ 4명

해설 참여하는 사람을 알기 위해서는 우선 누가 거짓을 말했는지를 알아야 한다. 네 명의 진술을 살펴보면 모두 다른 두 사람의 참여 여부를 말하고 있다. 또한 각자가 말한 두 사람에 대한 진술 8개를 비교해 보면, A의 참여를 말한 2개의 진술과 C의 참여를 말한 2개의 진술은 모두 동일한 의견이므로 한 명만 거짓을 말하였다는 조건에 의해 어느 한쪽이 거짓을 말한 것이 될 수 없게 되므로 A와 C의 참여 여부에 대해 말한 사람은 모두 진실을 말한 것이 된다. 따라서 A와 C의 참여 여부가 아닌 B와 D의 참여 여부에 대해서만 진술한 C가 거짓이 되므로 B는 불참, D는 참여한 것이 되며, 이 경우에 다른 모든 진술에 모순이 없게 된다. 따라서 행사에 참여하는 사람은 A, C, D 3명이다.

정답 ③

고 / 난 / 도

01 다음 [그래프]는 2020년 갑시의 교통사고에 관한 자료이다. 이에 대한 설명으로 옳지 않은 것을 고르면?

[그래프1] 2020년 월별 교통사고 사상자 (단위: 명)

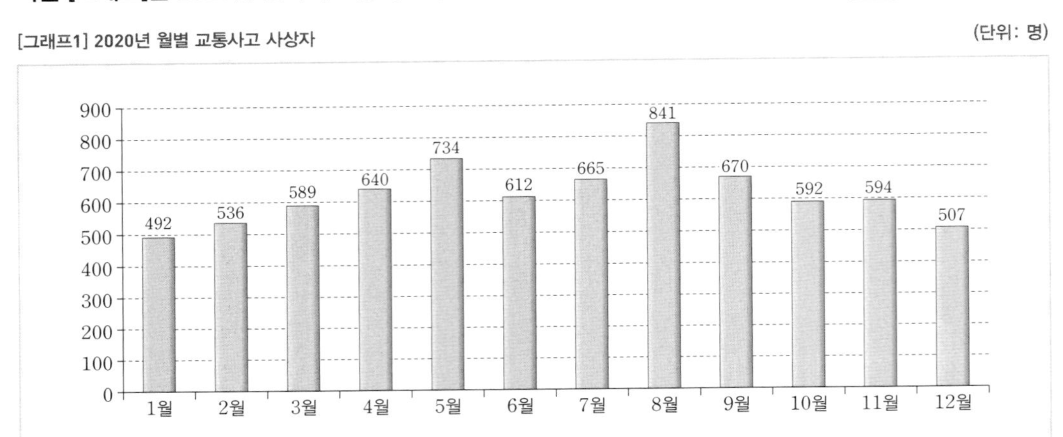

[그래프2] 2020년 월별 교통사고 건수 (단위: 건)

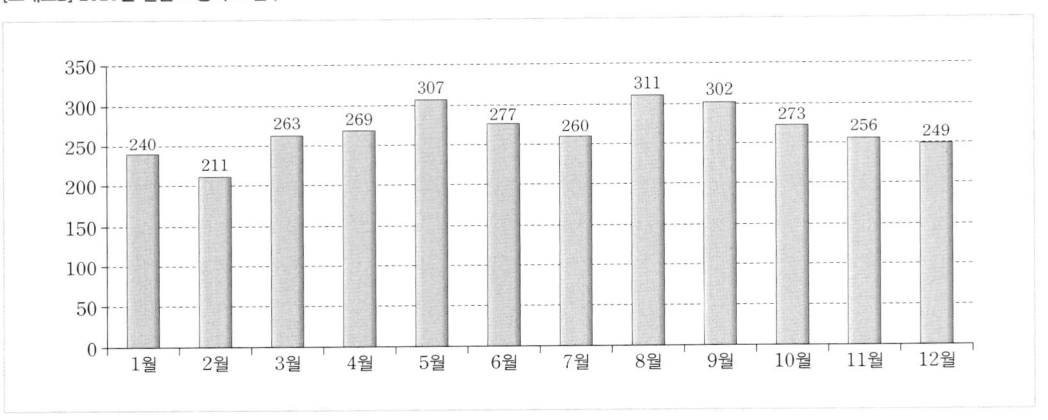

[그래프3] 2020년 교통사고 건수의 사고 원인별 구성비 (단위: %)

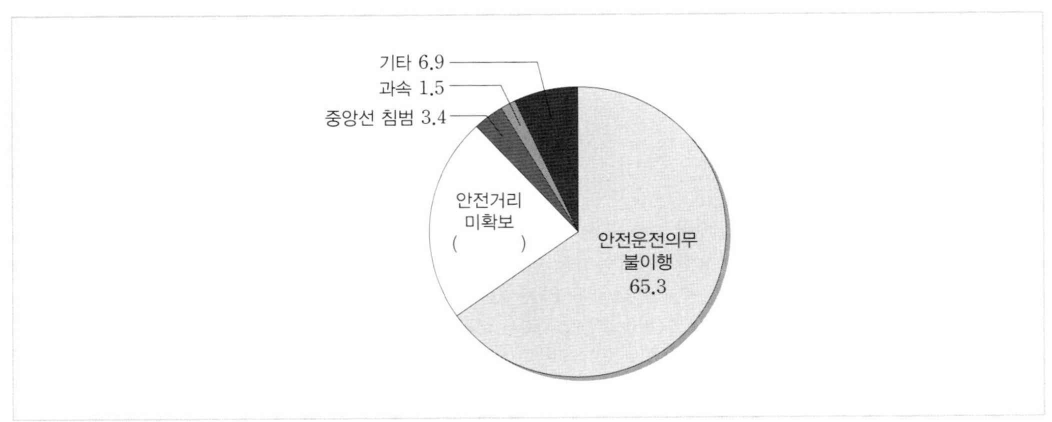

① 2020년 교통사고 건당 사상자는 2.1명 이상이다.
② 월별 교통사고 사상자가 가장 적은 달은 가장 많은 달의 60% 이하이다.
③ 월별 교통사고 건수가 두 번째로 많은 달의 교통사고 건당 사상자는 약 2.4명이다.
④ 안전거리 미확보가 사고 원인인 교통사고 건수는 중앙선 침범이 사고 원인인 교통사고 건수의 7배 이상이다.
⑤ 사고 원인이 안전운전의무 불이행인 교통사고 건수는 2,000건 이상이고, 과속인 교통사고 건수는 50건 이하이다.

정답 풀이

2020년 전체 교통사고 건수는 3,218건이고, 사고 원인 중 안전거리 미확보인 교통사고 건수의 비율은 100−(6.9+1.5+3.4+65.3)=22.9(%)이다. 따라서 사고 원인이 안전거리 미확보인 교통사고 건수는 3,218×0.229≒737(건)이다. 사고 원인 중 중앙선 침범인 교통사고 건수의 비율은 3.4%이므로, 사고 원인이 중앙선 침범인 교통사고 건수는 3,218×0.034≒109(건)이다. 109건의 7배는 763건이므로 737건보다 많다. 따라서 안전거리 미확보가 사고 원인인 교통사고 건수는 중앙선 침범이 사고 원인인 교통사고 건수의 7배 미만이다.

정답 ④

오답 풀이

① 2020년 전체 교통사고 사상자 수는 492+536+589+640+734+612+665+841+670+592+594+507=7,472(명)이고, 전체 교통사고 건수는 240+211+263+269+307+277+260+311+302+273+256+249=3,218(건)이다.
따라서 2020년 교통사고 건당 사상자는 $\frac{7,472}{3,218}$≒2.3(명)이다. 즉, 2.1명 이상이다.

② 월별 교통사고 사상자 수가 가장 적은 달은 492명인 1월이고, 가장 많은 달은 841명인 8월이다. 월별 교통사고 사상자가 가장 적은 달의 사상자 수는 가장 많은 달의 $\frac{492}{841}$×100≒58.5(%)이다. 따라서 60% 이하이다.

③ 월별 교통사고 건수가 두 번째로 많은 달은 307건인 5월이다. 5월 교통사고 사상자 수는 734명이므로 5월의 교통사고 건당 사상자는 $\frac{734}{307}$≒2.4(명)이다.

⑤ 2020년 전체 교통사고 건수는 3,218건이고, 전체 대비 사고 원인이 안전운전의무 불이행인 교통사고 건수의 비율은 65.3%이므로, 사고 원인이 안전운전의무 불이행인 교통사고 건수는 3,218×0.653≒2,101(건)이다. 즉, 2,000건 이상이다. 한편 전체 대비 사고 원인이 과속인 교통사고 건수의 비율은 1.5%이므로, 사고 원인이 과속인 교통사고 건수는 3,218×0.015≒48(건)이다. 즉, 50건 이하이다.

해결 TIP

이 문제는 2021년 7급 공채 PSAT 기출 변형 문제로 3개의 그래프가 주어진 복합 자료를 바탕으로 선택지의 정오를 판단하여 정답을 선택하는 NCS 자료해석 빈출유형입니다. 선택지의 정오를 판단하는 문제의 경우에는 계산이 복잡하거나 푸는 데 상대적으로 시간이 오래 걸리는 선택지는 건너뛰고, 계산 없이 쉽게 해결이 가능한 내용의 선택지 또는 상세한 계산 과정이 필요하지 않고, 비교적 간단한 계산으로 해결할 수 있는 선택지를 먼저 풀도록 합니다. 특히 대소 관계를 물어보는 선택지의 내용 중 계산 과정이 복잡한 경우에는 그 과정마다 모두 계산할 필요 없이 결과에 영향을 주지 않는 수치를 생략하거나 분수 비교법, 수치 비교법을 통해 계산 과정을 최소화하는 방법으로 풀어나가도록 합니다.

이 문제의 경우에는 선택지 ①~⑤의 내용을 한번 살펴보면, ①~⑤ 모두 계산 과정이 필요한 내용을 물어보고 있는데, ①과 ⑤의 경우에는 3개의 그래프 수치 그 자체만을 이용하여 해결할 수 없고, 전체 교통사고 사상자 수 및 건수 즉, 그래프의 수치를 바탕으로 그 합을 별도로 구한 뒤 해결할 수 있는 내용입니다. 따라서 주어진 선택지 ①~⑤ 중 ②, ③, ④를 먼저 풀고, 그다음으로 ①, ⑤를 푸는 순서로 해결하도록 합니다.

먼저 ②를 보면, 그래프1을 통해 월별 교통사고 사상자 수가 가장 적은 달은 492명인 1월이고, 가장 많은 달은 841명인 8월임을 알 수 있습니다. 따라서 교통사고 사상자가 가장 많은 달 대비 가장 적은 달의 비율은 $\frac{492}{841}\times100$인데, 분모 841의 10%는 약 84이고 60%는 84의 6배인 $84\times6=504$로 492보다 큽니다. 따라서 $\frac{492}{841}\times100$은 60%보다 작다는 것을 알 수 있으므로 ②는 옳은 선택지임을 알 수 있습니다. ③을 보면, 5월의 교통사고 건당 사상자는 $\frac{734}{307}$로 비교적 간단한 계산으로 결괏값을 구할 수 있습니다. 한편 선택지의 내용에 주어진 수치인 2.4를 바탕으로 확인할 수도 있는데 $307\times2.4\fallingdotseq737$로 734와 큰 차이가 없음을 알 수 있습니다. ④를 보면, 안전거리 미확보와 중앙선 침범을 포함한 사고 원인 모두 2020년에 발생한 교통사고 건수를 바탕으로 하였으므로, 각 원인별 교통사고 건수를 직접 구하지 않고 구성 비율로 대소 관계를 판별할 수 있습니다. 안전운전의무 불이행과 안전거리 미확보의 사고 원인을 제외한 남은 사고 원인의 구성비는 $6.9+1.5+3.4=11.8$(%)로 약 12%임을 알 수 있습니다. 안전운전의무 불이행은 65.3%로 $100-12-65=23>100-12-65.3=22.7$이 성립하므로 안전거리 미확보의 구성비는 23% 미만임을 알 수 있습니다. 한편 3.4의 7배는 23.8%로 23%를 초과하므로 안전거리 미확보의 구성비보다 크다는 것을 알 수 있습니다. 따라서 안전거리 미확보가 사고 원인인 교통사고 건수의 비율은 중앙선 침범이 사고 원인인 교통사고 건수의 비율의 7배 미만이므로 교통사고 건수 역시 7배 미만임을 알 수 있습니다. 따라서 정답을 ④로 선택할 수 있습니다. 참고로 ⑤에서 2020년 전체 교통사고 건수는 약 3,200건으로 $3{,}200\times0.653>3{,}200\times0.65=2{,}080>2{,}000$이고, $3{,}200\times0.015=48$이므로 ⑤는 옳은 선택지임을 알 수 있습니다.

김 성 근
에듀윌 취업연구소 연구원

PART 04

상식을 넘은 상식

사고의 틀이 넓어지는 깊은 상식

글로벌 공급망 차질, 어떻게 극복할 것인가

조기 경보 시스템 정착·리쇼어링 활성화 등

이슈의 배경

미중 무역갈등과 팬데믹에 이어 러시아와 우크라이나 전쟁까지, 이제껏 경험하지 못했던 복합 위기에 세계 경제가 휘청거리고 있다. 각국은 1970년대 오일 쇼크 이래 50년 만에 스태그플레이션(stagflation : 경제 불황과 물가 상승이 동시에 일어나고 있는 상태) 상태에 진입했다. 미국의 최근 물가 상승률은 41년 만에 최고치를 기록했다.

우리나라도 치솟는 물가에 가계와 기업 모두 비명을 지르고 있다. 특히 먹거리 물가가 무섭게 치솟으면서 **런치플레이션**이란 신조어까지 등장했다. 지난 6월 통계청의 분석에 따르면 1분기 국내 4인 가구가 지출한 식비는 월평균 100만원을 넘었다. 여기에 기름값의 계속된 상승으로 자가운전자들의 부담도 크게 상승했다. 7월부터 전기요금과 가스요금도 줄줄이 올랐다.

인플레이션의 직접적인 원인은 글로벌 공급망 혼란으로 원유 등 원자재 가격이 폭등하고 생산에 차질을 빚은 것이다. 다른 나라들이 포스트 팬데믹 시대를 맞이했지만 중국은 한 명의 확진자만 나와도 그 일대를 폐쇄·격리하는 비현실적인 제로 코로나 정책을 강행했다. '세계의 공장'으로 불리는 중국에서 상하이 등 주요 지역의 봉쇄조치가 길어지면서 생산 및 물류 공급망이 꼬였고 특히 전자 제품, 자동차, 의류 산업 등의 생산 피해가 커졌다.

여기에 러시아의 우크라이나 침공이 공급망 대란을 증폭했다. 푸틴 러시아 대통령은 우크라이나를 돕는 서방에 핵무기 위협을 서슴지 않고 있으나 원자재 공급망에는 이미 핵폭탄이 떨어진 상황이다. 유럽연합(EU)은 전쟁 전 천연가스의 40%, 전체 석유의 27%를 러시아산에 의존했지만 대러 제재의 목적으로 러시아산 천연가스와 석유는 물론 니켈, 우라늄 등 원자재 수입을 중단했다. 세계의 빵공장이라고 불리는 우크라이나 곡창지대가 쑥대밭이 되면서 세계 곡물 시장 공급망도 망가졌다.

그 결과 천연가스, 석유, 각종 광물, 밀 등 대부분의 원자재가 폭등했다. 반도체, 자동차 등 첨단 산업부터 건설업, 우유, 과자 등 다양한 산업의 비용이 폭증했고 생산은 차질을 빚었다. 기업들은 비상 경영 체제에 돌입했다.

한국무역협회 국제무역통상연구원이 6월 발표한 '글로벌 공급망 위기와 우리 기업의 대응현황' 보고서에 따르면 지난해 수출실적이 50만달러 이상인 국내 수출기업 1094개사 가운데 85.5%가 공급망 위기로 문제를 겪는 것으로 나타났다.

기업들은 가장 큰 애로사항으로 '물류 지연과 운송비 폭등 등 물류난'을 지목했고 '원자재 가격 상승 및 수익성 악화'와 '특정지역 봉쇄로 인한 피해'도 주요 애로사항으로 손꼽혔다. 공급망 차질에 따른 기업 피해를 예방할 대안은 무엇인가.

런치플레이션 (lunchflation)

런치플레이션이란 점심(lunch·런치)과 물가 인상(inflation·인플레이션)을 합친 말로 급격한 외식 물가 상승을 뜻하는 말이다. 팬데믹에 이은 우크라이나 전쟁으로 밀과 식용유를 비롯한 주요 식자재 가격이 폭등하면서 외식 물가도 천정부지로 오르고 있다. 회사 인근 식당들이 원자재 가격을 이기지 못하고 잇달아 점심 가격을 올리자 매끼 점심을 밖에서 해결해야 하는 직장인들의 부담이 가중됐다.

이슈의 논점

공급망 차질 예방 대안 ①: 조기 경보 시스템 정착

글로벌 공급망 위기가 심화되면서 우리 기업들은 원자재 조달과 생산, 수출 과정 등에서 다양한 어려움을 겪고 있다. 수출 기업이 가장 우려하고 있는 공급망 문제는 물류난과 원자재 가격 상승에 따른 수익성 악화다. 이에 대한 시급한 대응책은 수입 대체선을 다변화하고 핵심 품목 비축을 확대하는 것이다.

대기업은 상대적으로 대체선을 발굴하거나 전담 조직을 꾸려 적극 대처하기에 유리하지만, 중소기업은 대응에 어려움을 겪는다. 한국에서는 원청이나 대기업이 원자재 비용 증가분을 하청 업체에 전가하는 경우가 많아 중소기업의 고통이 더욱 크다. 따라서 정부 및 수출입 관계 기관의 공급망 대응 전략도 먼저 중소기업에 초점을 맞춰야 한다.

팬데믹이나 전쟁으로 인한 공급망 충격은 정부나 기업이 단독으로 조정할 수 없는 변수다. 다만 공급망 충격이 발생할 조짐이 있는 원자재나 물류를 예상할 수는 있다. 이러한 공급망 조기 경보 시스템의 중요성은 지난해 요소수 품귀 대란에서 경험한 바 있다.

요소수는 디젤 내연기관의 배기가스 후처리 장치 작동에 필수적인 물질로 연료와 마찬가지다. 중국은 작년 여름 발생한 기록적인 홍수로 석탄 채굴이 어려워지면서 공장이 멈춰 서고 전력 부족 사태가 이어졌다. 석탄 가격 급등으로 중국 내 요소 생산이 급격히 감소하자 자국 내 수요를 우선 충족시키기 위해 요소수 수출을 제한했다.

중국 요소 부족 사태 조짐이 5월부터 감지되자 인도는 9월 중국의 요소 수출량 중 약 75%를 싹쓸이 수입해 대비했다. 그러나 당시 한국 정부는 산업용 요소의 97%를 중국에 의존하고 있으면서도 손을 놓고 있다가 사태를 악화시켰다.

한국은 산업용 핵심 원자재 대부분을 중국 수입에 의존하고 있다. 2차전지의 핵심 원자재인 망간, 알루미늄 케이블, 마그네슘 등은 사실상 중국에서 전량 수입하고 있어 중국이 마음만 먹는다면 한국의 차세대 먹거리인 2차전지 산업의 숨통을 끊을 수 있을 정도다. 정부 및 공급망 전문 기관은 급변하는 공급망 이슈를 상시 리서치하면서 최신 공급망 이슈 정보를 기업에 실시간으로 전달할 수 있어야 한다. 차질이 우려되는 물류·원자재 공급망에 대해서는 조기에 경보할 수 있는 시스템을 구축할 필요가 있다.

공급망 차질 예방 대안 ② : 리쇼어링 활성화

러시아의 우크라이나 침공 이후 미국과 유럽이 중심이 된 서방 민주주의 진영과 러시아를 비롯한 권위주의 진영이 대립하는 신냉전 구도는 국제 질서의 뉴노멀(new normal : 새로운 표준)이 되었다.

냉전 시기처럼 진영끼리 뭉쳐 무역장벽을 세우는 블록 경제가 나타날 가능성이 크다. 자국 우선주의가 득세하면서 중국을 비롯한 신흥국에 진출한 생산 기지는 '인질'로 전락했다. 애플, 스타벅스 등 글로벌 기업은 손실을 감수하고도 러시아에서 사업을 철수했다.

결국 과거 세계화 체제에서 생산 비용을 줄이기 위해 촉진됐던 아웃소싱(outsourcing)은 공급망 불안을 가져오는 요인으로 떠올랐다. 이제 세계는 하나의 거대한 공장처럼 일사불란하게 움직이지 않는다. 지역주의와 기업의 재국유화가 다시 힘을 얻고 리쇼어링(reshoring : 해외 진출 기업의 자국 복귀)에 대한 요구가 빈발했다.

리쇼어링이 여의치 않으면 인접 국가로 옮기는 니어쇼어링(nearshoring), 민주주의와 시장 자유주의 가치를 공유하는 우방국으로 옮기는 프렌드쇼어링(friendshoring)과 같은 용어까지 등장했다. 이 같은 움직임은 장기적으로 냉전 체제로 시계를 되돌려 세계 경제의 쇠퇴를 촉발할 것이란 우려가 있음에도 앞으로도 계속될 공급망 차질 리스크를 예방하기 위해 불가피한 현상이다.

정부는 2010년대부터 리쇼어링을 지원하는 법을 시행하고 세제 지원 정책을 펼쳤지만 성과는 거의 없었다. 리쇼어링은 고사하고 있는 기업도 나가려 하는 판이다. 국회입법조사처에 따르면 한국에서 철수한 외국기업은 2018년 68개에서 2019년 173개로 대폭 증가했다.

기업이 국내 이전을 꺼리는 가장 큰 원인은 규제 때문이다. 특히 노동 규제, 수도권 공장총량제, 환경 규제가 까다로워 국내로 이전할 엄두를 내지 못한다. 리쇼어링을 활성화하기 위해서는 규제를 유연하게 적용할 필요가 있다. 특히 수도권 공장총량제는 제조업의 과도한 수도권 집중을 억제하고 공장 신설을 지방으로 유도해 국토 균형 발전을 꾀한다는 취지이긴 하나 리쇼어링 활성화를 가로막는 '대못 규제'로 지적받고 있는 만큼 윤석열 정부의 대응이 필요하다.

공급망 차질 예방 대안 ③ : 국내 생산 시스템 강화·물류 기업 육성

자원 전쟁은 원유와 천연가스, 광물 등 원자재 중심에서 반도체 등 필수 소비·산업재까지 확대되고 있다. 광물 자원 대국인 인도네시아는 올해 석탄과 알루미늄 원재료인 보크사이트 수출을 금지했다. 미국은 중국을 겨냥해 반도체 공급을 규제했는데 이에 중국이 도매금으로 한국산 메모리 수입선까지 교체하면서 한국 반도체의 중국 내 위상이 급격히 떨어졌다.

이처럼 공급망 리스크가 높은 소재와 부품, 상품은 국내 생산 시스템을 강화해야 한다. 대기업은 국내 주요 산업인 반도체, 배터리, 조선업 등의 핵심 공정을 국내에서 담당함으로써 글로벌 공급망 리스크에 대비해야 한다. 첨단 기술 산업의 소재·부품·장비를 수입·생산·수출하는 기업의 리쇼어링을 유도할 필요가 있다.

첨단 기술 산업에서는 갈수록 노동이 자동화로 대체되고 있어 저임금 활용을 위해 신흥국에서 오프쇼어링 전략을 추구할 유인이 줄어들고 있다. 로봇이나 인공지능 등 고도기술 인프라를 갖추고 고급 인력이 많은 본국에서 생산할 경우 오히려 비용이 적게 들 수 있다. 실제로 GE는 공급망 간 원활한 정보 교환을 위해 중국에 있던 생산 설비를 본국 켄터키주로 이전했다.

나아가 미국 아마존, 중국 알리바바와 같은 글로벌 물류 플랫폼 기업을 신성장 동력 산업으로 육성해야 한다. 이들 기업은 거대한 글로벌 물류 플랫폼을 구축함으로써 공급망 위기에 흔들리지 않는 글로벌 경제의 핵심 영역으로 자리 잡았다.

공급망 차질 예방 대안 ④ : 화석연료 회귀는 바람직하지 않아

에너지 전환의 과도기에 나타난 우크라이나 전쟁이라는 돌발 변수는 에너지 가격 급등을 야기하며 세계적인 재생에너지 확대와 탄소중립 정책에 제동을 걸고 있다. 유럽은 석탄 비중을 낮추기 위해 러시아산 천연가스에 의존했는데 러시아가 에너지를 무기화하고 유럽도 러시아산 에너지 수입을 줄이기로 하면서 탄소중립 정책에서 후퇴할 위기에 처한 것이다.

러시아 에너지에 대한 제재와 공급망 위기가 장기화되면서 에너지 가격이 지속적으로 상승하고 그 비용을 감당할 수 없어 비싼 친환경에너지보다 화석연료로 회귀하는 움직임이 나타나고 있다. 실제로 에너지 공급망 대란 속에 기름 값이 치솟으면서 정유업계는 '횡재세'를 물려야 한다는 말이 나올 정도로 큰 이익을 기록했다.

우크라이나 전쟁은 언젠가 끝이 나겠지만 기후 재앙이 몰고 올 장기적인 공급망 대란은 무역 분쟁과 팬데믹, 전쟁의 결과와 비교할 수 없이 크고 길어질 것이다. 탄소중립 시대에 대비했던 정부와 기업이 당장의 공급망 차질 때문에 화석연료 중심으로 회귀한다면 어리석고 위험한 일이다. 특정 국가에 대한 화석 에너지 의존과 에너지 공급망 리스크를 줄이기 위해서라도 각국 정부는 탄소중립을 오히려 가속하고 재생에너지 활용을 확대해야 하며 기업도 이에 동참해야 한다.

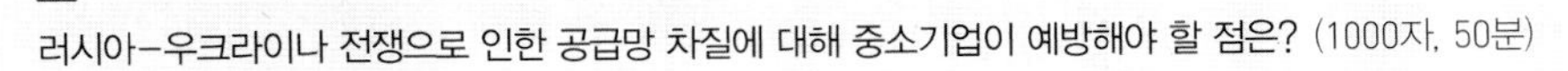

연습문제 2022 중소벤처기업진흥공단 기출복원

러시아-우크라이나 전쟁으로 인한 공급망 차질에 대해 중소기업이 예방해야 할 점은? (1000자, 50분)

※ 논술대비는 실전연습이 필수적입니다. 반드시 시간을 정해 놓고 원고지에 직접 써 보세요.

200

400

600

800

1000

NFT는 성장통을 겪는 중인가, 거품인가

"미래 가치 높아...시장 성숙 과정"-"실질 가치 없고 무용...전망도 어두워"

이슈의 배경

블록체인 기술을 활용해 디지털 자산의 소유주를 증명하는 토큰인 NFT는 지난해 IT 업계와 자산 시장을 휩쓴 화젯거리였다. 그러나 잔뜩 달아올랐던 NFT 거래량과 가격은 물론 사람들의 관심도가 최근 급격하게 떨어지며 일각에서 'NFT 거품론'이 일고 있다.

NFT의 투자 열기는 작년부터 본격화됐다. 지난해 3월 트위터 창업자 잭 도시의 첫 번째 트윗 NFT가 약 36억4000만원에 달하는 290만달러에 낙찰되며 큰 화제를 모았다. 블록체인 거래 데이터 통계기관인 댑레이더에 따르면 지난해 상반기 약 25억달러(약 3조1390억원) 규모였던 NFT 시장은 하반기 250억달러(약 31조3900억원)로 10배가량 급성장했다.

그러나 최근 확인할 수 있는 NFT 관련 지표들은 좋지 않다. 먼저 NFT의 거래량이 급감했다. 글로벌 NFT 마켓플레이스의 5월 말 기준 월간 거래량은 지난 1월보다 75%가 줄어든 값인 40억달러(약 5조2200억원)를 기록했다. 또한, NFT의 인기를 이끈 주요 컬렉션들의 가격도 하락세다.

사람들의 관심도도 급감했다. 구글 트렌드(검색 데이터를 통해 키워드의 인기도를 보여주는 트렌드 분석 도구)의 점수를 보면 지난 1월 16~22일 100을 기록했던 NFT 검색 빈도는 6월 5~8일 기준 18까지 떨어졌다. NFT에 대한 관심도가 5개월여 만에 82%나 급감한 것이다.

약 36억4000만원에 낙찰된 잭 도시의 첫 번째 트윗 NFT의 가치도 급락했다. 지난 4월 말레이시아 기반 블록체인 회사 브리지 오라클의 최고경영자(CEO) 시나 에스타비가 잭 도시의 트윗 NFT를 NFT 마켓플레이스 오픈씨 경매에 붙인 결과 최고 응찰가는 17이더리움(약 5만2462달러·6491만원)에 그쳤다. 약 1년 만에 헐값이 된 셈이다. 이를 두고 사람들은 NFT 시장이 거품이 꺼지고 있다고 분석했다.

엎친 데 덮친 격으로 지난 6월에는 NFT 마켓플레이스에서 내부자 거래 사건도 터져 나오며, 거래소 신뢰도까지 하락했다. 지난 6월 1일(현지시간) WSJ, CNBC 등 외신에 따르면 오픈씨의 전 제품 관리자 네이트 채스테인은 특정 NFT가 게재되기 전에 해당 NFT를 사들였다가 되팔아 2~5배의 시세차익을 챙긴 혐의로 기소를 당했다. 검찰 측은 그가 이 같은 방식으로 지난해 6~9월 11차례에 걸쳐 45개의 NFT를 거래해 부당 수익을 올린 것으로 파악했다. 이를 두고 일각에서는 "NFT의 죽음"이라는 표현까지 나왔다.

오픈씨 측은 "채스테인의 위법 행위를 인지한 즉시 조사에 착수했으며 회사를 떠나도록 지시했다"고 말하고, 기밀정보를 이용한 NFT 매매를 금지하는 내부 규정을 마련하며 투자자들을 안심시키 위해 노력했으나, 이미 투자자들의 신뢰도는 크게 하락한 상태다. 뉴욕타임스 역시 "지난 9월 이후 90% 이상 거래가 급감할 정도로 위축된 NFT 시장에서 해킹이나 사기 등 사건·사고가 잇따르고 있다"고 지적했다.

하지만 NFT 거품론에 반론을 제기하는 사람들도 적지 않다. 여러 가지 지표들이 NFT에 대해 부정적인 시선을 보이고 있지만, NFT 거품론을 신뢰하지 않는 사람들은 NFT가 새로운 형식의 시장인 만큼 어느 분야에서나 나타날 수 있는 초기 진통을 겪고 있을 뿐이라고 주장한다.

블록체인 데이터 분석 회사인 체이널리스트의 이코노미스트인 에단 맥마흔은 "NFT 시장이 덜 성숙하고 사용자의 감정 변화에 민감하기 때문에 변동성이 두드러지는 건 사실이지만, 이는 지나친 확증 편향 요소가 있다"고 분석했다.

NFT 시장을 바라보는 시선이 이처럼 엇갈리고 있는 가운데, 어느 쪽의 주장이 옳다 그르다라고 정확히 판단하는 것은 쉽지 않아 보인다. NFT는 정말 거품일까, 아니면 성장통을 겪는 중인 걸까.

NFT (Non-Fungible Token·대체불가능토큰)

NFT는 블록체인 기술로 그림이나 영상 등 디지털 파일에 원본이라고 인증하는 토큰을 붙인 것을 말한다. 디지털 장부를 무수히 분산해 조작이 불가능한 블록체인의 특성상 하나의 NFT는 오로지 하나만 존재하며 누군가가 변경할 수 없다. 이에 예술품을 비롯한 다양한 디지털 자산들이 NFT로 거래되고 있다.

지난 3월 11일 크리스티 뉴욕 온라인 경매에서 미국 디지털 아티스트 비플(Beeple·본명 : 마이크 윈켈)의 그림 파일(jpg) '매일 : 첫 5000일'이 6934만달러(786억원)에 낙찰됐다. 비플의 작품은 2007년부터 사진 5000점을 붙이는 노고를 들였다고는 하나 실물이 없는 300메가바이트(MB) 용량의 jpg 파일 하나에 불과하다. 다만 NFT를 통해 '원본으로 인정받은 파일'이란 점이 다르다.

이슈의 논점

"미래 가치 높아...시장 성숙 과정"

많은 사람이 시장 지표를 들어 NFT 거품론을 주장하지만, NFT 거품론의 근거가 되는 시장 지표는 동일한 시기에도 시장에 따라 증가세와 하락세가 상이하게 나타나고 있다. 가령 올해 발매된 래퍼 스눕 독의 최신 앨범은 NFT로 출시돼 단 5일 만에 4000만달러(약 510억원) 이상의 매출을 올렸으며, BAYC와 크립토펑크 NFT의 판매는 3월 전후로 각각 59%와 118% 증가한 것으로 나타났다.

NFT 거래량이 전반적으로 감소한 것은 사실이지만, 고유한 거래자 수와 판매 수로 측정한 수요는 증가하고 있는 만큼 한쪽 면의 지표만 보고 NFT가 거품이라고 판단해서는 안 된다.

또한 NFT 거품론의 근거가 되는 시장 지표들은 대개 예술 분야에 머물러 있다. 개별 상품의 거래 금액이 큰 예술품은 거래 횟수가 적은 구조이기 때문에, 이를 바탕으로 NFT 거품론을 주장하는 것은 옳지 않다. 예술품이 아닌 게임 분야를 살펴보면 오히려 NFT는 지속적으로 상승 곡선을 그리며 성장세를 보이고 있다.

무엇보다 NFT는 미래 가치가 높다. NFT는 메타버스와 결국 하나로 융합되어 MZ세대의 새로운 소통 창구가 될 것이다. 어느 때보다 빠른 속도로 과학·IT화 되어가고 있는 추세 속에서 장기적으로는 메타버스가 부상하며 디지털 세계와 현실 세계 간의 경계가 없어지고, 여기서 NFT는 새로운 가상 세계에 혁신을 촉발하는 핵심적인 역할을 할 것이다. NFT의 거품론을 논하기에는 NFT의 미래 가치가 크다.

현실과 가상의 경계가 허물어지는 메타버스 시대가 성큼 다가온 만큼, NFT의 가치를 인정해야 한다. 현실 세계에서 명품 가방이나 명품 시계가 고가에 거래되는 것처럼 온라인 공간에서 명품 NFT가 등장하고 거래되는 것은 자연스러운 현상이 될 것이다. 실제로 메타, 아마존, 삼성전자 등 세계적인 기업들도 NFT 시장의 성장성에 주목하고 NFT 거래소를 운영하는 등 관련 시장에 적극적으로 뛰어들고 있다.

또한 NFT는 그간 플랫폼 경제에서 정당한 대가를 받지 못한 창작자에게는 새로운 수익 기회를 줌으로써 도래할 가상 세계 생태계를 건전하게 구축할 가능성이 크다는 점에서도 미래 가치를 확보하고 있다고 말할 수 있다.

인터넷도 초창기에는 닷컴버블을 겪었지만 시간이 지나 인터넷 산업 발전이 만개했듯이 NFT 시장의 성장 과정을 조금 더 지켜볼 필요가 있다. 특히 더 많은 기업과 아티스트들이 NFT 업계에 진출하면서 자연스레 품질도 향상될 것이므로 NFT의 기술 잠재력은 충분히 강력하다고 할 수 있다.

오히려 과도하게 거품이 끼었던 NFT 시정이 안정화된 이후 진정한 의미의 건전한 NFT 시장이 본격적으로 열릴 것이다. 현재 법적 속성이나 자산 규명 등 제도적·기술적 인프라가 구축되지 않은 상황에서 NFT 소유권 관련 과대 선전으로 인해 벌어지는 초기시장 혼란을 토대로 NFT의 가치 자체를 의심해서는 안 된다.

“실질 가치 없고 무용...전망도 어두워”

NFT의 가치가 없다고 판단하는 사람들이 늘어나고 있다. 희소성을 인정받고 사람들이 소유하고 싶어져야 가치가 올라가고 시장도 활성화되는 법인데, NFT는 그 가치 자체가 의심스러워 단

1년 만에 사람들이 흥미를 잃은 것이다.

거금을 들여 NFT를 사는 것을 납득하지 못하는 사람들이 많아지는 이유는 NFT가 애초에 경제적 가치를 가지지 못하기 때문이다. NFT는 디지털 저작물의 소유권을 얻는 개념인데, NFT 소유권에 관련 법적 근거가 존재하지 않는다. NFT와 같은 디지털 저작물은 소유권의 대상으로 보지 않으므로 NFT 거래는 실재하지 않는 거래인 셈이다.

좋은 영상이나 이미지 등 디지털 저작물은 '다른 이름으로 저장'해 소유하면 될 일일 뿐 거금을 들여 NFT를 살 이유가 없다. NFT가 무용하다고는 주장이 나오는 배경이다. NFT의 원본인 이미지나 영상 파일은 하나의 파일에 불과하므로 복제하면 겉보기에 똑같은 진품이 하나 더 탄생하는 모양이 되기 때문에 정품이나 프리미엄에 크게 가치를 두지 않는 사람들에게는 큰 의미를 주지 못한다.

코로나19 팬데믹이 휩쓴 최근 몇 년간 사회가 비대면화되면서 다양한 메타버스 서비스, NFT 콘텐츠 등이 출시됐지만 큰 반향을 일으킨 사례는 많지 않으면서, 시장의 기대도 한풀 꺾였다. 또한 코로나19로 인한 사회적 거리두기 해제 이후 메타버스 자체에 대한 관심도도 줄어들고 있어 NFT는 회생 가능성이 낮아 보인다. 구글트렌드에 따르면 메타버스에 대한 관심도는 지난해 11월 정점인 100을 찍었다가, 올해 6월 기준으로 70%가량 줄어든 상태다.

일부 전문가들은 NFT에 몰린 유동성이 대거 빠져나갈 것이라 전망하고 있다. NFT는 코로나19 팬데믹 이후 대거 풀린 유동성 수혜를 본 투기 상품의 하나일 뿐, 정식 투자처로 지속가능한 인기를 이어가기는 힘들다고 분석한다.

나아가 NFT는 환경 이슈와 맞물려서도 긍정적으로 전망하기 어렵다. 블록체인의 분산된 특성으로 인해 새로운 NFT를 발행할 때마다 엄청난 양의 에너지가 소비돼 지속 가능 경영의 핵심인 친환경 추세에 어긋나기 때문이다.

현재 대부분 NFT는 이더리움 기반으로 운영되는데, 이더리움을 기반으로 하는 작업 증명 방식의 과정에서 전력이 막대하게 쓰이는 것으로 알려져 있다. 하루에도 수천 개씩 올라오는 NFT는 탄소 배출의 주범이라는 우려에서 벗어날 수 없다. 요즘의 소비자들이 환경 이슈에도 굉장히 예민하게 반응하고, 소비를 할 때 환경 이슈를 최우선으로 고려하는 사람들도 늘고 있는 만큼 NFT 시장의 전망은 어두워 보인다.

연습문제 2022 비즈니스워치

NFT의 인기도, 거래량도 반의 반토막이 나며 거품 논란이 일고 있다. NFT 거품론은 진실인가, 아니면 NFT는 성장통을 겪고 있는 것인가? (1000자, 50분)

※ 논술대비는 실전연습이 필수적입니다. 반드시 시간을 정해 놓고 원고지에 직접 써 보세요.

200

400

600

800

1000

낙태죄 헌법불합치 3년...전면 폐지 논쟁

“여성에게만 가혹한 악법”–“인간 생명 권리 보호가 우선”

배경 상식

미국 연방대법원이 낙태 합법화 판결을 공식 폐기한 가운데 국내 상황에도 관심이 쏠린다. 헌법재판소는 3년 전 형법상 낙태죄에 대해 헌법불합치 판결을 내렸다. 당시 헌재는 “임신한 여성의 자기결정권을 제한하고 있어 침해의 최소성(기본권의 제한 정도가 제한을 당하는 국민의 기본권을 최소한으로 침해하는 것)을 갖추지 못했고 태아의 생명보호라는 공익에 대해 일방적이고 절대적인 우위를 부여해 임신한 여성의 자기결정권을 침해했다”고 판단했다. 헌법불합치 결정은 해당 법이 헌법에 위배되지만 법률 공백을 우려해 당장 폐기할 수는 없다는 의미다. 헌재는 낙태죄 헌법불합치 결정 이후 2020년 12월 31일까지 대체 입법을 마련하라 했지만 정부와 국회가 책임을 방기하며 3년 동안 보완책이 마련되지 않았다.

이러한 공백으로 빚어진 혼란은 고스란히 여성들의 피해로 이어졌다. 낙태를 처벌하는 형법은 효력이 사라졌지만 낙태 허용 범위를 명시한 모자보건법은 유효한 상황이어서 의료인들이 낙태 관련 진료를 거부하는 근거로 사용되고 있다. 의료현장에서 낙태 시술은 물론 언급까지 기피하는 추세다 보니 여성들이 불법으로 임신중지 약물을 구매하는 등 위험한 의료 사각지대로 내몰렸다. 헌재 판단 이후 국회에서는 낙태죄를 완전히 폐지하자는 법, 임신 24주까지 낙태를 허용하는 법, 10주까지 허용하는 법 등으로 여러 개정안이 발의돼 상임위원회에 계류 중이다. 낙태죄 전면 폐지를 주장하는 측에서는 낙태 허용 기간을 정해놓는 것은 사실상 낙태죄를 그대로 두겠다는 것이라고 반발한다. 그러나 다른 곳에서는 태아의 생명권이 여성의 행복추구권보다 더 중요하다며 낙태 합법화를 반대하는 목소리도 나온다.

낙태죄 완전 폐지 찬성1 여성에게만 가혹한 악법

낙태죄는 여성이 임신했다면 출산하는 것 외에 다른 선택은 없다고 규정하면서 여성을 옭아매는 악법이다. 여성은 임신을 중단하면 법적으로 처벌받지만 미혼모가 임신을 지속해 출산과 양육을 해도 사회적 비난을 감수해야 한다.

출산과 양육의 한 축인 남성에 대한 법적 처벌은 찾을 수 없다. 여성이 온전히 자녀를 키울 수 있는 경제적·사회적 상황이 아니고 아동이 건강하고 안전하게 자랄 수 있는 사회안전망도 열악한 상황에서 출산만을 강요하는 낙태죄는 우리 사회가 유독 여성에게 얼마나 가혹한지를 보여준다.

낙태죄 완전 폐지 반대1 인간 생명 권리 보호가 우선

로널드 레이건 전 미국 대통령은 "낙태를 지지하는 사람들의 공통점은 이미 세상에 태어났다는 것"이라고 꼬집었다. 인간의 생명권과 임산부의 낙태권은 다른 차원의 가치이다. 생명권과 고통을 받지 않을 권리는 헌법이 보장하는 최고 권리로서 그 어느 것보다 우선한다.

부모가 태아를 죽일 자유는 없다. 인간의 생명을 소중히 여겨 보호하는 것은 우리가 지녀야 할 기본적인 의무이자 책임이다. 낙태죄를 전면 폐지하기는커녕 오히려 낙태 허용 범위나 기준이 너무 느슨해 무고한 생명을 앗아가고 있지 않은지를 고민해야 한다.

Y·E·S N·O

낙태죄 완전 폐지 찬성2 낙태 합법화가 세계적 추세

미국에서 낙태 합법화가 번복됐지만 세계적으로 합법화가 여전히 우세하다. 주요 선진국은 처벌보다는 원치 않는 임신을 예방하기 위한 사전예방교육 조치에 중점을 두고 있다. 경제협력기구(OECD) 회원국의 80%가 12주, 18주, 24주 등 시기별 임신중절 수술을 허용하고 있다.

인구의 88%가 가톨릭 신자로 보수적인 아일랜드도 2018년 헌법 개정에서 국민투표로 낙태를 허용했다. 독일은 낙태를 합법화한 이후 낙태율이 더 떨어졌고 출산율은 올라갔다. 낙태죄 폐지가 태아의 생명 경시에 미치는 우려는 근거가 없음을 보여준다.

낙태죄 완전 폐지 반대2 낙태죄 헌법불합치는 낙태 전면 허용 아냐

낙태죄 헌법불합치 판결은 숙의를 거쳐 그에 대한 납득할 만한 기준을 만들라는 지침이지, 낙태를 전면 허용하라는 의미가 아니다. 후속 입법에서는 수정란 단계부터 인간으로 봐야한다는 주장은 물론 임신 후 기간과 상관없이 낙태를 전면 허용해야 한다는 주장도 받아들이기 힘들다.

결국 모호하고 여성에게 지나치게 가혹한 조항을 완화한 수준에서 임신 후 기간을 세분화해 접근하는 낙태 관련법 도입이 불가피하며 그 기준조차 지키지 않는 임신부나 의사에게는 일정한 법적 제재를 가할 수밖에 없다.

SSAFY 8기 예비 개발자 **1150명 입학**

삼성은 7월 13일 서울 강남구 삼성청년 SW아카데미(SSAFY, Samsung Software Academy For Youth) 8기 입학식을 열었다고 밝혔다(사진 : 삼성전자). 8기 입학생은 모두 1150명으로 SSAFY는 올해 1월 교육을 시작한 7기를 합쳐 연간 약 2300명을 대상으로 소프트웨어(SW) 교육을 시작한다.

SSAFY는 삼성이 2018년 발표한 '경제 활성화와 일자리 창출 방안'의 일환으로 실시해온 대표적 사회공헌(CSR, Corporate Social Responsibility) 프로그램으로서 국내 IT 생태계 저변을 확대하고 청년 취업 경쟁력을 높이기 위한 목적이다.

교육은 온라인과 전국 5개 캠퍼스에서 받는다. 매일 8시간씩 총 1600시간의 집중적인 교육과 교육생 간 협업 프로젝트 등을 제공하며 매달 100만원의 교육지원금도 지급된다. 진로상담, 면접 컨설팅, 채용정보 등도 지원받는다.

SSAFY는 교육생을 위한 채용박람회와 기업설명회도 개최하고 있는데 지난 6월에 열린 온라인 채용박람회에는 국민은행, 이마트, 현대오토에버, 컴투스 등 91개 기업이 참여했다.

삼성 측에 따르면 지난 2018년 12월 SSAFY 1기 교육생이 입과한 후 작년 6기까지 3678명이 교육을 수료했고 이 가운데 2770명이 취업해 누적 취업률이 75%에 달한다. 수료생들은 삼성전자를 비롯해 카카오, 네이버, LG유플러스, KB국민은행, 신한은행 등 IT·금융권 등 730개 기업에 취업했다.

이날 입학식에 참석한 권기섭 고용노동부 차관은 "8기 입학생 여러분이 우리나라 산업을 이끄는 개발자로 성장하길 바란다"며 "정부도 SSAFY와 같은 성공적인 민관협력 모델을 널리 확산해 나가겠다"고 강조했다.

인천국제공항공사,
대학생 입사희망 공기업 5년 연속 1위

인천국제공항공사가 5년 연속 대학생이 꼽은 입사하고 싶은 공기업 1위로 꼽혔다. 지난 7월 인크루트에 따르면 공공기관 경영정보시스템 알리오(ALIO)에 공시된 시장형·준시장형 공기업 36곳을 대상으로 전국 대학생 1044명이 참여한 조사에서 인천국제공항공사(17.0%)는 5년 연속 정상에 올랐다.

대학생들은 가장 선호하는 기업으로 인천국제공항공사를 꼽은 이유로 '만족스러운 급여 및 보상제도'와 '구성원으로서의 자부심'을 들었다. 실제로 '2022 공공기관 채용정보 박람회 디렉토리북'에 게재된 채용정보에 따르면, 인천국제공항공사 신입사원 초봉은 4600만원대로 공기업 중에서 높은 수준이다.

대학생들의 두 번째 입사 희망 공기업은 한국전력공사(10.3%)로 2018년부터 5년 연속 2위에 이름을 올렸다. 한국전력공사를 꼽은 이들은 동종 업계와 지역사회에서 선도기업 이미지를 이유로 가장 많이 언급했다. 한편, 한국전력공사는 지난 1분기에 전년 동기 대비 영업이익이 8조3525억원 감소해 역대 최대 규모인 7조7869억원의 적자를 기록하며 고강도 비상경영 체제에 들어간 상태다.

3위는 한국공항공사(6.5%)가 3위에 올랐다. 한국공항공사를 꼽은 데는 관심 있는 업종이라는 답변이 가장 많아 공항 관련 공기업에 대한 대학생들의 선호가 나타났다. 4위는 한국조폐공사(6.2%), 5위는 한국마사회(4.9%)가 랭크됐다.

한편, 한국마사회는 코로나 팬데믹으로 경마가 중단되면서 신입사원을 채용하지 않았고 올해 3년 만에 신입사원 채용 재개를 알렸다.

인플레이션 틈타 응시료도 줄인상... **취준생들 한숨**

인플레이션의 여파로 취준생들의 한숨이 깊어지고 있다. 밥값, 커피값, 스터디 카페 비용, 교통비, 생활비 등이 모두 오른 상황에서 취업 필수 스펙을 쌓기 위한 시험 응시료도 잇달아 인상돼 경제적 부담이 커졌다.

특히 응시료는 원하는 점수를 얻기 위해 여러 번 시험을 봐야 하는 데다 학원비와 교재비까지 써야 해 부담은 더욱 불어난다. 앞서 토익 스피킹 응시료는 7월 2일 정기시험부터 기존 7만7000원에서 8만4000원으로 7000원 인상됐다.

국제공인영어시험 지텔프는 7월 15일부터 정기시험의 응시료를 기존 6만6300원에서 7만1100원으로 올랐다. 지텔프는 군무원, 경찰 공무원 등 국가시험에서 영어 과목을 대체하는 시험이므로 해당 직렬을 준비한 취준생들은 반드시 치러야 한다.

중국어능력평가시험인 HSK(중국한어수평고시) 응시료는 지난 3월 시험부터 급수에 따라 최소 5000원에서 최대 2만2000원까지 올랐다. 컴퓨터활용능력시험 필기시험 응시료도 1만7800원에서 1만9000원으로 6.7%, 실기 응시료는 2만1000원에서 2만2500원으로 7.1% 올랐다.

목표한 점수를 얻었다고 하더라도 인정 기간이 지나면 결국 다시 응시료를 부담하며 시험을 쳐야 한다. 어학 시험 공인 성적 인증 기간은 통상 2년 정도에 불과하다. 지갑이 얇아진 취준생들은 어학이나 자격증 교재를 중고 거래 플랫폼을 통해 거래하거나 인터넷 무료 강의로 학원 수업을 대체하며 독학하기도 한다.

일부 지자체에서는 취준생들의 응시료 부담을 덜어주는 사업을 진행하고 있다. 서울 광진구는 미취업 청년 1000명을 대상으로 토익·토익스피킹·오픽 중 한 시험에 대해 응시료를 연 1회 지원한다. 경기 안양시는 토익·토플을 비롯해 영어·일본어·중국어·프랑스어·독일어·스페인어·러시아어 시험 중 한 과목에 한해 응시료를 연 1회 최대 10만원까지 지원한다.

광주광역시 남구,
공기업 취준생 위한 특별 멘토링

광주광역시 남구가 7월부터 두 달간 공기업을 비롯해 회사 취업을 준비 중인 청년들을 위해 현직 종사자로부터 취업 성공 노하우 등을 생생하게 듣는 '청년-현직자와의 특별한 만남' 프로그램을 운영한다.

7월 5일 남구에 따르면 '청년-현직자와의 특별한 만남' 프로그램은 다양한 지식과 경험을 갖춘 현직 종사자와 취업을 준비 중인 청년들간 만남을 통해 취업 준비과정에서부터 직무별 필요 자격증 취득 방법까지 취업 성공에 필요한 노하우를 생생하게 알려주기 위해 마련됐다.

특히 공기업을 비롯해 IT, 취업 플랫폼 회사의 현직 담당자가 취업 준비생 10명 내외로 구성된 소규모 그룹을 대상으로 현장 멘토링을 실시할 예정이어서 공기업 및 일반 기업 취업을 꿈꾸는 청년 구직자들에게 큰 도움을 줄 것으로 기대된다.

이 프로그램에는 광주도시철도공사를 비롯해 도로교통공단, 한국농어촌공사, IT분야 기업 공감미디어, 취업 플랫폼 잡코리아 등 5개 기관이 참여하며 7월 20일부터 각 기관별로 직무에 대한 멘토링 및 취업 성공전략 등을 순차적으로 안내할 계획이라고 전했다.

참여 대상은 만 45세 이하 청년 가운데 남구 거주자와 남구 소재 대학 졸업자 및 예정자를 우선 선발하며 모집 인원은 각 기관별로 선착순 10명을 모집한다.

프로그램 참여를 희망하는 청년들은 남구청 혁신정책과를 방문하거나 이메일로 신청서를 제출하면 되며 기타 궁금한 사항은 남구청 홈페이지 공지사항 및 전화로 문의하면 된다.

남구 관계자는 "공기업을 비롯해 회사 취업을 준비 중인 청년들은 구청에서 실시하는 '꿈 잡아드림' 프로그램을 주목해 주길 바란다"며 "지역 청년들의 성공적인 취업을 돕기 위해 프로그램 운영에 최선을 다하겠다"고 밝혔다.

"공기업 파티는 끝났다"

한전 올해 30조 적자 전망

한 해 매출만 60조원에 이르는 한국의 대표적인 공룡 공기업인 한국전력이 휘청거리고 있다. 한전은 올해 1분기에만 역대 규모인 7조7869억원의 영업적자를 냈다. 연간 적자가 사상 최대인 30조원에 이를 수 있다는 전망이 나온다. 한전 실적 악화의 직접적인 원인은 인플레이션이다. 국제 유가가 올라 전기를 만들기 위한 연룟값도 부담이 커진 것이다.

비용 부담이 한전의 부실한 재정에 면죄부를 주는 것은 아니다. 한전의 경영 상황은 인플레 전부터 계속 나빠졌다. 지난해 한전은 역대 최대 규모인 5조6077억원의 당기순손실과 68조5319억원의 부채를 기록했다. 부채 비율은 2017년 91.0%에서 192.8%로 수직상승했다. 그런데도 전체 직원 2만3000여 명 중 약 14%가 억대 연봉자라고 한다.

다른 공기업도 사정은 비슷하다. 기획재정부에 따르면 350개 공공기관 부채는 2017년 493조2000억원에서 지난해 583조원으로 89조8000억원(18.2%) 증가했다. 공공기관 임직원 수는 2017년 34만5923명에서 되레 2021년 44만3301명으로 28.1% 증가했다. 2020년 공공기관 평균 보수는 6874만원으로 대기업(6348만원)보다 8.3% 많았다.

공공기관 고강도 혁신 예고

문재인 정부는 공공기관 일자리를 늘려 고용과 복지를 확대하려 했다. 공공기관이 재무 건전성과 수익성보다 일자리 확대와 사회 통합, 상생·협력과 같은 사회적 가치를 우선하도록 했다. 공공기관의 경영평가 요소에 사회적 가치 구현이란 항목을 신설하고 가장 큰 배점을 줬다.

민간 주도 성장을 내세우며 문재인 정부와 차별화를 꾀하는 윤석열 정부는 공공기관 혁신을 내세우며 강도 높은 구조 개혁을 예고했다. 윤석열 대통령은 새 정부 경제 정책 방향을 발표하는 자리에서 "민간·시장 주도로 경제 체질을 확 바꿔야 한다"며 "공공기관 혁신은 더 이상 미룰 수 없는 과제"라고 밝혔다.

윤 대통령은 "공공기관이 방만하게 운영되고 있다"며 "(공공기관의) 과하게 넓은 사무공간을 축소하고 너무나 호화로운 청사도 과감히 매각해 비용을 절감할 필요가 있지 않나"라고 말했다. 추경호 경제부총리 겸 기획재정부 장관은 공기업의 방만 경영 사례를 열거하며 "(윤석열 정부에서) 공공기관의 파티는 끝났다"라고 목소리를 높였다.

정부는 지난 6월 21일 윤석열 대통령 주재로 열린 국무회의에서 시중은행에 적용하는 것과 비슷한 자본 규제를 공공기관에 도입하기로 했다. 정부는 부채비율, 총자산 수익률 등 사업·재무 위험 지표를 토대로 재정 상태가 방만한 공공기관을 추려서 연도별 부채 감축 목표를 설정하고 사업 구조조정, 비핵심자산 매각 등도 추진할 방침이다.

최근 경영 평가에서 기관장 해임 건의 기준이 되는 '아주 미흡(E)' 혹은 '미흡(D)' 등급을 받은 공공기관은 한국토지주택공사(LH), 국립생태원, 대한건설기계안전관리원, 한국콘텐츠진흥원, 한국마사회, 한국철도공사(코레일), 우체국물류지원단, 한국해양교통안전공단 등 총 8개 기관이다. 윤 대통령이 콕 집어 지적한 '호화 청사'를 비롯해 과도한 복지제도도 대폭 조정될 것으로 보인다. 당기손순실이 발생했는데도 기관장과 임원들이 성과급을 챙기는 일은 어려워질 것이다.

"민영화는 없다"고 하지만

야권과 노동계, 시민사회계 일각에서는 정부의 공공기관 혁신안이 민영화로 이어질 것이라고 우려했다. 이에 대해 추경호 부총리는 "필수적인 서비스를 제공하는 공기업들, 특히 철도 전기 가스 공항 등에 대한 민영화는 검토한 적도 없고 앞으로도 검토할 계획이 전혀 없다"고 선을 그었다.

그러나 "정부(공공기관)는 문제를 해결할 수 없다. 정부가 문제 그 자체다"라는 로널드 레이건의 금언을 신봉하는 신자유주의 성향 보수 정권에서 공공기관 혁신의 '묘책'으로 민영화가 등장하지 않은 적은 별로 없다. 윤석열 정부가 공기업 민영화 계획이 없다지만 독점 시장을 민간에 개방하거나 공공 업무를 외주화 하고 공기업 지분을 절반 이하로 매각하는 등 우회적인 방식으로 민영화가 추진될 가능성은 충분하다. 실제로 김대기 대통령 비서실장은 "인천국제공항공사나 한국철도공사 등 공기업 지분 30~40%를 민간에 매각하는 것이 바람직하다"고 말했다.

외진 산기슭에 사는 몇 가구가 내는 한 달 전기료가 10만원이 안 된다고 하더라도 수십억원의 송전 비용을 들여 모든 국민이 공공재의 혜택을 누릴 수 있도록 하는 것이 공공기관의 역할이다. 영국 히드로 공항 민영화 실패 사례처럼 공공기관 민영화는 공공요금 대폭 인상과 서비스 질의 저하로 이어지는 사례가 많았다. 물론 공공기관의 방만하고 그릇된 경영 판단으로 국가 신용도에 영향을 주고 국민들이 대신 빚더미에 앉는다면 더욱 큰 고통을 받는다. 재정 상태가 부실한 공공기관을 기계적으로 정리하기보다는 그것이 방만한 경영 탓인지, 공공 기능을 달성하기 위해 불가피한 사회적 지출은 아니었는지 숙고해야 할 것이다.

언제나 미소 짓고 있는 **'모나리자'의 수난**

레오나르도 다 빈치의 작품 '모나리자'. 16C 경에 그려진 이 작품은 전 세계에서 가장 유명한 초상화 작품 중 하나다.

프랑스 파리 여행을 계획하는 사람이라면 꼭 들려야 할 곳 리스트에 루브르 박물관을 올려둘 것이다. 그렇게 유명한 루브르 박물관의 전시 작품 중에서도 특별히 유명한 작품 '모나리자'를 꼭 보겠다는 계획도 틀림없이 할 것이다. 레오나르도 다 빈치(Leonardo da Vinci, 1452~1519)의 그림 '모나리자'는 가로 53cm, 세로 77cm 크기로 그리 크지 않은 작품이지만, 전 세계의 사람이 '모나리자'를 보기 위해 언제나 구름 떼를 이룬다.

▲ 프랑스 파리 루브르 박물관의 '모나리자'를 보기 위해 사람들이 구름 떼를 이루고 있다.

'모나리자'는 유명한 만큼 유명세도 톡톡히 치르고 있다. 지난 5월에는 관람객 틈에 있던 한 남성이 '모나리자'를 훼손하려고 한 사건이 발생해 충격을 줬다. 휠체어를 탄 채 가발을 쓰고 여성으로 위장한 해당 남성은 갑자기 휠체어에서 일어나 작품에 다가가더니 작품을 보호하고 있는 유리를 깨려 하고, 유리에 케이크를 문지르는 만행을 저질렀다. 다행히 '모나리자'를 보호하기 위한 유리가 방탄유리 소재라 작품이 손상을 입지는 않았다.

'모나리자'의 수난이 이번이 처음인 것은 아니다. 20C 초에는 '모나리자'가 도난당하는 사건이 발생했으며, 20C 중반에는 관람객으로 위장한 남성이 '모나리자'에 염산을 뿌려 작품 아랫부분을 훼손시켰다. 비슷한 시기에 '모나리자'는 관람객이 던진 돌을 맞기도 했으며, 지난 2009년에는 프랑스 시민권을 취득하지 못해 화가 난 러시아 여성이 '모나리자'를 향해 찻잔을 던졌다. 그러다 최근에는 케이크 세례까지 당하게 되었으니, 언제나 미소 짓고 있는 '모나리자'가 이제는 그만 사람들을 피해 쉬고 싶다고 생각할는지도 모르겠다.

'모나리자'의 수난이 더는 이어지지 않기를

오랜 시간에 걸쳐 많은 사람에게 감동과 영감을 준 작품을 훼손하려는 시도가 더 이상 있어서는 안 된다. 그간 우리가 '모나리자'의 예술적 아름다움을 감상하며 감동을 얻은 경험을 우리 다음 세대에게도 잘 이어줘야 할 것이다.

사실 '모나리자'는 이미 온전한 감상이 힘든 작품이다. 작품을 보호하기 위해 둘러친 펜스 때문에 '모나리자'와 일정한 거리를 두고 감상해야 하며, '모나리자'를 보호하고 있는 방탄유리에 비친 반사광도 작품 감상을 방해하기 때문이다. 그간 '모나리자'를 훼손하려는 시도가 없었다면, 지금 우리는 '모나리자'를 더욱 가까이서, 더욱 생생하게 감상할 수 있었을 것이다. 작품을 훼손하려는 시도가 더는 이어지지 않기를, '모나리자'의 수난이 더는 이어지지 않기를, 그리하여 우리가 작품을 감상하는 일이 더는 힘들어지지 않기를 바란다.

문익점과 8월의 목화

…… 지눌국사 조계종 의천 천태종 대마도정벌 이종무
일편단심 정몽주 목화씨는 문익점
해동공자 최충 삼국유사 일연 역사는 흐른다 …….

위 노래가사는 동요 '한국을 빛낸 100명의 위인들' 중 일부이다. 과장을 조금 보태 이 노래로 많은 사람들의 머리에 '문익점=목화씨, 목화씨=문익점' 공식이 입력되었다고 해도 과언이 아니다.

문익점文益漸은 중국에서 목화 종자를 들여와 전국에 보급한 것으로 유명하다. 문익점의 목화가 우리나라 면직물의 시초라 자칫 오해할 수 있으나 사실은 그렇지 않다. 중국 당나라 때 장초금張楚金이 쓴 『한원翰苑』에 고구려高句麗의 백첩포白疊布 관련 기록이 전하며, 우리나라 『삼국사기三國史記』 신라본기新羅本紀에도 경문왕景文王(신라 제48대 왕, 재위 861~875) 때 당나라에 백첩포 40필(四十升白疊布)을 보냈다는 기사가 있다.

▲ 1999년 부여 능산리 절터에서 출토된 백제 시대 면직물 (자료 : 국립부여박물관)

백첩포는 고대에 제작되었던 면직물의 한 종류로, 위 기록 외에도 고려 태조太祖(고려 제1대 왕, 재위 918~943)·혜종惠宗(고려 제2대 왕, 재위 943~945) 때에도 백첩포를 사용한 사실이 확인된다. 문익점의 목화 반입 이전에 면직물 제직기술은 우리나라에 일찌감치 존재했던 것이다. 그러나 '문익점의 목화' 이전까지는 품종이 우리나라 풍토에 맞지 않아 소량만 생산될 수밖에 없었다.

문익점은 원나라의 내정 간섭이 극심하던 충숙왕忠肅王(고려 제27대 왕, 재위 1313~1330, 1332~1339) 16년(1329)에 태어나 공민왕恭愍王(고려 제31대 왕, 재위 1351~1374) 9년이던 1360년 첫 관직길에 올랐다. 익히 알려진 바와 같이 공민왕은 즉위 후 원의 내정간섭에서 벗어나기 위해 적극적인 반원개혁정책을 펼쳐, 즉위한 지 5년째 되던 해(1356)에 기철奇轍·노책盧頙·권겸權謙 등의 부원세력을 숙청함으로써 원나라와 마찰을 빚었다. 원나라와의 마찰 외에 공민왕 8년(1359)과 10년(1361)에는 중국을 휩쓴 홍건적이 고려에도 침입하여 공민왕이 수도를 버리고 안동으로 피란하는 사건도 발생하였다. 문익점이 출사한 시기는 바로 홍건적의 두 차례 침입 사이에 해당한다.

홍건적의 침입을 물리친 후에도 고려의 아슬아슬함은 계속되었다. 공민왕이 안동에서 개경으로 돌아오던 중, 원나라가 친원파와 함께 공민왕을 폐하고 충선왕忠宣王(고려 제26대 왕, 재위

1308~1313)의 셋째 아들인 덕흥군德興君을 옹립하려 한 것이다. 그 소식이 전해진 후 고려 조정은 공민왕 폐위의 부당함을 호소하기 위해 여러 차례 사신을 파견하였고, 문익점은 바로 이 시점에 사절단의 일원으로 중국에 가게 되었다.

문익점이 다시 고국으로 돌아오던 때, 당시 중국 내에서 국외반출이 금지되어 있던 목화씨를 몰래 붓두껍에 숨겨 들여온 것으로 많이 알려져 있다. 그러나 이는 '문익점 신화'의 형성과정 중 미화된 것이라 짐작되는데 당시 중국의 국외반출 품목에 목화씨는 해당되지 않았다. 또한 『고려사高麗史』 문익점전文益漸傳·『조선왕조실록朝鮮王朝實錄』의 태조太祖(조선 제1대 왕, 재위 1392~1398)·세종世宗(조선 제4대 왕, 재위 1418~1450)·세조世祖(조선 제7대 왕, 재위 1455~1468)실록 등의 고려 말, 조선 초의 기록에서는 문익점이 목화씨를 얻어왔다든가, 길가의 나무에서 목화씨를 따서 주머니에 넣어왔다는 등의 단순한 기록만 전한다.

문익점의 일화가 미화되고 과장된 측면이 있는 것은 그만큼 그의 목화씨 반입이 당대인들의 삶의 질에 결정적 영향을 끼쳤기 때문이다. 문익점은 귀국 후 장인 정천익鄭天益과 함께 목화 재배를 시도하였고, 그 결과 목면이 널리 보급되기에 이르렀다. 그 전까지 값비싼 비단을 입는 소수 지배층 외 대부분의 백성들은 삼베·모시·명주 등으로 옷을 만들어 입었지만, 쉽게 생산하고 보온성도 뛰어난 목면의 보급 후 백성들의 의생활은 크게 개선될 수 있었다.

▲ 경남 산청의 문익점묘 (자료 : 문화재청)

공을 인정받은 문익점은 공민왕 사후 다시 중앙 정계에 복귀하였지만, 조선 개국 후에는 다시 등용되지 못한 채 태조 7년(1398) 고향에서 눈을 감았다. 그에 대한 평가는 사후 시간이 흐를수록 높아져 세종 때에는 영의정에 추증되었고, 세조 때에는 나라에 의해 문익점의 사우祠宇가 세워졌으며,[1] 정조 때에는 문익점을 배향한 도천서원이 사액서원이 되기도 하였다.[2]

'문익점 신화'가 과장되었다고는 하지만, 고된 사행길에서도 나라와 백성을 생각하여 목화씨를 가져올 생각을 했다는 것만으로 그의 업적은 인정받아 마땅하다. 현재 경상남도 산청군에는 문익점이 정천익과 처음 목화를 시험 재배했던 '문익점면화시배지'가 사적으로 지정되어 있고, 그 옆에는 삼우당선생면화시배사적비三憂堂先生棉花始培事蹟碑가 세워져 있다.

신민용
에듀윌 한국사연구소 연구원

1 사우祠宇: 선조나 선현의 신주·영정을 모셔 두고 제사를 행하는 장소

2 사액서원賜額書院: 임금으로부터 편액·토지·노비 등을 하사받아 권위를 인정받은 서원

南 柯 一 夢

남녘 남 가지 가 한 일 꿈 몽

남쪽 나뭇가지에서의 꿈

출전:『남가태수전南柯太守傳』

남가일몽南柯一夢이란 이공좌李公佐가 쓴 소설 남가태수전南柯太守傳에 등장하는 고사성어로, 꿈과 같이 헛된 한 때의 부귀영화를 의미한다. 당唐나라 덕종德宗 때 양주揚州에 순우분淳于棼이라는 선비가 있었다. 그의 집 남쪽에는 아름드리 회화나무 고목이 있었는데, 여름철이면 친구들과 어울려 그 나무 그늘에서 술을 마시며 즐기곤 했다.

하루는 술에 만취하여 잠들었는데 꿈속에서 두 관리가 엎드려 절하며, 괴안국槐安國 국왕의 어명을 받고 모시러 왔다고 해서 따라갔다. 괴안국왕은 그를 부마駙馬로 삼고 남가군南柯郡의 태수로 임명하여 20년 동안 고을을 태평하게 다스리며 5남 2녀를 낳아 행복하게 살았다. 하루는 술에 만취하여 잠들었는데 꿈속에서 두 관리가 괴안국槐安國 국왕의 어명을 받고 모시러 왔다고 해서 따라갔다. 국왕은 그를 부마駙馬로 삼고 남가군南柯郡의 태수로 임명하여 20년 동안 고을을 태평하게 다스리며 행복하게 살았다.

하도 신기하게 여긴 순우분이 기대 자던 나무를 살펴보자 뿌리 부근에 구멍이 있었고, 그 속에서 거대한 개미집을 발견했다. 자세히 살펴보니 그 개미집이 괴안국이었고, 남쪽 가지에 있던 개미들이 남가군이었다.

그는 이곳을 다시 원래대로 해놓고 아침에 와서 다시 살펴보니 개미집이 흔적도 없이 사라졌다. 꿈에서 임금이 천도해야 된다는 말이 실현된 것이다. 이때 순우분은 나뭇가지 밑에서 꾼 꿈처럼 인생이 얼마나 헛된 것인지 깨닫고는 도가에 귀의하여 술과 여색을 끊었다.

한자 돋보기

南은 원래 악기에 사용된 종을 그린 글자로 사용됐지만, 오늘날 '남쪽'의 의미로 쓰인다.

- **南船北馬(남선북마)** 바쁘게 돌아다님
- **南男北女(남남북녀)** 남쪽은 남자가 잘나고 북쪽은 여자가 예쁨

南

남녘 남

十 총9획

柯는 나무(木)를 뜻하는 글자와 음을 나타내는 가(可)가 합쳐져, '가지'의 의미로 쓰인다.

- **毫毛斧柯(호모부가)** 재난은 커지기 전에 미리 예방해야 함

柯

가지 가

木 총9획

一은 막대기를 옆으로 눕혀놓은 모습을 그린 글자로, '하나'를 뜻한다.

- **一期一會(일기일회)** 평생 단 한 번의 기회
- **萬死一生(만사일생)** 목숨이 매우 위태로운 처지

一

한 일

一 총1획

夢은 본디 잠자리에 든 사람을 그린 글자로, 오늘날 '꿈'을 뜻한다.

- **同床異夢(동상이몽)** 같이 행동하면서 서로 다른 생각을 함
- **盧生之夢(노생지몽)** 인생의 덧없음을 비유

꿈 몽

艹 총13획

한자 상식 | 인생의 덧없음을 표현한 성어

구분	의미
일장춘몽(一場春夢)	한바탕 꿈을 꿀 때처럼 흔적도 없는 봄밤의 꿈
노생지몽(老生之夢)	노생의 꿈. 인생의 영고성쇠는 한바탕 꿈처럼 덧없음
부생약몽(浮生若夢)	인생이란 허무한 꿈에 지나지 않음
한단지몽(邯鄲之夢)	한단에서 꾼 꿈. 인생의 부귀영화는 허무함을 뜻함
호접지몽(胡蝶之夢)	장자가 나비가 되어 날아다닌 꿈. 인생의 덧없음을 비유

Books

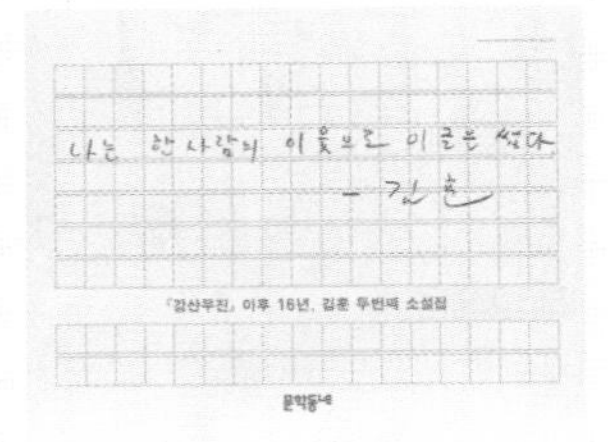

저만치 혼자서

김훈 저 | 문학동네

『강산무진』 이후 16년 만에 김훈 작가의 두 번째 소설집이 출간됐다. 언제나 운명과 대면하는 인간의 자리에서 글을 써온 김훈 작가의 이번 소설집은 2006년 초에 첫 번째 소설집 『강산무진』을 펴낸 후 집필해온 7편의 단편소설을 묶은 소설집이다. ■**『칼의 노래』**, 『현의 노래』, 『남한산성』 등으로 한국문학의 대체 불가능한 거장 반열에 오른 작가지만, 그의 단편소설은 귀한 만큼 출간 즉시 많은 독자의 사랑을 받고 있다. 작가는 이번 책에서 세속과 일상을 유심히 관찰한 끝에 특유의 강직한 문장으로 연약한 존재들의 인생사를 펼쳐냈다.

여자들의 왕

정보라 저 | 아작

『저주토끼』로 2022 ■**부커상** 인터내셔널 부문 최종후보에 오르며 국내외 독자들의 높은 관심을 받은 정보라 작가가 신작 소설집을 선보였다. "치열한 여자들의 환상적인 이야기들"을 엮은 이번 책 『여자들의 왕』은 호러 작품이 위주였던 『저주토끼』와 달리 작가가 그간 천착해 온 여성주의 판타지 작품들을 골라 엮은 책이다. "여자들도 상상의 주인공이자 중심이 될 권리가 있다"고 말한 정보라 작가는 이번 책에서 "주로 남성을 주인공으로 해서 틀에 박힌 형태로 전해 내려오는 이야기의 주인공을 여성으로 바꿨다"고 전했다.

식량위기 대한민국

남재작 저 | 웨일북

러시아의 우크라이나 침공으로 곡물 수확량이 감소하고, 미국 남서부의 극심한 가뭄으로 곡물 가격이 상승하는 등 우리의 식탁을 위협하는 뉴스가 매일같이 나오고 있다. 기후변화와 인구 증가로 전 세계는 갈수록 심각한 식량난을 마주할 것으로 전망된다. 우리나라는 곡물의 80%를 수입하는 등 특히 식량의 해외 의존도가 높은 만큼, 전 세계적으로 식량 부족 사태가 일어났을 때 한국이 OECD 국가 중 가장 선제 타격을 받게 될 것으로 보인다. "■**탄소중립**과 식량 안보 없이는 더 나은 미래를 논할 수 없다"고 말한 유엔 기후변화 전문가 남재작 박사는 『식량위기 대한민국』에서 우리가 식량난 문제를 벗어날 수 있는 해답을 모색해 나간다.

■ **『칼의 노래』** 이순신 장군의 이야기를 소재로 한 김훈 작가의 장편소설이다. 이순신 장군의 전기적 사실을 꼼꼼하게 복원해낸 것은 물론, 이순신 장군이 전투에 임하는 심정이나, 한 나라의 운명을 짊어진 장군의 고뇌를 작가의 상상력으로 채워 넣은 명작이다.

■ **부커상(Booker Prize)** 영국 최고 권위를 자랑하는 문학상이다. 부커상은 영연방 작가들이 영어로 쓴 소설들을 대상으로 수상작을 선정한다. 2005년부터는 영연방 지역 이외의 작가가 쓴 소설을 대상으로 하는 인터내셔널 부문도 신설했다.

■ **탄소중립(carbon-neutral)** 개인, 회사, 단체 등에서 배출한 이산화탄소를 다시 흡수해 실질적인 배출량을 '0'으로 만드는 것을 말한다.

Movie

헌트

이정재 감독

| 이정재·정우성 출연

‘오징어 게임’으로 ■**미국배우조합상**에서 우리나라 배우 최초로 남우주연상을 받는 등 월드스타가 된 이정재가 감독한 영화「헌트」가 관객을 찾는다. 이번 영화에서 메가폰을 잡고 첩보 액션 드라마 장르 연출에 도전장을 내민 이정재는 감독뿐만 아니라 주연으로도 열연했다. 특히 이정재의 절친한 친구인 것으로 잘 알려진 정우성과 함께 출연해 그들만의 특별한 호흡을 선보였다.「헌트」는 조직 내 숨어든 스파이를 색출하기 위해 서로를 의심하는 안기부 요원 ‘박평호’(이정재)와 ‘김정도’(정우성)가 ‘대한민국 1호 암살 작전’이라는 거대한 사건과 직면하며 펼쳐지는 이야기를 그린다.

■ **미국배우조합상**(Screen Actors Guild Awards) 1995년 시작된 시상식으로, ‘미국배우조합’이 주최한다. 영화와 TV에서 활약하는 미국 내 모든 배우들이 선정하는 상이다.

Exhibition

앙리 카르티에 브레송 사진전: 결정적 순간

예술의전당 한가람미술관 3층

| 2022. 06. 10.~2022. 10. 02.

20C 사진 거장 ■**앙리 카르티에 브레송**의 사진전이 예술의전당 한가람미술관에서 진행되고 있다. 이번 전시는 사진작가로서 브레송의 정수가 담긴 사진집『결정적 순간』의 발행 70주년을 기념해 마련된 전시다. 관객들은 이번 전시에서 “사진보다 삶에 더 관심이 많다”고 말했던 그의 작품 세계가 미학적 완전성과 일상적 휴머니즘을 동시에 담아내어 ‘결정적 순간’이라는 한 단어로 압축되었음을 목격할 수 있다.

■ **앙리 카르티에 브레송**(Henri Cartier Bresson, 1908~2004) 프랑스 출신의 세계적인 사진작가다. 1947년에 절친한 친구들과 함께 사진통신사 ‘매그넘(Magnum)’을 결성한 것으로도 유명하다. 또한, 1952년에 출간한 사진집『결정적 순간』으로 사진예술의 새로운 미학을 제시했다.

Musical

데스노트

예술의전당 오페라극장

| 2022. 07. 01.~2022. 08. 14.

매력적인 캐릭터와 흥미진진한 스토리에 프랭크 와일드혼의 음악이 더해져 언론과 평단의 극찬을 받은 뮤지컬「데스노트」가 ‘역대 최단기 전회 매진’ 등의 관객 성원에 힘입어 예술의전당 오페라극장에서 단 6주간 연장 공연을 진행한다. 우리나라의 뮤지컬 공연기획 전문업체인 오디컴퍼니가 ■**논 레플리카**로 제작한 뮤지컬「데스노트」는 작품의 고유한 매력과 디테일한 아이디어가 넘치는 무대 예술로 관객을 매혹한다. 한편, 어느 날 우연히 노트에 이름이 적힌 자는 죽게 되는 노트, 데스노트를 줍게 되는 천재 고등학생 ‘야가미 라이토’ 역은 홍광호와 고은성이 맡아 열연한다.

■ **논 레플리카**(non-replica) 수입 뮤지컬 공연인 라이선스 뮤지컬에서 원작을 각색해 국내 정서에 맞도록 재구성한 작품을 말한다. 원작과 안무·의상·무대 등을 똑같이 공연하는 것은 레플리카라고 한다.

eduwill

• KRI 한국기록원 2016, 2017, 2019년 공인중개사 최다 합격자 배출 공식 인증
(2022년 현재까지 업계 최고 기록)